JENS VAN ROOIJ

Hiergeblieben!

55 fantastische Reiseziele in Deutschland

Jens van Rooij lebt in München, fühlt sich aber in der ganzen Welt zuhause. Auf seinen Reisen durch Deutschland fasziniert ihn immer auch die Schönheit des Abseitigen, die man oft nur auf den zweiten Blick wahrnimmt. Seine Entdeckungen teilt er als freier Journalist und Buchautor mit seinen Lesern – oder in einem seiner Münchner Lieblingscafés mit Freunden und Familie.

VORWORT

KITZELT SIE DIE REISELUST? Sehnen Sie sich nach skandinavischweiten Wasserlandschaften, temperamentvollen Samba-Klängen oder einer romantischen Gondelfahrt? Dann bleiben Sie einfach hier: Zwischen Alpen und Ostsee finden sich viele exotische oder zumindest überraschend ungewöhnliche Orte und Landschaften. Manche kennt man, einige sind weltberühmt, andere wiederum glänzen bescheiden im Verborgenen und warten darauf, entdeckt zu werden: Denn bei jeder dieser Attraktionen fühlt man sich wie in einem fernen Land, mitunter sogar wie am anderen Ende der Welt! Und alle haben sie spannende oder kuriose Geschichten zu erzählen.

Im westfälischen Hamm, am Rande des Ruhrgebiets, ragt einer der größten hinduistischen Tempel Europas in den Himmel. Im thüringischen Bad Frankenhausen kippt ein uralter Kirchturm so windschief aus dem Lot, dass man in Pisa vor Neid erblasst. Und wenn im Frühjahr in der südlichen Pfalz die Mandelbäume in ihrem rosaroten Blütenkleid erstrahlen, scheint plötzlich vergessen, dass es mit dem ersehnten Mallorca-Urlaub in diesem Jahr mal wieder nicht geklappt hat. Manchmal ist es verblüffend, wie sehr berühmte Landschaften oder Bauwerke rund um den Globus ihren deutschen Pendants oder Doppelgängern ähneln. Und manchmal braucht man eben ein wenig Fantasie. Zwar ist die »Golden Gate Bridge vom Rhein« nicht ganz so lang wie ihre große Schwester, aber ein eindrucksvoller Hingucker. Auch nach der Mona Lisa sucht man in der Glaspyramide von Ulm vergeblich. Und der Mississippi-Dampfer in Hamburg? Schippert immerhin an der Elbphilharmonie vorbei. Wenn das kein Pluspunkt ist!

Übrigens haben wir in diesem Buch zu allen Orten eine Auswahl der schönsten Ausflugsziele in der Umgebung sowie Hotel- und Restauranttipps zusammengestellt. Also hiergeblieben – und viel Vergnügen auf Ihren Weltreisen durch die Heimat!

Jens van Rooij

INHALT

DER NORDEN

11

21

DER SÜDEN

45

51

DER NORDEN

Wussten Sie, dass an der Lübecker Bucht Keramik nach uralter japanischer Handwerkstradition hergestellt wird? Und im Westmünsterland Flamingos brüten? Nach Holland ist es von hier nicht weit, doch wer Amsterdam im Kleinformat erleben möchte, wird auch in Potsdam fündig – und staunen, wie gut hier »Poffertjes« und »Pannenkoeken« schmecken. Abspecken kann man dann bei den Highland Games in Trebsen – oder auch nur zusehen, wie Muskelprotze in karierten Kilts Gewichte wuppen.

6
4
5
7
Schleswig-Holstein
8
9
10
Mecklenburg-Vorpommern
3
Hamburg
1
Bremen
2
Niedersachsen
Brandenburg
11
Berlin
12
13
14
17
Sachsen-Anhalt
25
28
Nordrhein-Westfalen
22
19
18
24
27
26
20
16
15
21
23
Sachsen
Thüringen

1

MISSISSIPPI-DAMPFER, HAMBURGER HAFEN

53° 32′ 46″ NORD / 09° 58′ 00″ OST

WENN DIE »MS LOUISIANA STAR« an Sommerabenden flussabwärts in den Sonnenuntergang gleitet, dabei der Rauch aus den schlanken Schornsteinen in den Himmel aufsteigt und das Wasser vom großen Heckrad des Schiffes unermüdlich aufgeschaufelt und plätschernd wieder in die Elbe fallen gelassen wird, zweifelt man für einen Augenblick wirklich: Ist man hier in Hamburg – oder vielleicht doch in den Südstaaten der USA gelandet? Wer jetzt weiter in Romantik schwelgen möchte, sollte die kommenden Zeilen überspringen. Denn die nüchterne Wahrheit lautet: Das Schaufelrad, das die »Louisiana Star« scheinbar so kraftvoll und mühelos durch die Fluten schiebt, ist in Wirklichkeit nur Dekoration. Tatsächlich wird das Schiff von zwei Dieselmotoren mit einer Leistung von über 1000 PS angetrieben. Gleiches gilt für die »MS Mississippi Queen«, die ebenfalls im Hafen ihre Runden dreht und sich sogar mit einem Doppel-Heckrad schmückt. Während Raddampfer heute fast nur noch als Touristenattraktionen eingesetzt werden, spielten sie früher eine wichtige Rolle im Waren- und Personenverkehr. Im 19. Jh. waren sie in Nordamerika nicht nur auf dem Mississippi, sondern auch auf vielen anderen Flüssen unterwegs und wurden zu ihrer Blütezeit mit pompösem Interieur ausgestattet. Wer hier an Bord ging, reiste nicht um anzukommen, sondern um einem besonderen Status Ausdruck zu verleihen. Mit dem Siegeszug der Eisenbahn verloren die Raddampfer dann aber schnell an Bedeutung. Der größte Schaufelraddampfer, der heute in den USA in Betrieb ist, ist die »American Queen«, die erst 1994 vom Stapel lief. Seither schippert sie als schwimmendes Luxushotel betuchte Gäste durch die Landschaften von Mark Twain und Huckleberry Finn. Auch die Hamburger Schaufelradschiffe wurden erst in der zweiten Hälfte des 20. Jh. gebaut und bieten unter Deck elegante Säle mit rotem Teppichboden und glänzendem Messing. Vor allem als Veranstaltungsorte für Partys, Musicals und Dinner-Shows sind sie sehr beliebt. Wer sich das nicht leisten kann oder will, winkt ihnen vom Ufer aus zu – und träumt dabei von New Orleans und dem Mississippi.

www.abicht.de (Louisiana Star),
www.kapitaen-pruesse.de (Mississippi Queen)

Mississippi, Louisiana, USA
29° 57‘ 17“ Nord / 90° 04‘ 30“ West

Südstaatenflair an der Elbe: An Bord des Schaufelradschiffes »MS Louisiana Star« fühlt man sich wie auf dem Mississippi – und kann gleichzeitig die Elbphilharmonie aus nächster Nähe bestaunen.

RESTAURANTS

OBERHAFENKANTINE

Schief wie ein gestrandeter Kahn liegt sie an der Südseite des Oberhafens und trotzt seit mehr als 90 Jahren dem Zahn der Zeit. Hier gibt es ehrliche, traditionelle Hamburger Küche: Auf die Teller kommen Aalsuppe, Pannfisch, Frikadellen – und in die Tasse guter Filterkaffee. *Stockmeyerstr. 39, 20457 Hamburg, Tel. 040/32 80 99 84, Di–Sa 12–22, So 12–17.30 Uhr, www.oberhafenkantine-hamburg.de*

SONNTAGSBRUNCH IN DER FISCHAUKTIONSHALLE

Der Sonntagsbrunch mit Live-Musik ist ein echtes Highlight. Ab 5.30 Uhr treffen sich Frühaufsteher und Nachteulen zum Frühstücken, Tanzen und Singen. Nicht umsonst heißt eine Spezialität »Dem Kater zuliebe«. *Große Elbstr. 9, 22767 Hamburg, Tel. 040/570 10 52 00, www.fischauktionshalle.com*

ÜBERNACHTUNGEN

HOTEL HAFEN HAMBURG

Wer hätte gedacht, dass aus einem Seemannsheim ein Hotel mit so viel Charme und Flair entsteht? Das Haus oberhalb der Landungsbrücken begeistert mit hanseatischer Aura, Tradition und moderner Lebensart und tollem Hafenblick. *Seewartenstr. 9, 20459 Hamburg, Tel. 040/31 11 30, www.hotel-hafen-hamburg.de, DZ ab 80 €*

FRITZ IM PYJAMA

Zentraler geht es kaum: Fußläufig zum Messeviertel und direkt gegenüber des S-Bahnhofs Sternschanze. Minimalistisch im Design, individuell in der Gästebetreuung. *Schanzenstr. 101–103, 20357 Hamburg, Tel. 040/ 82 22 28 30, www.fritz-im-pyjama.de, DZ ab 70 €*

ELBPHILHARMONIE UND HAFENCITY

Der Rest der Republik ist neidisch, und das völlig zu Recht: Auf einem ehemaligen Kakaospeicher erhebt sich die Elbphilharmonie – ein fast überirdisch schönes Konzerthaus. Jahrelange Verzögerungen, irre Kostensteigerungen? Vergessen. Besucher stürmen die »Elphi« Tag für Tag, sei es, um im Großen Saal auf einem der 2150 Sessel Platz zu nehmen, sei es, um auf der Plaza den fantastischen Rundumblick zu genießen. Am Fuße des grandiosen Neubaus erstreckt sich die HafenCity, das ambitionierteste Stadtentwicklungsprojekt in Europa. 2008 hat man begonnen, den ehemaligen Freihafen aufzuwerten und umzugestalten; bis 2030 sollen hier Zehntausende Menschen wohnen und arbeiten können. Was jetzt schon fertig ist, hat sich zum richtig gut funktionierenden Viertel gemausert, mit Hotels, Restaurants, Bars und Cafés, Läden und Flanierwegen.

Elbphilharmonie: Platz der Deutschen Einheit 1, 20457 Hamburg, Aussicht Plaza tgl. 9–24 Uhr, www.elbphilharmonie.de

InfoCenter der HafenCity: Kesselhaus, Am Sandtorkai 30, 20457 Hamburg, Di–So 10–18, im Sommer Do bis 20 Uhr, www.hafencity.com

MINIATUR WUNDERLAND

Das MiWuLa ist die größte Modelleisenbahn der Welt. 15,4 km Gleise liegen auf etwa 1490 qm Fläche und lassen rund 1040 Züge digital gesteuert durch die Welt brausen. Lohnt sich: Führungen, die den Blick hinter die Kulissen zeigen. Empfehlenswert: Die Wartezeiten auf der Website beachten. Macht Spaß!

Kehrwieder 2–4, Block D, 20457 Hamburg, tgl. 9.30–18, Sa ab 8, So ab 8.30 Uhr, teilweise auch bis 19, 20, 21 und 22 Uhr, www.miniatur-wunderland.de

MARITIMES MUSEUM IN DER SPEICHERSTADT

Hier können Bestände des ehemaligen Instituts für Schifffahrts- und Marinegeschichte von Peter Tamm betrachtet werden. Der ehemalige Vorstandsvorsitzende des Springer-Konzerns wird für die Verherrlichung von Militaria kritisiert. Die Sammlung von Schiffsmodellen, Schiffsminiaturen, Konstruktionsplänen, Gemälden, Aquarellen,

Wenn im Miniatur Wunderland der Hamburger Michel bemalt wird, entwickeln Hamburger Jungs einen Sinn für Ästhetik.

Uniformen und Waffen auf ca. 11 000 qm ist dennoch sehenswert, da sie zur Zeitgeschichte gehört.
Koreastr. 1, 20457 Hamburg, tgl. 10–18 Uhr, www.imm-hamburg.de

ST. MICHAELIS

Seit über 350 Jahren empfängt die evangelische Hauptkirche Sankt Michaelis Besucher aus aller Welt. Die wohl bedeutendste Neobarockkirche im Norden ist mit ihrem 132 m hohen Turm, fast 5 m langen Uhrzeigern (einzigartig in Deutschland!) und ihrer glänzenden Kupferhaube ein Hamburger Wahrzeichen. Wegen seiner fünf Orgeln, dem beeindruckenden Gewölbekeller und der natürlich grandiosen Aussicht ist das stolze Gotteshaus unbedingt zu besuchen. Augenzwinkernder, hanseatischer Spitzname: der Michel. Ein Aufstieg lohnt sich auch bei Dunkelheit: Schwindelfreie können auf der einzigen festen 360°-Plattform Hamburgs das Lichtermeer der Hansestadt bestaunen.
Englische Planke 1, 20459 Hamburg, tgl. 10–18, Mai–Okt. 9–20 Uhr, www.st-michaelis.de

ALSTERRUNDFAHRT

Wie schön! Einmal um die Außenalster, rund um den ca. 164 ha großen innerstädtischen See. Vorbei an exklusiven Vierteln und Villen, Straßen, Kirchen, Brücken und naturnahen Uferzonen. Wie es gefällt: Segeln, Rudern, Tretbootfahren, Yogakurse, Weinverköstigung oder »Snack op Platt«. Auf der Alsterrundfahrt heißt es: »beleven« (erleben)! Hier kann man wunderbar Ruhiges oder Aufregendes buchen.
Jungfernstieg, 20354 Hamburg, Apr.–Sept. tgl. 10–18, Okt. 10, 11, 16, 17 Uhr, www.alstertouristik.de

KUNSTMEILE

Fünf renommierte Kunsthäuser auf einem Fleck: Mit einem 3-Tage-Pass haben Besucher unbegrenzten Einlass. Für Kunstliebende und Kunstentdecker unverzichtbar. Die Hamburger Kunsthalle, das Bucerius Kunst Forum, die Deichtorhallen mit der Ausstellungshalle »Aktuelle Kunst« und dem »Haus der Photographie«, der Kunstverein Hamburg und das Museum für Kunst und Gewerbe präsentieren Zeichnungen, Malerei, Fotografien, Skulpturen, Kunsthandwerk und Design.
www.kunstmeile-hamburg.de; Bucerius Kunst Forum: Rathausmarkt 2, Fr–Mi 11–19, Do 11–21 Uhr; Deichtorhallen: Deichtorstr. 1–2, Di–So 11–18 Uhr; Hamburger Kunsthalle: Glockengießerwall, Di–So10–18, Do bis 21 Uhr; Kunstverein in Hamburg: Klosterwall 23, Di–So 12–18 Uhr; Museum für Kunst und Gewerbe: Steintorplatz, Di–So 10–18, Do bis 21 Uhr

2

LÜNEBURGER HEIDE

53° 32′ 46″ NORD / 09° 58′ 00″ OST

ALS OB DAS VIOLETT einem dieser schicken Farbkreisel und Musterfächer des US-Unternehmens Pantone, einer Art Gralshüter der Farbenlehre für die Kreativbranche, entsprungen wäre. So präsentiert sich die Lüneburger Heide. Und entgegen der Trends und Befindlichkeiten im Bereich Farbwahrnehmung: Lila ist zeitlos, zumal nicht von findigen Farbdesignern entworfen, sondern von Mutter Natur höchstselbst kreiert. Besonders ursprünglich und sehenswert ist die Heidelandschaft rund um Wilsede, ein winziges, fast schon museales Dorf mitten im Naturschutzgebiet. Rundherum begeistert alljährlich von August bis September die gemeine Besenheide (Calluna vulgaris) ihr Publikum mit einem effektvollen Auftritt: Sobald sich die unzähligen Blüten der Zwergsträucher öffnen, rollt sich über den Sandböden ein schier endloser, leuchtend-violetter Teppich aus, von dem sich lediglich das satte Grün der verstreuten Wachholderbüsche abhebt. Einen ähnlich intensiven Sinnesrausch erlebt man nur in der Provence in Südfrankreich. Touristenmagnet ist hier die lila Lavendelblüte zwischen Juni und Juli. Im Gegensatz zur Besenheide wird Lavendel jedoch geerntet und dann zu Öl sowie Duft- und Arzneistoffen weiterverarbeitet. Beim traumhaften Fernblick vom Wilseder Berg würde man also am liebsten ein Loblied auf Mutter Natur anstimmen: Aber auch die Lüneburger Heide ist eine, wenn auch sehr alte Kulturlandschaft, die von Menschen geschaffen wurde. Schon vor Jahrtausenden laugten Rodungen und Ackerbau das Erdreich der Region so sehr aus, dass hier nur noch genügsames Heidekraut Wurzeln schlug. Heute müssen Naturschützer und Heidschnucken das violette Wunderbiotop pflegen. Überließe man die Heide sich selbst, würde sie verschwinden.
www.lueneburger-heide.de

Rechts: Provence, Südfrankreich
43° 31‘ 40“ Nord / 05° 26‘ 44“ Ost

Unten: Alle Jahre wieder versprüht die Besenheide im Spätsommer ihren violetten Zauber. Man findet sie vor allem im Schutzgebiet im Herzen des Naturparks Lüneburger Heide. Rundherum gibt es jedoch noch andere Heideflächen, deren Besuch sich lohnt.

HANSESTADT LÜNEBURG

Die gut 1050 Jahre alte Hansestadt bezaubert mit romantischen Giebeln im Stil der Backsteingotik und ist gleichzeitig eine junge, bunte Universitätsstadt. Lüneburg hielt lange die Monopolstellung als Salzlieferant für den gesamten Norden. Diese »salzige Vergangenheit« ist überall sicht- und erlebbar. Die Stadt an der Ilmenau blieb im Zweiten Weltkrieg unzerstört und verströmt durch unzählige historische Gebäude einen ganz besonderen Charme. Sehr besuchenswert: das größte mittelalterliche Rathaus Norddeutschlands.
Tourist Info: Rathaus, 21335 Lüneburg, Tel. 08 00/220 50 05, Mai–Okt., Dez. Mo–Fr 9.30–18, Sa bis 16, So 10–16, Nov., Jan.–Apr. Mo–Fr 9.30–18, Sa bis 14 Uhr, www.lueneburg.info

Am Stintmarkt in Lüneburg wurde einst der Stint (eine kleine Heringsart) verkauft.

DEUTSCHES SALZMUSEUM

Salz prägte mehr als 1000 Jahre das Leben Lüneburgs. Das »weiße Gold« verhalf Einzelnen, aber auch der ganzen Stadt zu Wohlstand, Macht und Wachstum. Wie die Geschichte der Hansestadt von den nur scheinbar unscheinbaren Körnchen beeinflusst wurde, zeigt das 1980 in einem ehemaligen Siedehaus der Lüneburger Saline entstandene Deutsche Salzmuseum.
Sülfmeisterstr. 1, 21335 Lüneburg, tgl. 10–17 Uhr, www.salzmuseum.de

Ein Salzsieder bei der Arbeit im Salzmuseum. Pro Tag sind höchsten 6 Gramm Kochsalz empfehlenswert, so die Weltgesundheitsorganisation.

SOLTAU THERME

Rund 200 m tief in der Erde sprudelt die Soltauer Heilquelle. Sie speist das Solebad der Therme mit einem heilenden Gemisch aus Wasser und Salz. Mehrere Schwimmbecken, acht Saunen.
Mühlenweg 17, 29614 Soltau, Tel. 051 91/ 84 480, Mo 10–22, Di–So 9–22 Uhr, www.soltau-therme-online.de

KUNSTSTÄTTE BOSSARD

In der Nordheide entstand ab 1912 ein stetig wachsendes Gesamtkunstwerk aus Architektur, Bildhauerei, Malerei und Gartenkunst. Es umfasst nahezu alle Arbeiten des schweizer Allroundkünstlers Johann Bossard (1874–1950), der sich hier kreativ austobte. Sein Wohn- und Atelierhaus steht neben einem 1926 in Backsteinexpressionismus errichteten Kunsttempel.
Bossardweg 95, 21266 Jesteburg, März–Okt. Mi–So 11–18, Nov.–Feb. So 11–16 Uhr, www.bossard.de

LAUENBURG

Die südlichste Stadt Schleswig-Holsteins befindet sich im Dreiländereck mit Mecklenburg-Vorpommern und Niedersachsen. Das Schifferstädtchen liegt an einem bewaldeten Steilufer und ist von der Elbe und der Alten Salzstraße geprägt: Wie Lebensadern ziehen sie sich durch das gesamte Herzogtum mit seinen 40 Seen. Vor allem die Unterstadt lädt mit ihren farbenprächtigen Fachwerkhäusern aus vier Jahrhunderten und Kunst im öffentlichen Raum zu einem Spaziergang ein. In der Oberstadt thront hoch über dem Fluss das alte Schloss, dessen runder Uhrturm bestiegen werden kann und eine traumhafte Aussicht garantiert. Beeindruckend ist auch die Palmschleuse, die älteste, zwischen 1390 und 1398 erbaute Kammerschleuse Europas. Lauenburg bietet zahlreiche Sehenswürdigen wie die Bronzestatur von Karlheinz Goedtke auf dem Ruferplatz oder den 115 Jahre alten, letzten kohlebefeuerten Raddampfer »Kaiser Wilhelm«. *Tourist Info: Elbstr. 59, 21481 Lauenburg/Elbe, Tel. 041 53/590 92 20, Mär–Okt. Mo–Fr 10–18, Sa/So bis 17, Nov.–Feb. tgl. 10–16 Uhr, www.lauenburg.de*

RESTAURANTS

CAFÉ ZEITGEIST

Handgemachte Cupcakes, Torten und Kuchen sowie herzhafte italienische Leckereien laden zum Besuch ein. Der Kaffee von einer preisgekrönten Hamburger Rösterei wird mit einer original La Marzocco-Siebträgermaschine gebrüht. *Heiligengeiststr. 36, 21335 Lüneburg, Tel. 041 31/40 24 56, Di–Sa 8.30–18, So 10–18 Uhr, www.cafe-zeitgeist.de*

LANDHAUS HAVERBECK

Hier kann man inmitten des Naturschutzparks mit Blick über den Haverbeeker Dorfteich oder im Schutze von Haselnuss und Buchenhecke speisen. Die raffinierte, auf die Jahreszeiten abgestimmte Regionalküche schmeckt in den schönen Räumen des reetgedeckten Heidehauses. *Niederhaverbeck 2, 29646 Bispingen, Tel. 051 98/989 80, Mo–Fr 17–20.30, Sa/So ab 12 Uhr, www.haverbeckhof.de*

ÜBERNACHTUNGEN

HOTEL EINZIGARTIG

Die freigelegten Mauern, Balken und Malereien in den zwei über 400 Jahre alten Häusern und kontrastieren reizvoll mit dem schlichten Design und moderner Kunst. Im Restaurant wird mediterran gekocht. *Lünertorstr. 3, 21335 Lüneburg, Tel. 041 31/ 40 0 60 00, www.hoteleinzigartig.de, DZ ab 149 €*

HOTEL BERGSTRÖM

Das Hotel liegt im Wasserviertel am historischen Hafen. Die Zimmer und Suiten verteilen sich auf mehrere liebevoll restaurierte Gebäude: Wassertürme, Speicher und Wassermühlen. Mit Fitness, Pool, Wellness-Arrangements und feinen Restaurants. *Bei der Lüner Mühle, 21335 Lüneburg, Tel. 041 31/30 80, www.bergstroem.de, DZ ab 169 €*

3

ATLANTIC HOTEL SAIL CITY, BREMERHAVEN

53° 32′ 35″ NORD / 08° 34′ 25″ OST

»GEDULD UND HUMOR sind zwei Kamele, die dich durch jede Wüste bringen«, lautet ein arabisches Sprichwort, das zweifellos auch an der Nordsee Gültigkeit besitzt. In Bremerhaven waren hohe Arbeitslosigkeit und eine lahmende Wirtschaft die sinnbildliche Durststrecke, die den Bürgern jahrzehntelang zusetzte: Auf den Boom Mitte des 20. Jahrhunderts folgten die Werftenkrise der 1980er- und der Abzug der US-Truppen in den 1990er-Jahren – und schließlich ein schleichender Niedergang. Fortan machte die Stadt nur noch als »Armenhaus Deutschlands« Schlagzeilen. Doch hier oben im Norden lässt man sich nicht so leicht unterkriegen. »Havenwelten« heißt das Großprojekt, das zur Jahrtausendwende hinterm Weserdeich zu wachsen begann und mit dem Atlantic Hotel Sail City sein futuristisches Wahrzeichen erhielt. Die Segelform des 147 m hohen Gebäudes erinnert stark an das berühmte Burj al Arab in Dubai, und auch die umliegende Architektur dürfte jeden Ölscheich entzücken: Von der Aussichtsplattform auf dem Hoteldach schweift der Blick von der glänzenden Kuppel des Einkaufstempels Mediterraneo zum Columbus-Center und bis zur organischen Glashülle des Klimahauses, in dem sich Besucher auf Wetterweltreise begeben können. Über eine Million Gäste besuchen die Havenwelten pro Jahr – und der Wind weht wieder in Richtung Zukunft. Jetzt fehlen eigentlich nur noch die Kamele.
www.bremerhaven.de,www.atlantic-hotels.de

Rechts: Hotel Burj al Arab, Dubai, VAE
25° 08' 28" Nord / 55° 11' 08" Ost

Unten: Man könnte meinen, Dubai liegt an der Wesermündung. Das Hotel Sail City ist exotisch-moderner Blickfang der »Havenwelten«. Entworfen hat das Gebäude das Bremer Architekturbüro Klumpp – das Burj al Arab hingegen stammt aus der Feder des britischen Architekten Tom Wright.

KLIMAHAUS

Am Alten Hafen, im maritim geprägten Stadtviertel Havenwelten, kann man im 18800 qm großen Klimahaus alles über Klima, Klimawandel und Wetter erfahren. Und zwar im wahrsten Sinne des Wortes. Denn man reist auf dem achten Längengrad und unterschiedlichen Breitengraden mit allen Sinnen um die Welt. Neun Stationen in acht Ländern auf fünf Kontinenten repräsentieren die unterschiedlichen Klimazonen der Erde. Jede Station ist real konzipiert, so herrschen an Station Kanak im Niger 35 Grad Celsius, an der Station Königin-Maud-Land in der Antarktis –6 Grad Celsius. Jede Reise ist ungeheuer spannend inszeniert: So schrumpft man in Sardinien auf Insektengröße, um den Mikrokosmos einer italienischen Wiese zu betrachten oder riecht in der Schweiz die Alm und übt sich im Jodeln. Einheimische erzählen in digitalen Installationen, wie sie ihr Leben und die klimatischen Bedingungen ihrer Heimat empfinden und bewältigen. Neben dem Ausstellungsbereich Reise finden sich die Bereiche Perspektiven und Chance für das Klima unserer Erde. Bob Geldof, irischer Musiker und Menschenrechtsaktivist, eröffnete 2009 das auch architektonisch beeindruckende Gebäude und nannte es in seiner Rede einen »Liebesbrief an unseren Planeten«. Wer das Klimahaus besucht hat, wird sinnliche, reale und nachhaltig beeindruckende Erlebnisse mit nach Hause nehmen. *Am Längengrad 8, 27568 Bremerhaven, Apr.–Aug. Mo–Fr 9–19, Sa/So 10–19, Sept.–März tgl. 10–18 Uhr, www.klimahaus-bremerhaven.de*

AUSWANDERERHAUS

Zwischen 1830 und 1974 suchten 7,2 Millionen Menschen ihr Glück in der sogenannten Neuen Welt und brachen von Bremerhaven aus auf. Die »Galerie der sieben Millionen» gibt diesen Menschen Gesicht und Biografie und beleuchtet die historischen Hintergründe der europäischen Massenauswanderung. Vom emotionalen Abschied – inklusive Stimmengewirr an der Gangway – über die beschwerliche Reise unter Deck, die Einreiseformalitäten in New York bis zur weiteren Lebensgestaltung der Nachkommen – das Auswandererhaus entführt den Besucher

RESTAURANTS

TREFFPUNKT KAISERHAFEN

Fragt man nach der letzten Kneipe vor New York, so landet man hier. Seeleute, Touristen, Bremerhavener genießen zusammen Hafenatmosphäre bei feiner Muschelpfanne, Brataal oder einem Fischerfrühstück. *Franziusstr. 92, 27568 Bremerhaven, Tel. 04 71/422 19, tgl. 11–24 Uhr, www.treffpunktkaiserhafen.de*

SIEBHAUS

Bekannt für herrliche, selbst gemachte Köstlichkeiten wie warmen Apfelkuchen und Nordseekrabben in vielen Variationen, gilt das originelle Siebhaus als besonderer Tipp. Das ehemalige Krabbensiebgebäude direkt am Wremer Tief liegt direkt am Wasser. Klein und gemütlich innen, weitläufig und nordisch-charmant außen. *Flur 7/Am Wremer Hafen, 27638 Wremen, Tel. tgl. 10–18 Uhr, www.siebhaus.de*

ÜBERNACHTUNGEN

HOTEL HAVERKAMP

Seit dem Jahr 1969 führt die Familie Haverkamp ihr Haus mit Liebe und Leidenschaft. In der Seestadt findet man nur hier einen kostenfreien Wellnessbereich mit Schwimmbad, Sauna und Aroma-Dampfbad. Das Team des Restaurants kocht für jeden Ernährungstyp. *Prager Str. 34, 27568 Bremerhaven, Tel. 04 71/483 30, www.hotel-haverkamp.de, DZ ab 129 €*

COMFORT HOTEL

Das moderne Haus findet sich am Fischereihafen. Das Frühstücksbüfett kann sich sehen lassen, vor dessen Besuch sollte man sich am besten beim sehr freundlichen Personal über die Stoßzeiten informieren. Tipp: Zimmer mit Hafenblick. *Am Schaufenster 7, 27572 Bremerhaven, Tel. 04 71/932 00, www.comfort-hotel-bremerhaven.de, DZ ab 95 €*

Im Klimahaus simuliert man die Temperaturen der jeweiligen Zone. Hier sind wir in der Schweiz und eine Jacke ist empfehlenswert.

mit einem elektronischen Boardingpass in detaillierte Erlebniswelten. Das Studio Migration behandelt aktuelle Ereignisse und Debatten rund um das Kernthema dieses faszinierenden Museums.
Columbusstr. 65, 27568 Bremerhaven, März–Okt. tgl. 10–18, Nov.–Feb. bis 17 Uhr, www.dah-bremerhaven.de

STADTSPAZIERGANG BREMEN

Tipp für den Start des Stadtspaziergangs: Mit einem Schiff an der Weserpromenade landen und am Fluss entlang zum Bremer Roland laufen. Auf dem Weg zu diesem 1404 errichteten Wahrzeichen auf dem Marktplatz geht es durch historische Gassen, vorbei an Fragmenten und sorgsam sanierten Bauten der im Zweiten Weltkrieg fast völlig zerstörten Stadt.
Tourist Info: Langenstr. 2–4, 28195 Bremen, Tel. 04 21/ 308 00 10, Mo–Fr 9.30–18.30, Sa 9.30–17, So 10–16 Uhr, www.bremen-tourismus.de

KUNSTHALLE BREMEN

Das bedeutende Kunstmuseum befindet sich in unmittelbarer Nähe der Bremer Altstadt in den Wallanlagen an der Kulturmeile. Die umfangreiche Sammlung des 14.–21. Jh. zeigt u. a. 200 000 Handzeichnungen und druckgrafische Blätter im sog. Kupferstichkabinett und ist Deutschlands einziges Museum in privater Trägerschaft. Sehenswert in dem imposanten Gebäude sind auch die zeitgenössische Medienkunst und die mit Hingabe ausgewählten und gestalteten Sonderausstellungen.
Am Wall 207, 28195 Bremen, Mi–So 10–17, Di 10–21 Uhr, www.kunsthalle-bremen.de

KÜNSTLERDORF WORPSWEDE UND TEUFELSMOOR

Fritz Mackensen, Hans am Ende, Otto Modersohn, Fritz Overbeck und Heinrich Vogele waren die Ersten: Sie gründeten 1889 in Worpswede die Künstlerkolonie, die Besucher noch heute in die Museen, die Galerien und Werkstätten am Teufelsmoor zieht. Die Magie des Ortes mit seinen faszinierenden Wolkenformationen und seinem ungewöhnlichen Licht hat nichts von ihrer Wirkung verloren. Das größte zusammenhängende Moor im Norden machte es seinen ursprünglichen Bewohnern nicht leicht: Der Boden war unfruchtbar, der Alltag schwer. Auf einer Fahrt in einem Torfkahn, bis zum Beginn des 20. Jh. einziges Transportmittel in der Gegend, kann man nachempfinden, wie sich die Lebensumstände angefühlt haben müssen. Auch auf naturkundlichen Fahrradtouren und Moorwanderungen lässt sich das einzigartige Gebiet erkunden.
Tourist Info: Bergstr. 13, 27726 Worpswede, Tel. 047 92/ 93 58 20, Apr.–Okt. Mo–Sa 10–17, So 10–15, Nov.–März tgl. 10–15 Uhr, www.worpswede-touristik.de, www.kulturland-teufelsmoor.de

4

HUSUMER BINNENHAFEN

54° 29' 02" NORD / 09° 03' 36" OST

NOT UND FRUST machen erfinderisch. Und die dänischen Bauern im Husumer Umland hatten die Faxen einfach dicke. So erzählt es zumindest der Volksmund. Schlimm genug, dass ihr Königreich 1864 den Deutsch-Dänischen Krieg und mit ihm Nordfriesland an Preußen verloren hatte. Jetzt wollte man ihnen auch noch ihre Heimatliebe nehmen! Seit der Besetzung waren dänische Flaggen in der Öffentlichkeit jedenfalls tabu. Widerstand zwecklos? Nicht ganz. Denn den Landwirten gelang tatsächlich eine kleine Revolte: Sie züchteten einfach eine neue Schweinerasse – mit krausem, rot-weißem Fell. Es dauerte bis zur Jahrhundertwende, dann tummelten und suhlten sich die zum Leben erweckten dänischen Nationalfarben für jedermann sichtbar in den Bauerngärten. Leider ist das »Rotbunte Husumer Schwein« mittlerweile ausgestorben. Dass es existierte, ist jedoch historisch belegt. Und noch heute steckt in Nordfriesland jede Menge Dänemark. Im hübschen Husum spürt man das besonders deutlich. Der malerische Binnenhafen des Städtchens mit seinen bunten Giebelhäusern, den vielen Cafés und Kneipen wirkt wie eine Miniaturausgabe des berühmten Nyhavn in Kopenhagen. Den schönsten Blick auf die Boote und Silhouette an der Hafenstraße hat man vom neuen Rathaus. Doch Husum und Nyhavn ähneln sich nicht nur in punkto Architektur und Flair: An beiden Orten, nur einen Steinwurf vom Wasser entfernt, lebten und wirkten Mitte des 19. Jh. berühmte Dichter. Am Nyhavn war es Hans Christian Andersen, in Husum der nur zwölf Jahre jüngere Theodor Storm. Beide faszinieren Leser bis heute mit ihren Gedichten und Geschichten, die in unzählige Sprachen übersetzt wurden. Theodor Storms Wohnhaus (www.storm-gesellschaft.de) kann man in der Wasserreihe 31 besuchen. Sehr sehenswert ist aber auch das Husumer Schloss – das einzige Residenzschloss Nordfrieslands – mit herrlichem Park, der sich im Frühjahr in ein Meer aus blühenden Krokussen verwandelt.

www.husum-tourismus.de

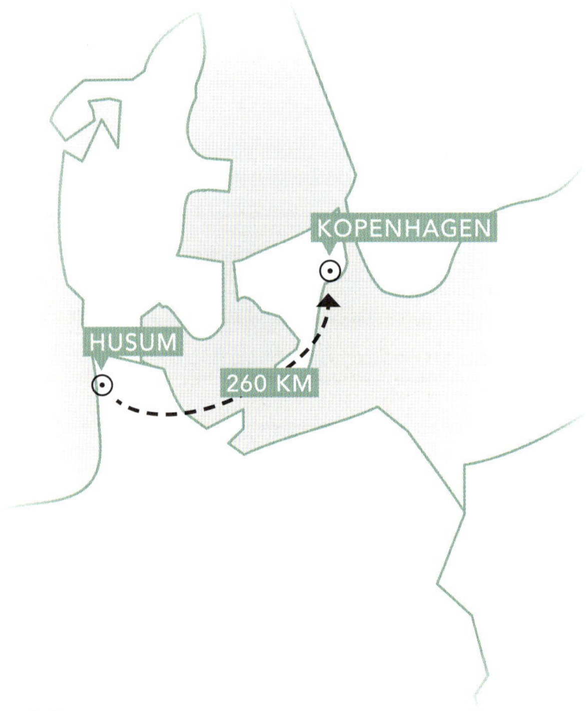

Rechts: Nyhavn, Kopenhagen, Dänemark
55° 40' 47" Nord / 12° 35' 26" Ost

Unten: Lust auf ein Fischbrötchen? Der Husumer Binnenhafen ist touristischer Hotspot des Städtchens. Für die maritime Wirtschaft spielt er keine Rolle mehr – Frachter und Krabbenkutter legen am industriellen Außenhafen an.

Typisch für Sankt Peter-Ording sind die hölzernen Pfahlbauten am Strand, in denen meist Restaurants untergebracht sind.

FLENSBURG

Beim Namen Flensburg werden Autofahrer mit Bleifuss blass im Gesicht. Schließlich ist die nördlichste Stadt der Republik vor allem für das hier ansässige Kraftfahrt-Bundesamt und seine Verkehrssünderkartei bekannt. Die Stadt darauf zu reduzieren, greift freilich viel zu kurz. Ohnehin spielt sich das Leben hier mehr auf und am Wasser ab. Den Stadtbummel beginnt man am besten am Historischen Hafen. Dort, und im benachbarten Schifffahrtsmuseum (www.schifffahrtsmuseum-flensburg.de), erfährt man alles über Flensburgs Geschichte als Handelsdrehkreuz und maritimes Tor zur Welt. Bis 1864 gehörte die Stadt zu Dänemark und war im 18. Jh. wichtiger Stützpunkt der dänischen Westindienflotte, die in der Karibik gebrannten, rohen Rum nach Flensburg schipperte. Von den hiesigen Rumfabrikanten wurde er verschnitten und weiterverkauft. Heute beherrschen hier nur noch zwei Rumhäuser das Handwerk des Destillateurs. Eines davon, das Wein & Rumhaus Braasch (www.braasch.sh), befindet sich in der Roten Straße, die neben dem Holm zu den schönsten Flaniermeilen der Altstadt zählt. Das Umland und die Flensburger Förde erkundet man am besten mit dem Fahrrad und folgt dazu dem Ostseeküstenradweg. Aber nicht zu schnell in die Pedale treten. Und möglichst ohne Rum im Blut! Sie wissen schon – das KBA liegt gleich um die Ecke. *Tourist Info: Nikolaistraße 8, 24937 Flensburg, Tel. 04 61 / 909 09 20, Mo–Fr 9–18, Sa 10–14 Uhr (abweichende Zeiten Vor- und Nachsaison), www.flensburger-foerde.de*

SANKT PETER-ORDING

Rund zwölf Kilometer Länge und bis zu zwei Kilometer Breite misst der Megastrand, der sich an der Westspitze der Halbinsel Eiderstedt zwischen Nordsee und der Gemeinde Sankt Peter-Ording ausdehnt. An manchen Tagen wirkt diese gigantische Sandbank wie eine Wüste – und das Meer und die funkelnden Priele wie märchenhafte Fata Morganen. Wer entspannen möchte, macht es sich in einem der vielen bunten Strandkörbe gemütlich oder lässt sich bei einem Spaziergang die salzige Brise um die Nase wehen. Fotografen frohlocken beim Anblick der für die Gegend typischen hölzernen Pfahlbauten. Nicht zuletzt ist Sankt Peter-Ording ein Dorado für Surfer und Strandsegler. Wer auf drei Rädern selbst einmal durch den Wind düsen möchte, kann bei der Nordsport Strandsegelschule Kurse buchen (www.strandsegeln-spo.de). *Tourist Info: Badallee 1, 25826 Sankt Peter-Ording, Tel. 048 63/99 90, Mo–Fr 9–17, Sa/So 10–16 Uhr, www.st-peter-ording.de*

FRIEDRICHSTADT

Südlich von Husum verzaubert das schmucke Friedrichstadt mit viel holländischem Flair: Farbenfrohe, schmale Häuschen mit steilen Treppengiebeln säumen Gassen und Marktplatz, und etliche Grachten, über die sich malerische Brücken spannen, durchziehen den Ort. Zu Wasser – bei einer Bootstour oder mit dem SUP –

lässt sich das Städtchen denn auch am schönsten erkunden. Das »nordfriesische Amsterdam« wurde 1621 von Friedrich III. von Schleswig-Holstein-Gottorf gegründet. Um seinen Traum von einer potenten Handelsmetropole zu verwirklichen, warb er vor allem niederländische Exulanten an. Die kamen, mit viel Heimat im Gepäck, und halfen dem Herzog beim Aufbau seiner Stadt. Im Gegenzug durften sie unbehelligt ihre Religion ausüben. *Tourist Info: Am Markt 9, 25840 Friedrichstadt, Tel. 048 81/ 939 30, Mo–Sa 10–16, So 10–14 Uhr (abweichende Zeiten Vor- und Nachsaison), www.friedrichstadt.de*

PELLWORM

Ohne seinen Schutzwall wäre Pellworm ein Spielball der Gezeiten: Acht Meter hoch und 25 Kilometer lang ist denn auch der Deich, der die nordfriesische Insel umringt und sie täglich vor den Fluten bewahrt. Sandstrände und Rummel sucht man hier vergeblich. Ökolandbau und sanfter Tourismus prägen das Eiland unter dem Meeresspiegel, das mit viel Wind, Watt, weiten Wiesen und blühenden Rapsfeldern punktet. Entschleunigung ist also garantiert. Pellworm erreicht man am besten mit der Fähre ab Nordstrand (ca. 40 Min., www.faehre-pellworm.de) und steigt dann auf den Drahtesel um. Leihräder gibt's am Hafen. *Tourist Info: Uthlandestr. 2, 25849 Pellworm, Tel. 048 44/ 189 40, Mo–Fr 10–17, Sa 10–12 Uhr (abweichende Zeiten Nebensaison), www.pellworm.de*

BARFUSS DURCHS WATT

Schuhe aus, und rein ins nasskalte Vergnügen! Bei einer Wattwanderung geht man buchstäblich auf Tuchfühlung mit der Natur. Erkundungstouren durch dieses einzigartige Biotop werden von zahlreichen Veranstaltern angeboten. Spannend, lehrreich und unterhaltsam sind die Exkursionen der beiden Biologen und Nationalpark-Wattführer Birgit Andresen und Walther Petersen-Andresen, die ihre Gäste zwischen April und Dezember ab Dagebüll auch zu den Halligen Oland und Gröde entführen. Buchen kann man längere und kürzere Ausflugspakete. Bei letzteren geht es nach Eintritt der Flut mit dem Boot zurück zum Ausgangspunkt.
Birgit Andresen & Walther Petersen-Andresen, Tel. 046 67/466, Wattwanderungen ab Dagebüll, www.wattwanderungen-halligerlebnis.de

RESTAURANTS

ROTER HAUBARG

Auf der Terrasse dieses historischen Bilderbuchbauernhofs aus dem 17. Jh. zwischen Husum und Friedrichstadt schmecken nordfriesische Spezialitäten besonders lecker. Berühmt ist der Haubarg für seine Lammgerichte und Eintöpfe. Fleisch und Gemüse stammen natürlich aus der Region. *Sand 5, 25889 Witzwort, Tel. 048 64/845, Di–So 11 bis 21 Uhr (Winter: Mi–So), www.roterhaubarg.de*

DRAGSETHS GASTHOF

Sympathisches Husumer Traditionsgasthaus in Hafennähe mit reizvollem Biergarten im Innenhof. Die Speisekarte wird von deftigen, gutbürgerlichen Klassikern dominiert. Aber auch Vegetarier und Fischfans kommen auf ihre Kosten. Reservierung im Sommer empfohlen. *Zingel 11, 25813 Husum, Tel. 048 41/77 99 95, Mo–So 11.30–14 und 17–21 Uhr Uhr, www.dragseths-gasthof.de*

ÜBERNACHTUNGEN

HOTEL LUNDENBERGSAND

Reetgedeckte Wohlfühloase südwestlich von Husum zwischen Marschwiesen und Deichen. Das 4-Sterne-Haus mit 25 Zimmern vereint Design und Gemütlichkeit – und wird Wellnessfans und Ruhesuchende begeistern. *Lundenbergweg 3, 25813 Simonsberg, Tel. 048 41/839 30, www.hotel-lundenbergsand.de, DZ ab 135 €*

THOMAS HOTEL SPA

Das stylische 4-Sterne-Haus punktet mit seiner zentralen Lage, komfortablen Zimmern, superleckerem Frühstück und einem attraktiven Spa-Angebot. *Zingel 7–9, 25813 Husum, Tel. 048 41/ 662 00, www.thomas-hotel.de, DZ ab 110 €*

5

HUMMERBUDEN AUF HELGOLAND

54° 10′ 40″ NORD / 07° 53′ 18″ OST

WER VORHAT, in einer der farbenfrohen Holzhütten auf Helgoland ungestört in seine Badehose zu schlüpfen, sei gewarnt: Das könnte peinlich enden! Anders als am Muizenberg Beach bei Kapstadt werden die Hummerbuden auf der Nordseeinsel nicht als Umkleidekabine genutzt – obwohl man sie von Weitem dafür halten könnte. Früher dienten sie den Fischern als Geräteschuppen, jetzt haben Gastwirte, Händler und Künstler hier schmucke Lokale, Galerien und Souvenirläden eröffnet. Gebaut wurden die Häuschen erst nach 1952, das als »Stunde null« der Inselgeschichte gilt. Schon zur Kaiserzeit war Helgoland wichtiger Militärstützpunkt, und auch die Nazis rüsteten die »Seefestung« vor Englands Haustüre weiter auf. Kein Wunder also, dass die Briten, die nach dem Zweiten Weltkrieg als Besatzer blieben, die ganze Insel am liebsten in die Luft jagen wollten. Was zum Glück nicht gelang. Zwar hinterließ Operation »Big Bang«, bei der 1947 Tausende Tonnen Restmunition per Fernzünder gesprengt wurden, riesige Mondkrater; das Eiland blieb jedoch bewohnbar. Anfang der 1950er-Jahre kehrten die Einheimischen zurück, begannen ein neues Leben und begrüßten bald auch wieder Touristen. Auf wundersame Weise überlebt hat den »Big Bang« ein über 150 Jahre alter Maulbeerbaum nahe der Inselkirche. Dass das exotische Gewächs in diesen Breiten überhaupt gedeiht, liegt an den milden Wintern, die Helgoland auch dem Golfstrom verdankt. Im Schatten des Baumes gab sich Mitte des 19. Jahrhunderts so manch illustres Liebespaar das Jawort – das See- und Heilbad war damals gefragtes Reiseziel der Noblesse. »Unkompliziert heiraten«, wie es die Kurverwaltung formuliert, kann man noch heute in einer der Hummerbuden, in der ein Standesamt untergebracht ist. Besucher erleben auf Helgoland somit nicht nur Südafrikaflair, sondern können sich auch die Reise nach Las Vegas sparen.
www.helgoland.de

Muizenberg Beach bei Kapstadt, Südafrika
34° 06‘ 00“ Süd / 18° 28‘ 00“ Ost

Die bunten Hummerbuden sind Helgolands Top-Attraktion und sehen aus der Ferne fast wie Badehäuschen aus. Wer Sonne und Meer genießen möchte, ist jedoch an den breiten Sandstränden auf Helgolands Nachbarinsel Düne besser aufgehoben.

RESTAURANTS

BUNTE KUH

Hier werden typische Gerichte serviert wie Helgoländer Knieper (Scheren vom Taschenkrebs), Pannfisch, Seezunge und Dorsch, aber natürlich auch Fleischliches. Am gewaltigen Tresen voller seemännischer Erinnerungen schmeckt auch das Bier bei schönster Aussicht aufs Meer. *Hafenstr. 1013–1018, 27498 Helgoland, Tel. 047 25/81 13 43, tgl. ab 12 Uhr, www.buntekuh-helgoland-de.jimdo.com*

AQUARIUM CAFÉ

Klein und süß sind hier die Leckereien sowie auch das Lokal selbst. Und der Kaffee schmeckt. Zwar nicht wirklich italienisch – man ist hier schließlich an der Nordsee! Wer's pikant mag, findet auch Herzhaftes auf der Speisekarte. *Siemens-Terrasse 168, 27498 Helgoland, Tel. 047 25/662, Di–So 12–18 Uhr*

ÜBERNACHTUNGEN

HOTEL RICKMERS INSULANER

Die Besitzer lassen Besucher an ihrer Liebe zu Helgoland und seiner langjährigen Tradition teilhaben. Auf ca. 250 qm wird Wellness zelebriert. Die Speisekarte zeichnet von scheinbar karg bis luxuriös ein traditionsreiches Bild der Inselgeschmäcker. *Am Südstrand 2, 27498 Helgoland, Tel. 047 25/814 10, www.insulaner.de, DZ ab 119 €*

HAUS MARINAS

Modern – und dennoch gemütlich! Das Doppelhaus bietet sechs Apartments zwischen 35 und 75 qm, die sich auch für Familien eignen. Für Flair sorgen die Dachschrägen, für den perfekten Hafenblick die großen Panoramafenster. *Am Yachthafen, 27498 Helgoland, Tel. 047 25/80 04 25, www.marinas.de, Apartment ab 80 €*

»LANGE ANNA«

Die »Lange Anna« – nach einer langbeinigen Kellnerin benannt – ist Helgolands vergängliches Wahrzeichen. Die markante, frei stehende Felsnadel im Nordwesten ist Naturdenkmal und beliebter Rastplatz für die Seevögel der Insel. 25 000 t schwer und auf nur 18 qm Fläche stehend, trotzt die stolze Buntsandsteingestalt seit jeher Brandung und Witterung. Doch wohl nicht mehr lange, denn Anna schwankt und kann vermutlich nicht mehr erhalten werden. Unbedingt besuchen!
Tourist Info: Lung Wai 28, 27498 Helgoland, Tel. 047 25/814 30, Apr.–Okt. Mo–Fr 9–16, Sa/So 11–15, Nov.–März Mo–Fr 9–11.30, 13–16, Sa 12–14.30 Uhr, www.helgoland.de

INSEL DÜNE

Verführerisch weiße Sandstrände locken viele vom felsigen Helgoland hinüber zur kleinen Nachbarinsel Düne. Das Badeparadies wird im Sommer regelmäßig von Fähren angesteuert. Es lohnt sich jedoch, die Rückfahrt hinauszuzögern: Sind alle Tagesgäste abgereist, kann man Wellen, Wind und Weite in aller Ruhe genießen. Teilen muss man die Düne allerdings zu jeder Tageszeit mit Kegelrobben, die hier seit einigen Jahrzehnten wieder heimisch sind.
Dünenfähre: Landungsbrücke oder kleiner Nordosthafen, Apr.–Okt. 8–19 Uhr halbstündlich, danach stündlich bis 21 Uhr (Mitte Juni–Mitte Sept. bis 23 Uhr), Nov.–März 8–12, 13–16 Uhr stündlich, Fahrtzeiten siehe www.helgoland.de

LUMMENFELSEN

Da kann der kleine Flugplatz auf der Düne nicht mithalten: Helgolands wahres Drehkreuz ist der Lummenfelsen am Nordwestufer des Oberlands. Im Sekundentakt starten und landen hier Dreizehenmöwen, Trottellummen, Eissturmvögel und andere Seevogelarten, die an der Steilwand auch brüten. Ein echtes Spektakel ist der »Lummensprung« Mitte bis Ende Juni, bei dem sich die Küken der Trottellummen waghalsig in die Tiefe und ins Leben stürzen. Exkursionen organisiert die Vogelwarte Helgoland (Anmeldung bei der Tourist Info).
Im Westen der Insel in der Deutschen Bucht

Wahrzeichen in Not: Wind und Wetter bringen die »Lange Anna« langsam zum Einstürzen.

MUSEUM HELGOLAND

Hier erfährt man alles über die Geschichte Helgolands und seine Bewohner, zu denen auch Franz Schenksy, ein Wegbereiter der deutschen Fotografie, zählte. Neben seinem Leben und Werk widmet sich der hübsche Innenhof auch dem Helgoländer Kinderbuchautor James Krüss (»Tim Thaler«) und zeigt anhand farbenfroher Nachbauten, wie die berühmten Hummerbuden einst tatsächlich einmal aussahen. Sehr beliebt sind auch die Museumsführungen hinab in die dunklen Tiefen der rund 14 km langen Bunkeranlagen.
Kurpromenade 1430, 27498 Helgoland, tgl. 10–14.30 Uhr, Bunkerführung: Mi, Fr, Sa 16.30 Uhr (Voranmeldung), www.museum-helgoland.de

LUNG WAI

Vorbei sind die Zeiten, in denen Helgoland gegen seinen zweifelhaften Ruf als »Fuselfelsen« ankämpfen musste. Schnäppchen kann man auf der Insel aber immer noch ergattern, denn sie genießt nach wie vor einen Sonderstatus innerhalb der EU und darf Waren daher zoll- und steuerfrei anbieten. Besonders viele Geschäfte gibt es entlang der Einkaufsmeile Lung Wai. Hier findet man Schmuck, Kosmetik, Mode, Süßwaren und natürlich Tabak und Spirituosen. Insbesondere bei Alkohol und Zigaretten schaut der Zoll dann aber doch genauer hin! Über die Mengenbeschränkungen informiert die Tourist Info.
www.helgoland.de

CUXHAVEN

Lange Zeit stand Cuxhaven als Außenposten Hamburgs im Schatten der Hansestadt, bis es sich im Jahr 1816 als Kurort ganz neu erfand. Heute übernachten hier, am Westufer der Elbmündung, jedes Jahr mehrere Millionen Gäste. Neben dem Tourismus blickt auch die Fischerei in Cuxhaven auf eine lange Tradition zurück. Das spürt man vor allem beim Bummel durch den Alten Hafen. Noch immer liefern dort Kutter und Trawler tagtäglich fangfrische Waren an. Sie zu kaufen, zu essen oder auch nur zu beschnuppern macht natürlich auf dem Cuxhavener Fischmarkt am meisten Spaß. Wer sich einen Überblick über das Hafengelände verschaffen oder den Schiffen zuwinken möchte, kann das am besten von der etwas nördlich gelegenen Aussichtsplattform »Alte Liebe« – bevor es ins spektakuläre Wrack- und Fischereimuseum »Windstärke 10« geht, in dem man trockenen Fußes erleben kann, was die Seefahrt seit jeher so abenteuerlich und gefährlich macht.
Tourist Info: Cuxhavener Str. 92, 27476 Cuxhaven, Tel. 047 21/40 42 00, www.cuxhaven.de

6

NORDSEEINSEL SYLT

55° 01′ 07″ NORD / 08° 25′ 56″ OST

Zwillingsschwestern? Strände und Kliffs der Inseln Sylt und Martha's Vineyard sind sich zumindest sehr ähnlich. Auf Sylt wurden vor allem die Landschaftsaufnahmen von »The Ghostwriter« gedreht, die Szenen rund Villa der Hauptfigur Adam Lang entstanden hingegen auf Usedom.

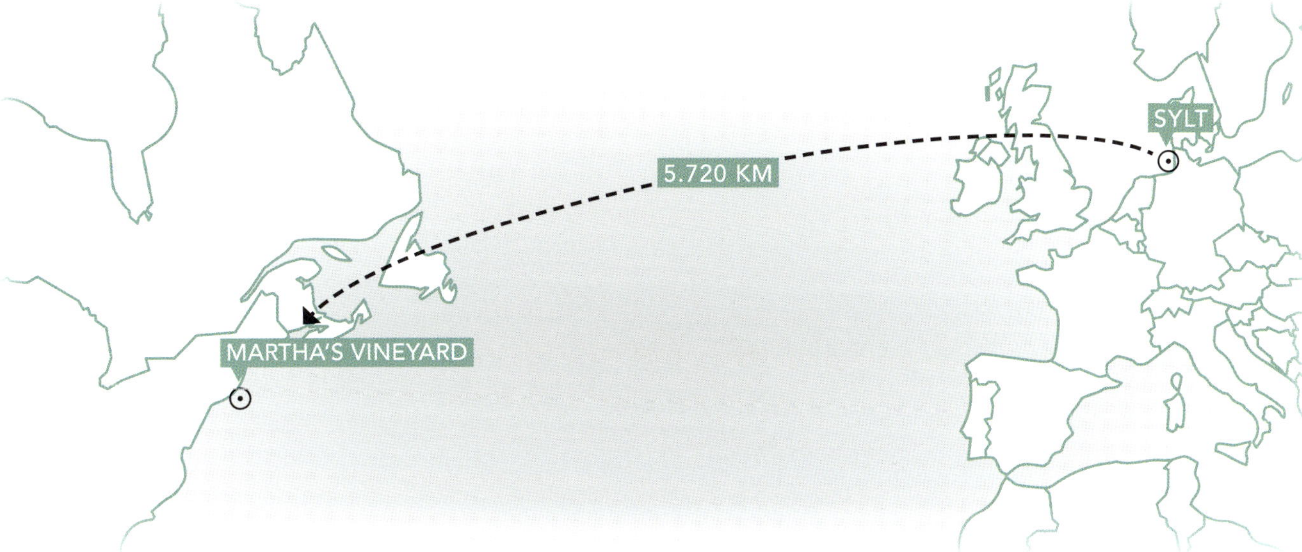

ES REGNET. Auf dem schmalen Asphaltband, das sich durch wolkenverhangene Dünen schlängelt, staut sich das Wasser in dunklen Pfützen. Ewan McGregor wischt sich die Tropfen aus dem Gesicht und tritt verbissen in die Pedale. Er muss es wissen – muss erfahren, wie Mike McAra, der am Strand von Martha's Vineyard als blasse Leiche angespült wurde, ums Leben kam. Hinter einer Biegung zeichnen sich die verschwommenen Umrisse eines Turms ab, der aussieht wie ... Moment? Das ist doch das Lister Leuchtfeuer an der Mautstraße zum Ellenbogen! Spätestens jetzt freute sich so mancher Syltfan, der 2010 »The Ghostwriter« im Kino sah, über ein Aha-Erlebnis. Oder sogar deutlich früher. Etwa, wenn zum Auftakt des Thrillers der als US-Autofähre dekorierte »SyltExpress« Martha's Vineyard ansteuert, tatsächlich aber im Lister Hafen andockt. Dass der umstrittene französisch-polnische Regisseur Roman Polański den Streifen – noch dazu mit Stars wie Ewan McGregor, Pierce Brosnan und Kim Cattrall – ausgerechnet in Nordfriesland drehte, hatte mehrere Gründe. Zum einen ähneln sich Sylt und Martha's Vineyard wirklich sehr. Auch auf dem neuenglischen Eiland gibt es weiße Dünen, weite Strände und etliche Leuchttürme. Blickt man von den schroffen »Gay Head Cliffs« an der westlichen Inselspitze aufs Meer, wähnt man sich am Roten Kliff bei Kampen. Nur ab und an mussten die Szenenbildner etwas nachhelfen: So wurden an besagter Mautstraße alle Verkehrszeichen abmontiert und durch englische Schilder ersetzt. Auch die altmodische, im Film deutlich sichtbare Stromleitung wurde neu aufgebaut, weil es sie im Listland so natürlich gar nicht gibt. Aber wofür all die Mühe, warum nicht gleich in Massachusetts filmen? Für Roman Polański war das keine Option. Bereits Ende der 1970er-Jahre wurde der Regisseur in Amerika wegen Vergewaltigung verurteilt und tauchte später in Europa unter. Seither fordern die USA Polańskis Auslieferung und Auslandsreisen sind für den heute 86-Jährigen brandgefährlich. So verpasste Polański denn auch die Berliner Premiere von »The Ghostwriter«, da er in der Schweiz in Untersuchungshaft einsaß.
Die Produktion wurde damals dennoch mit dem Europäischen Filmpreis ausgezeichnet – heute undenkbar.
www.sylt.de

Martha's Vineyard, Massachusetts, USA
41° 23' 43" Nord / 70° 36' 55" West

RESTAURANTS

KUPFERKANNE

Kaffee- und Teespezialitäten und wunderbare Kuchen aus der hauseigenen Backstube werden in einem unterirdischen Labyrinth mit magischem Flair oder im herrlichen Kieferngarten mit Blick aufs Wattenmeer serviert. *Stapelhooger Wai 7, 25999 Kampen, Tel. 046 517/410 10, Apr.–Okt. tgl. 10–18, Nov.–März Mo–Fr 12–17, Sa/So 11–17 Uhr, www.kupferkanne-sylt.de*

BADEZEIT

Ob Kleinigkeit, Rib-Eye-Steak, Tandoori-Hühnchen oder Käsekuchen – es schmeckt und wird herzlich serviert. Das Panorama auf die Nordsee macht Lust auf Variationen vom Fisch oder klassische Hausmannskost. *Dünenstr. 3, 25980 Westerland, Tel. 046 51/834 02, tgl. ab 11 Uhr, www.badezeit.de*

ÜBERNACHTUNGEN

HAPAG 54° NORD

Cool, stilvoll, modern – ein Wohlfühlort für Sportbegeisterte und Ruhesuchende gleichermaßen. Ob Golfer, Wassersportler und Jogger oder Liebhaber finnischer Sauna, Dampfbad und Wärmekabine, hier lässt es sich leben. Dafür sorgt auch das Bistro Dock 2 mit Speisen in regionaler Topqualität. *Strandstr. 2, 25997 Hörnum, Tel. 046 51/44 91 70, www.hotel54gradnord.de, DZ ab 120 €*

FÄHRHAUS

Das Fünf-Sterne-Hotel erfüllt mit edlem Spa und drei verschiedenen Restaurantwelten kleine Träume. Der eine oder andere muss vielleicht ein bisschen dafür sparen. Aber es lohnt sich! *Bi Heef 1, 25980 Munkmarsch, Tel. 046 51/939 70, www.faehrhaus-sylt.de, DZ ab 250 €*

KEITUM

Das friesische Juwel lockt im Osten mit alten, hingebungsvoll renovierten Kapitänshäusern, die von malerischen Friesenwällen gesäumt sind. So satt grün, mit uralten Kastanien, Buchen und Linden, ist Sylt nur hier. Eine echte Idylle, die auch von Künstlern wie Glasbläsern und Goldschmieden geliebt wird. Verschlungene, wildromantische Pfade führen zu Galerien, Kunsthandwerksstätten, urigen Teestuben, Boutiquen und hervorragenden Restaurants. Unbedingt sehenswerte Schätze wie das Altfriesische Haus, die Hünengräber Harhoog und Tipenhoog aus der Steinzeit oder die spätromanische Seefahrerkirche St. Severin mit ihrem Prominentenfriedhof lassen das Sylter Lebensgefühl der Vergangenheit beeindruckend aufleben.

Tourist Info: Gurtstig 23, 25980 Keitum, Tel. 046 51/99 80, Mo–Fr 10–16 Uhr, www.insel-sylt.de

ALTFRIESISCHES HAUS

Ob Kööken (Küche) oder Kööv (Wohnstube): Im Altfriesischen Haus scheint die Zeit des 18. bis 19. Jh. stehen geblieben zu sein. In dem im Jahr 1793 errichteten Kapitänshaus lebte der Heimatforscher und Chronist Christian Peter Hansen, der sich den Erhalt der Sylter Traditionen zur Herzensangelegenheit machte. Heute wird das Anwesen mit seiner heimatkundlichen Sammlung vom Verein Söl'ring Foriining liebevoll gehegt. Ein Besuch in diesem originellen Museum – möbliert in authentischem, altfriesischem Stil und ausgestattet mit Haushaltsgegenständen und kunsthandwerklichen Arbeiten – lässt den Reichtum einstiger Sylter Seefahrerfamilien erahnen. Eine separate Ausstellung zeigt Gegenstände vom Neolithikum bis ins 19. Jh.

Am Kliff 13, 25980 Keitum, Apr.–Okt. Mo–Fr 10–17, Sa/So 11–17, Nov.–März. Do–So 11–15 Uhr, www.soelring-foriining.de

HINDENBURGDAMM

Schon seit dem 1. Juni 1927 fahren Millionen Menschen auf der Bahnstrecke Hindenburgdamm durchs Watt nach Sylt – mit mehr als 1000 Zügen täglich! Das Bauprojekt war eine große Herausforderung an Ingenieure und Arbeiter, denn immer wieder sorgten Sturmfluten und Überspülun-

Die gute Stube im Altfriesischen Haus (Museum). Der Ofen wurde mit Heidekraut, Schafdung und Treibholz beheizt.

gen für böse Überraschungen. Schließlich wurden Stahlplatten in den Wattboden gerammt, Spundwände gesetzt und enorme Erdmassen bewegt, um das Wasser zu stoppen. Bis zu 1500 Menschen arbeiteten an dem 18,5 Millionen Rentenmark teuren Transportdamm, der heute längst der wichtigste Reiseweg auf die Insel ist.
Östl. von Morsum

ERLEBNISZENTRUM NATURGEWALTEN

Das multimediale Umwelt- und Erlebniszentrum vermittelt Erstaunliches zu den Elementen – und zwar zum Anfassen, Ausprobieren und Mitmachen. Jung und Alt lernen über Stürme und Flauten, Winde und Fluten, das Leben mit den Gezeiten und die Kräfte der Nordsee. Das Kinder- und Jugendprogramm, Seetierbecken, Wissensshows u. v. m. sind nicht nur an Regentagen eine Alternative zum Strand.
Hafenstr. 37,25992 List, tgl. 10–18 Uhr, www.naturgewalten-sylt.de

BRADERUPER HEIDE

Die Heide ist von Menschenhand gemacht: Sie entstand, nachdem hier ein Wald abgeholzt worden war. Ab April blühen Besenheide, Glockenheide sowie Krähenbeere in verschwenderischer Farbpracht und machen das 137 ha große Areal zu einer Augenweide. Apropos Weide: Die hier lebenden Schafe betätigen sich als Landschaftspfleger. Sie sorgen dafür, dass die Pflanzen nicht zu sehr wuchern und die Heide nicht verholzt.
Zugang über Üp de Hiir oder M.T.-Buchholz-Stig, Wenningstedt/Braderup; organisierte Wanderungen unter www.naturschutz-sylt.de/event/heidewanderung

SPAZIERGANG IM WATTENMEER

Die Erkundung des Weltnaturerbes Wattenmeer ist unverzichtbar bei einem Sylturlaub. Dieses Erbe mag karg erscheinen, ist jedoch voller Leben, Wandlung und Überraschendem. Der Westen tost, der Osten bleibt zahm. Die Kenntnis der Zeiten von Ebbe und Flut können über Leben und Tod entscheiden. Aber auch Sonnen- und Regenschutz sowie das richtige Schuhwerk helfen dabei, das Erlebnis ohne Reue genießen zu können. Nehmen Sie doch einen zertifizierten Wattführer mit. Und lassen Sie keine Hinterlassenschaften da – damit alle Besucher dieses fast unfassbare Naturschauspiel noch lange genießen können.
Start im Hörnumer Hafen oder an vielen anderen Stellen entlang der Ostküste der Insel, Gezeitenkalender in den Kurverwaltungen und unter www.sylt.de

7

DER NORD-OSTSEE-KANAL

54° 12′ 29″ NORD / 09° 34′ 20″ OST

FÜR ECHTE LEIDENSCHAFTEN muss man manchmal den Wecker stellen. Es ist Spätsommer – ein Samstag, kurz nach Sonnenaufgang. Während sich Otto Normaltourist noch einmal genüsslich im Bett umdreht, ist ein ganz besonderer Menschenschlag bereits auf der Jagd. Kameras mit potenten Objektiven baumeln wie Flinten an den Schultern der Männer und Frauen, die im Morgengrauen nahe der Rendsburger Hochbrücke auf der Lauer liegen. Ihr Beuteschema? Kommt drauf an. Punkt 7 Uhr soll hier ein Kreuzfahrtschiff unter portugiesischer Flagge den Nord-Ostsee-Kanal Richtung Kiel passieren. Einige spielen schon nervös mit dem Finger am Auslöser, andere sind noch ganz entspannt. Sie haben es auf ein nachfolgendes schwedisches Frachtschiff abgesehen. »Shipspotting« nennt sich dieses kuriose Hobby, und wer ihm frönt, scheut oftmals keine Mühe, um Hochseepötte aus der ganzen Welt vor die Linse zu bekommen. Anschließend werden die Fotos wie Trophäen archiviert oder im Netz zur Schau gestellt. Hierzulande eignet sich wohl kein anderer Ort so gut zum Schiffegucken wie der 98 km lange, Ende des 19. Jahrhunderts, also noch zu Kaiserzeiten, ausgehobene Nord-Ostsee-Kanal. Mehr als 80 Ozeanriesen passieren täglich die Direktverbindung zwischen Ost- und Nordsee und sparen sich so 450 km Umweg rund um die Nordspitze Jütlands. Dieses Verkehrsaufkommen ist Weltrekord und fast doppelt so hoch wie auf dem 82 km langen Panamakanal. Im Vergleich zum zentralamerikanischen Pendant punktet der Nord-Ostsee-Kanal zudem mit einem über 320 km langen Fahrradweg, der zwischen Brunsbüttel und Kiel meist flunderflach am Wasser entlangführt – oft so nah, dass man die Schiffe nicht nur grüßen, sondern fast nach ihnen greifen kann!
www.tag-nok.de

Rechts: Panamakanal, Panama
09° 04‘ 48“ Nord / 79° 40‘ 48“ West

Manchmal wird es bei einer Begegnung richtig eng. Damit die immer größeren Containerschiffe Platz haben, soll der Nord-Ostsee-Kanal bald verbreitert werden.

RESTAURANTS

CONVENTGARTEN

Schick sitzt man im Restaurant »Achterdeck«, vorbeifahrende Dickschiffe stets im Blick, erst recht von der Terrasse zum Kanal. Die Küche bietet viel Fischiges nebst Büsumer Krabben und orientiert sich am saisonalen Angebot der Region. *Hindenburgstraße 38–42, 24768 Rendsburg, Tel. 043 31/590 50, tgl. 11–24 Uhr, www.conventgarten.de*

RESTAURANT WEINSTEIN

Ehre, wem Ehre gebührt: Im Michelin 2019 erneut mit dem »Bib Gourmand« versehen, tischt das legere Restaurant ohne viel Etepetete so exzellente wie erschwingliche Gerichte auf. Die Küche kreiert regionale Zutaten mit mediterranen Ideen. *Holtenauer Str. 200, 24105 Kiel, Tel. 04 31/55 55 77, Di–So ab 18 Uhr, www.weinstein-kiel.com*

ÜBERNACHTUNGEN

WAFFENSCHMIEDE

Unweit der Schleusen zur Kieler Förde liegt das Hotel am Nordufer des Kanals mit sattem Blick auf den internationalen Schiffsverkehr. Momente des Fernwehs sind im Preis inklusive, auch im Spätherbst beim beliebten Labskausessen im Restaurant. *Friedrich-Voß-Ufer 4, 24159 Kiel, Tel. 04 31/36 96 90, www.hotel-waffenschmiede.de, DZ ab 95 €*

HOTEL ZUR TRAUBE

Brunsbüttels Ortskern zeigt sich dörflich: mit Heimatmuseum, dem von Giebelhäusern umstellten Markt und der Jakobuskirche. Hier liegt auch das gemütliche Hotel, dessen Restaurantküche die Möglichkeiten der nahen Nordsee zu nutzen weiß. *Markt 9, 25541 Brunsbüttel, Tel. 048 52/546 10, www.zur-traube-brunsbuettel.de, DZ ab 85 €*

KIEL

Nichts prägt Kiel so sehr wie die 17 km lange Förde, an deren Südende es im 13. Jh. gegründet wurde. Zeitweise Mitglied der Hanse, war Kiel seit jeher eine bedeutende Hafen- und Handelsstadt. Mit der Fertigstellung des Nord-Ostsee-Kanals wurde Kiel zum wichtigsten deutschen Marinestützpunkt. Ein ausgedehnter Spaziergang am Westufer der Förde führt vorbei an Anlegestellen für Hochseeschiffe und riesige Fähren. Und nicht nur zur Kieler Woche sieht man Yachten jeder Größe. Ein maritimes Erlebnis, das sich im Schifffahrtsmuseum vertiefen lässt.
Tourist Info: Andreas-Gayk-Str. 31, 24103 Kiel, Tel. 04 31/67 91 00, Mo–Fr 9.30–18, Apr. bis Sept. Sa 10–16, Okt.–März Sa 10–14 Uhr, www.kiel-sailing-city.de

RENDSBURG

Obwohl viel älter und an der Eider entstanden, ist Rendsburg für den Nord-Ostsee-Kanal und die ihn überspannende kühne Eisenbahnbrücke von 1913, die »Eiserne Lady«, berühmt. Deren Schwebefähre wird bis 2020 restauriert. Beginnend am Altstädter Markt, geleitet die 3,5 km lange »Blaue Linie« zu 30 Rendsburger Sehenswürdigkeiten: etwa zur spätgotischen Marienkirche und zum Paradeplatz mit der Barockfestung Neuwerk.
Tourist Info: Altstädter Markt, 24768 Rendsburg, Tel. 043 31/211 20, Jan.–März Mo–Sa 10–14, Apr.–Dez. Mo–Fr 10–17, Sa 10–14 Uhr, www.rendsburg.de

SCHLOSS GOTTORF

Einst Sitz der Herzöge von Holstein-Gottorf, ist das Barockschloss (um 1700) bei Schleswig längst ein kulturgeschichtliches Landesmuseum von Rang mit Themen unterschiedlichster Epochen. Im archäologischen Teil finden sich Exponate von der Steinzeit bis zum Mittelalter, wozu – bizarr, aber lehrreich – gut erhaltene Moorleichen zählen. Die Kunstgeschichtliche Abteilung zeigt Werke vom Mittelalter bis in die Gegenwart. Und das Globushaus im Barockgarten bietet die Kopie eines begehbaren Riesenglobus', der die geografischen Kenntnisse im 17. Jh. wiedergibt.
Schlossinsel 1, 24837 Schleswig, Apr.–Okt. Mo–Fr 10–17, Sa/So 10–18, Nov.–März Di–Fr 10–16, Sa/So 10–17 Uhr, www.schloss-gottorf.de

Schloss Gottorf in Schleswig beherbergt heute ein kulturhistorisches Museum, das übrigens auch für Kinder viel Spannendes bietet.

HAITHABU

Die Zeit der Wikinger lebt im Freiluftmuseum Haithabu wieder auf. Vom 8. Jh. bis zur Zerstörung 1066 war die stadtähnliche Siedlung einer der bedeutendsten nordeuropäischen Handelsorte. Sie lag zunächst im Grenzgebiet zum Fränkischen, später zum deutsch-römischen Reich. Heute gibt es hier u. a. ein großes Wikingerschiff und mit archäologischen Funden des Frühmittelalters ausgestattete Häuser zu bestaunen. Nach umfangreicher Renovierung erstrahlt die Anlage in neuem Glanz.
Am Haddebyer Noor 5, 24866 Busdorf, Apr.–Okt. tgl. 9–17 Uhr, www.schloss-gottorf.de/haithabu

HUSUM

Husums Tidehafen zeugt vom nahen Wattenmeer. Sehenswert sind Historisches Rathaus (1601), Marktplatz und hübsche Patrizierhäuser. In der lauschigen Wasserreihe liegt das Theodor-Storm-Haus, worin der Autor des »Schimmelreiter« 1866 bis 1880 wohnte. Schifffahrtsmuseum und Nordfriesland Museum lohnen den Besuch. Im Husumer Schloss, dessen Park zur Krokusblüte imponiert, wurde 1871 die Schriftstellerin Fanny zu Reventlow geboren, die um 1900 die Münchner Bohème scharfzüngig aufmischte.
Tourist Info: Großstr. 27, 25813 Husum, Tel. 048 41/898 70, Mo–Fr 9–17, Sa 10–16 Uhr, www.husum-tourismus.de

BÜSUM

Seit dem 19. Jh. ein Seebad, bietet Büsum Nordsee pur: Watt, Salzluft, Möwen und einen Bilderbuchleuchtturm. Gezeitenunabhängig ist der Hafen für Krabbenkutter, Yachten und täglich zwei Schiffe nach Helgoland (April–Nov.). Bei Schlechtwetter lockt ein Meerwasserwellenbad. Für laue Nächte mit Nordseerauschen unterm Sternenhimmel gibt es Schlafstrandkörbe in den Sanddünen der Lagune Perlebucht.
Tourist Info: Südstrand 11, 25761 Büsum, Tel. 048 34/ 90 91 14, Mo–Fr 8–17, Sa/So 10–16 Uhr, www.buesum.de

SCHLEUSE BRUNSBÜTTEL

Die vier Brunsbütteler Schleusen markieren die westliche Ein- und Ausfahrt des Nord-Ostsee-Kanals. 2020 soll eine dringend benötigte fünfte Schleusenkammer eröffnet werden, die bis dahin Deutschlands größte Wasserbaustelle ist. Über Technik und Geschichte des viel befahrenen Kanals informiert vor Ort das Schleusenmuseum Atrium ausführlich.
Gustav-Meyer-Platz 2, 25541 Brunsbüttel, Tel. 048 52/ 39 11 86, Mitte März–31. Okt. tgl. 10.30–17 Uhr, www.brunsbuettel.de

8

JAPANISCHE KERAMIK AN DER OSTSEE

54° 11′ 25″ NORD / 10° 59′ 10″ OST

»DAS WAR FAST WIE IN EINEM KUNG-FU-FILM«, erinnert sich Jan Kollwitz, Urenkel der Bildhauerin Käthe Kollwitz, und erzählt, wie er sich einst im Herzen Japans, umgeben von den oft nebelverhangenen Bergen der Präfektur Fukui, auf den steinigen Pfad der Erleuchtung begab. Als der damals 25-Jährige zum ersten Mal bei Yutaka Nakamura vorsprach, verspürte der exzentrische Altmeister aus Echizen keine große Lust, den Fremden unter seine Fittiche zu nehmen. Einen Lehrling? Noch dazu aus Deutschland? Doch Kollwitz ließ nicht locker und fand sich im Sommer 1986 tatsächlich in Nakamuras Keramikwerkstatt wieder. Dass sein neuer Schüler das Töpferhandwerk bereits von der Pike auf im Schwarzwald gelernt hatte, beeindruckte den Mentor nicht sonderlich. So musste Kollwitz zunächst wochenlang von morgens bis abends Ton kneten, bis er endlich seinen allerersten Teebecher drehen durfte. Und heute? Ist Jan Kollwitz selbst Meister seines Fachs. Seit über 30 Jahren fertigt er im ostholsteinischen Cismar japanische Teeschalen, Vasen, Tiegel und Töpfe, die so elegant und gleichzeitig urwüchsig wirken, als hätte er sie von einem exotischen Baum gepflückt. Herzstück im Produktionsprozess ist ein traditioneller, hierzulande einzigartiger Anagama-Ofen, den ein japanischer Baumeister 1988 auf dem Werkstattgelände des Künstlers errichtete. Vier Tage und Nächte dauert es, bis die archaische Feuerkammer rund 1350 Grad erreicht und es zur gewünschten Entfesselung der Elemente kommt: Glut und Aschepartikel wirbeln durch den Ofen und verschmelzen mit dem Ton zu einer tropfenden, natürlichen Glasur, die später in reizvoll unregelmäßigen, oft klecksenden Farbverläufen auf der Keramik leuchtet. Bestaunen kann man diese besondere Kunst in Jan Kollwitz' Galerieräumen, nur einen Steinwurf von der Ostseeküste entfernt. Ob der Meister eines Tages selbst einen Lehrling bei sich aufnimmt – vielleicht sogar aus dem fernen Japan?
www.jan-kollwitz.de

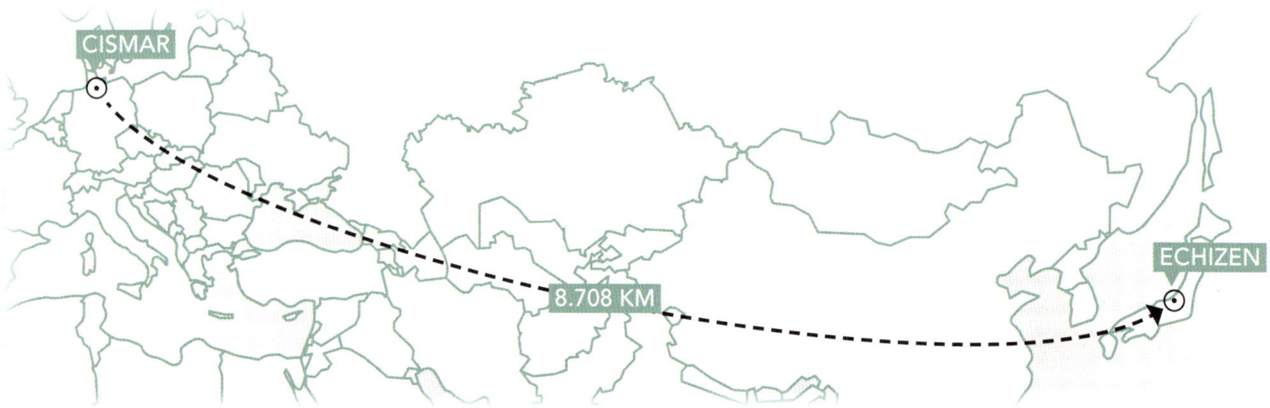

Rechts oben: Traditionelle Keramikproduktion, Japan
35° 54' 13" Nord / 136° 10' 08" Ost

Rechts unten: Um im Anagama-Ofen die notwendige Temperatur von rund 1350 Grad zu erreichen, muss Jan Kollwitz vier Tage und Nächte lang Holzscheite nachlegen – und das im Dreiminutentakt! Damit er während dieser Zeit auch hin und wieder schlafen kann, unterstützt ihn dabei ein Assistent.

Abenteuer am Abend: Seit dem Jahr 1952 werden am Kalberg die Karl-May-Festspiele in Szene gesetzt.

LÜBECK – WELTKULTURERBE UND THOMAS MANN

Lübeck ist mehr als eine süße Versuchung. Einst als Freie Hansestadt ein unabhängiger Freistaat, gilt sie heute als Kulturhauptstadt des Nordens. Als solche glänzt sie mit Museen, darunter eines, das einem ihrer berühmtesten Söhne und dessen nobelpreisprämiertem Werk gewidmet ist: Im »Buddenbrookhaus«, das die Vorfahren des Schriftstellers Thomas Mann bis 1891 tatsächlich besessen haben, sind zwei Räume zu einem begehbaren Roman nachgebildet. Dort vermischt sich literarische Fiktion mit Wirklichkeit. Wie übrigens auch in Lübeck selbst, denn jeder Schauplatz des laut Mann »an einem mäßigen Handelsplatz an der Ostsee« spielenden Romans ist wiederzuerkennen. Das Wahrzeichen Lübecks indes ist alles andere als mäßig: Das mächtige, 1478 vollendete Holstentor hatte die auf einer Insel in der Trave gelegene Altstadt abzuschirmen. Auch das spätgotische Rathaus daneben ist mit seinen Türmen, Erkern und der Renaissancelaube ein Schmuckstück, und wie eh und je beherrschen die sieben Türme der mittelalterlichen Kirchen die Stadtsilhouette – kein Wunder, dass die UNESCO das einzigartige, verwinkelte Altstadtensemble in Backsteinrot 1987 zum Weltkulturerbe erklärte.
Tourist Info: Holstentorplatz 1, 23552 Lübeck, Tel. 04 51/ 88 99 700, Mo–Fr 9 bis mind. 17, Sa 10 bis mind. 15, So 10–15 Uhr, Jan.–Ostern, Nov. So geschl., www.luebeck-tourismus.de; Buddenbrookhaus: Mengstr. 4, 23552 Lübeck, Jan. Di–So 11–17, Feb., März Mo–So 11–17, Apr.–Dez. tgl. 10–18 Uhr, www.buddenbrookhaus.de

EUROPÄISCHES HANSEMUSEUM

Als Mutter der Hanse, jenem Städte- und Wirtschaftsbündnis, zu dem sich im 12. Jh. niederdeutsche Kaufleute zusammentaten, gilt Lübeck. Daher befasst sich das 2015 eröffnete Museum umfassend wie weltweit kein anderes mit der Geschichte der Hanse. Die perfekte Kulisse bilden ein moderner Neubau, das mittelalterliche Burgkloster und eine in das Museumsareal integrierte archäologische Ausgrabungsstätte. Nachgebaute Szenerien führen über einen Markt in Brügge oder zeigen einen Hansetag im mittelalterlichen Lübeck; lesend und schauend erschließt sich der Rundgang durch die Jahrhunderte.
An der Untertrave 1, 23552 Lübeck, tgl. 10–18 Uhr, www.hansemuseum.eu

RATZEBURG

Auf ihrer eigenen Insel liegt die geschichtsträchtige Domstadt Ratzeburg in einem großen Gewässer; drei Dämme bzw. Brücken verbinden sie mit dem Festland und schaffen so den Ratzeburger, den Dom- und den Küchensee. Hier sollte man die Kathedrale, das Schloss und das dem expressionistischen Künstler Ernst Barlach gewidmete Museum besuchen. Vor dem Gotteshaus steht eine Löwenskulptur, die Braunschweigern bekannt vorkommen dürfte, und richtig: Es ist das Symbol Heinrichs des Löwen, der den Ratzeburger Dom gestiftet hat und den Originallöwen zu seinen Lebzeiten im 12. Jh. errichten ließ. Das Ratzeburger Exemplar ist eine Kopie und 700 Jahre jünger. Ähnlich den Ratten in Hameln führen abstrahierte Pfotenabdrücke zu Sehenswürdigkeiten und historisch bedeutsamen Orten der Stadt.

Tourist Info: Unter den Linden 1, 23909 Ratzeburg, Tel. 045 41/800 00, Mai–Sept. Sa 10.30 Uhr Stadtführung ab Alte Wache am Markt, www.ratzeburg.de

KLÜTZER WINKEL

Wunderschön winkelt sich die Hügellandschaft mit waldiger Steilküste zwischen Trave und Wismar in die Ostsee hinein – der Klützer Winkel ist immer einen Abstecher wert. Am besten dampfend und schnaubend mit »De lütt Kaffebrenner«, einer historischen Schmalspurbahn von Klütz aus. Dort hat man zu Ehren Uwe Johnsons (1934–1984), dem »Dichter beider Deutschland«, ein Literaturhaus errichtet.

www.kluetzer-winkel.m-vp.de; Literaturhaus Uwe Johnson: Im Thurow 14, 23948 Klütz, April–Okt. Di–So 10–17, sonst Mi–Sa 10 bis 16 Uhr, www.literaturhaus-uwe-johnson.de

FÜNF-SEEN-FAHRT BEI MALENTE

Ein geschlungener Wasserweg führt durch fünf Seen mit kleinen Inseln und lieblichen Buchten. Dieksee, Langensee, Behlersee, Höftsee und Edebergsee sind durch die Schwentine verbunden, Schleswig-Holsteins längsten Fluss.

Bahnhofstr. 5, Bad Malente, www.5-seen-fahrt.de

BAD SEGEBERG

Knallende Colts und wilde Reiter, Feuerzauber und Wildwestromantik: Das sind die Karl-May-Spiele in Bad Segeberg. Dort reiten unterhalb des 91 m hohen Kalksteinfelsens Winnetou und Old Shatterhand jeden Sommer aufs Neue zu ihren Abenteuern.

Oldesloer Str. 20, 23795 Bad Segeberg, Tel. 045 51/964 90, Mo–Fr 9–16, Sa bis 12 Uhr, www.bad-segeberg.de, www.karl-may-spiele.de

RESTAURANTS

FISCHTEMPEL TRAVEMÜNDE

Mit Blick auf dicke Pötte schmaust der Gast direkt an Travemündes charmantem Hafen, wo es neben dem Gastraum zu Lande noch einen schwimmenden mit transparenter Überdachung gibt. Auf der Speisekarte stehen nationale, internationale und natürlich regionale Fischspezialitäten. *Auf dem Baggersand 7, 23570 Travemünde, Tel. 045 02/708 98 31, tgl. 11–22 Uhr, www.fischtempel.de*

SCHIFFERGESELLSCHAFT

Die Gäste sitzen an langen Bänken, über ihren Köpfen schweben Schiffsmodelle. 1535 erwarben Kapitäne der Schiffergesellschaft das Haus, das heute ein hochpreisigeres Restaurant beherbergt und Feines aus Meeren und Flüssen in guter Qualität serviert. *Breite Str. 2, 23552 Lübeck, Tel. 04 51/767 76, tgl. 10–1 Uhr, www.schiffergesellschaft.de*

ÜBERNACHTUNGEN

KLASSIK ALTSTADT HOTEL LÜBECK

Das im alten lübischen Stil wiederaufgebaute Hotel offeriert 29 klassisch-romantische Gästezimmer. Jedes ist einer bekannten Persönlichkeit gewidmet, u. a. der Autorin Franziska zu Reventlow. *Fischergrube 52, 23552 Lübeck, Tel. 0451 702980, www.klassik-altstadt-hotel.de, DZ ab 130 €*

RADISSON BLU SENATOR

Ruhige Zimmer sind garantiert im eleganten Hotel, das neben der Musik- und Kongresshalle liegt. Mit 224 Zimmern ist es das größte Hotel Lübecks, und wem der Blick auf die Trave nicht genügt, der kann im hoteleigenen Indoorpool baden gehen. *Willy-Brandt-Allee 6, 23554 Lübeck, Tel. 04 51/14 20, www.senatorhotel.de, DZ ab 120 €*

9

KREIDEFELSEN, RÜGEN

54° 34′ 23″ NORD / 13° 39′ 45″ OST

KREIDE? Da denkt so mancher mit Schrecken an die eigene Schulzeit zurück. An jenes Schreibgerät, das zwar sanft und zerbrechlich in den Händen lag, an der Tafel jedoch oftmals eine staubtrockene und schier undurchdringliche Materie hinterließ, die es gedanklich zu durchbohren galt: Nominalverteilung, Endoplasmatisches Retikulum, unregelmäßige Verben. Vielleicht gibt es keinen besseren Ort als Rügen, um solche Traumata ein für alle Mal zu überwinden. Am besten funktioniert das auf der nordöstlichen Halbinsel Jasmund im gleichnamigen Nationalpark, der zweifellos zu den schönsten Landstrichen Deutschlands zählt. Kreide gibt es hier tonnenweise; schweift der Blick jedoch über die majestätisch aufragenden, weiß leuchtenden Felsen zur blaugrauen Ostsee, weckt das vor allem Sehnsüchte. Bis heute gilt die grandiose Steilküste Rügens, gesäumt von verwunschenen Buchenwäldern, als Sinnbild der deutschen Romantik, das viele Künstler inspirierte. Eines der populärsten Werke dieser Epoche sind Caspar David Friedrichs »Kreidefelsen auf Rügen« (1818). Der Maler war regelrecht vernarrt in die Insel und erkundete, mit Skizzenblock unterm Arm, nahezu jeden Winkel. Wer diese Begeisterung hautnah nachempfinden möchte, wandert am besten vom Fischerort Lohme in die Stubbenkammer zum 118 Meter hohen Königsstuhl, dem Superstar unter den weißen Riesen im Nationalpark. Es lohnt sich, früh aufzustehen, weil auf der Aussichtsplattform morgens meist noch wenig los ist und zudem das zarte Farbenspiel des Sonnenaufgangs für Endorphinschübe sorgt. Spektakuläre Kreideklippen gibt es freilich auch in anderen europäischen Ländern. Weltbekannt sind die »White Cliffs of Dover« in Südengland sowie die Kreideküste von Étretat in der Normandie. Oder doch lieber Rügen? Sie wissen schon, damals an der Schultafel im Französischunterricht – die vielen unregelmäßigen Verben!
www.nationalpark-jasmund.de

Oben: Étretat, Normandie, Frankreich
49° 42' 23" Nord / 00° 12' 24" Ost

Links: Die weißen Kreidefelsen im Nordosten Rügens sind stolzes Wahrzeichen der Insel. Die Steilküste ist jedoch Regen, Sturm und Strömung nahezu schutzlos ausgeliefert; Jahr für Jahr stürzen daher Teile des Naturwunders zu Boden oder werden weggespült.

102 Stufen sind es bis zur Aussichtsgalerie des Leuchtturms Dornbusch im Norden der Insel Hiddensee. Das schmucke Wahrzeichen durfte schon zwei Mal eine Briefmarke zieren.

BINZ

Eine einzigartige Bäderarchitektur und prachtvolle Villen in der verspielten Architektur des ausgehenden 19. Jh. geben Binz sein unverwechselbares Gesicht. Mondän ist die 3,2 km lange Promenade, die mit dem prächtigen Kurhaus, den Sternerestaurants, Edelboutiquen und exklusivem Kunsthandwerk luxuriöses Flair versprüht. Von der Seebrücke kann man zu den Kreidefelsen und Kap Arkona ablegen oder andere Ostseebäder besuchen.
Haus des Gastes: Heinrich-Heine-Str. 7, 18609 Binz, Tel. 03 83 93/14 81 48, Feb.-Okt. Mo-Fr 9-18, Sa, So 10-18, sonst bis 16 Uhr, www.ostseebad-binz.com

ZUGFAHRT ZUM JAGDSCHLOSS GRANITZ

Ein besonderer Ausflug ist die Fahrt mit dem Rasenden Roland (Rügensche Bäderbahn) nach Binz oder Selin (jeweils Haltestelle Jagdschloss), um anschließend eine Wanderung zum Jagdschloss Granitz auf dem Tempelberg (107 m) zu unternehmen. Das zwischen 1837 und 1846 erbaute, luxuriöse Schloss – »Krone Rügens« genannt – war einst Jagdsitz der Putbuser Fürstenfamilie und bietet vom Mittelturm (38 m hoch) beste Aussichten über die Insel bis zur Binzer Bucht.
Schloss: Granitz 1, 18609 Binz, Apr., Okt. tgl. 10-17, Mai-Sept. 10-18, Nov. -März 10-16 Uhr, www.mv-schloesser.de; Rasender Roland: von Putbus nach Gören, 8-21 Uhr, Fahrplan unter www.ruegensche-baederbahn.de

ZICKERSCHES HÖFT MIT PFARRWITWENHAUS

Im Südosten der Insel finden sich die Zickerschen Berge und mit dem 69 m hohen Baken die höchste Erhebung der Halbinsel Mönchgut. Die Panoramawanderung im auch »Zicker Alpen« genannten Gebiet führt zu dem liebenswerten Ort Groß Zicker mit einem der fotogensten Wahrzeichen des Bundeslands Mecklenburg-Vorpommern, dem Pfarrwitwenhaus. Das denkmalgeschützte, im Jahr 1723 erbaute Anwesen diente einst mittellosen Pfarrwitwen als Unterkunft und beherbergt heute ein Museum.
Pfarrwitwenhaus: Boddenstr. 35, 18586 Gager/Groß Zicker, Apr., Mai, Okt. Mo-Fr 11-16, So 13-16, Juni, Sept. Mo-Fr 10-17, So 13-17, Juli, Aug. Mo-Fr 10-18, So 13-18 Uhr

DOKUMENTATIONSZENTRUM PRORA

»MACHTUrlaub«, die Dauerausstellung im Dokumentationszentrum Prora, widmet sich der größten baulichen Hinterlassenschaft des Dritten Reichs. Die Organisation »Kraft durch Freude« baute hier, an der Prorer Wiek, in den 1930er-Jahren eine 4,5 km lange Gebäudezeile, bestehend aus acht Blöcken mit einer Länge von jeweils fast 500 m. Das »KdF-Seebad Rügen« sollte für bis zu 20 000

Menschen organisierte Erholung bieten. Neben dieser historischen Auseinandersetzung ist auch der Ort Prora selbst einen Besuch wert. Hier kann man zum Beispiel im Naturerbe-Zentrum von einem 1250 m langen und bis zu 20 m hohen Baumwipfelpfad eine atemberaubende Aussicht genießen.
Strandstr. 1, 18609 Prora, Jan., Nov. tgl. 10–16, Feb. 10–17, März, Apr., Sept., Okt. 10–18, Mai–Aug. 9.30–19 Uhr, www.proradok.de

ROBBENEXPEDITION

Mit ein bisschen Glück entdeckt man seltene Kegelrobben auf einer Fahrt vom Lauterbacher Hafen in den Greifswalder Bodden. Auf der ca. 2,5-stündigen Exkursion informieren Meeresbiologen über die Entwicklung der sympathischen Tiere und integrieren die Teilnehmer in ihre Arbeit an Bord.
Ab Hafen Lauterbach Mitte Mai–Okt. Do ab 9.30 Uhr oder ab Hafen Baabe Mo 10.45 Uhr, Anmeldung Tel. 038 31/268 10, www.weisse-flotte.de

HIDDENSEE

»Dat söte Länneken« (etwa »das süße Ländchen«) ist der plattdeutsche Kosename von Hiddensee: eine Insel der Ruhe, Besinnung und völligen Entspannung im Nationalpark Vorpommersche Boddenlandschaft. Von Stralsund kommt man mit der Fähre im Hafen Vitte an, und hier beginnt auch gleich das Loslassen vom Alltag. Unterwegs ist man zu Fuß, mit dem Rad oder der Pferdekutsche. Wanderwege und Trampelpfade verteilen sich anstelle von Straßen auf dem nur 16,8 qkm großen Eiland. Maler, Dichter, Schauspieler, Künstler und Intellektuelle machten Hiddensee als Kulturinsel bekannt. Ihren Spuren kann man in den nur vier Dörfern – Vitte, Neuendorf, Kloster und Grieben – folgen. Hiddensee zeigt seine Schönheit im Nordwesten am Leuchtturm Dornbusch, wo die imposante Steilküste aufragt, oder in Kloster, dem kulturellen Zentrum der Insel. Erwandernswert!
Tourist Info: Achtern Diek 18a, 18565 Vitte/Hiddensee, Tel. 03 83 00/60 86 85, Mo–Fr 9–15.30 Uhr, www.seebad-hiddensee.de

RESTAURANTS

GUTSHAUS KUBBELKOW

Das über 100-jährige Gutshaus in einer denkmalgeschützten Parkanlage bietet herrschaftliches Speisen und Residieren. Das vielfach ausgezeichnete Restaurant gefällt aufgrund seiner kleinen, ständig wechselnden, herausragenden Karte. *Im Dorfe 8, 18528 Klein Kubbelkow, Tel. 038 38/822 77 77, Mi–So ab 18 Uhr, www.kubbelkow.de*

SCHILLINGS GASTHOF

Direkt am Hafen liegt dieses legendäre Restaurant. Das Fleisch stammt aus eigener Landwirtschaft von der Insel Öhe, der Fisch kommt von den Hiddenseer Kutterfischern. Ausgezeichnete regionale Qualität. *Hafenweg 45, 18569 Schaprode, Tel. 03 83 09/12 16, Jan.–März Mo–Fr ab 15 Uhr, Sa/So ab 12 Uhr, Apr.–Dez. tgl. 12–23 Uhr, www.schillings-gasthof.de*

ÜBERNACHTUNGEN

HOTEL BERNSTEIN

Vom Hochufer des Ostseebads Sellin genießt man einen traumhaften Blick bis zu den Kreidefelsen. Rund um das Superior-Wellnesshotel finden sich Deutschlands längste Seebrücke, kleine Häfen, Museen und natürlich viel einzigartige, unberührte Natur. *Hochuferpromenade 8, 18586 Sellin, Tel. 03 83 03/17 17, www.hotel-bernstein.de, DZ ab 53 €*

MEERSINN

Maximale Erholung und Entschleunigung: Das ist das Motto des meerSinn. Mit seinem Wellnessbereich, einem eigenen Bio-Restaurant sowie vielen Sehenswürdigkeiten und möglichen Aktivitäten in der Nähe ist es ein guter Anlauf- und Ausgangspunkt. *Schillerstr. 8, 18609 Binz, Tel. 03 83 93/66 34 00, www.meersinn.de, DZ ab 89 €*

10

WASSERLANDSCHAFTEN IM PEENETAL

53° 51′ 20″ NORD / 13° 41′ 19″ OST

WAS BEDEUTET EIGENTLICH ENTSCHLEUNIGUNG? Ein verlängertes Wochenende im Bademantel mit Vollpension und Klangschalensauna? Vielleicht. Im Vorpommerschen Peenetal zerbricht man sich darüber nicht den Kopf. Hier schwingt vielerorts noch die Natur den Taktstock, bestimmt Tempo und Lebensrhythmus von Mensch und Tier: Adagio. Auch als Besucher kann man sich auf der Peene einfach treiben lassen. Und sollte es auch unbedingt tun! Am besten funktioniert das beim Wasserwandern mit dem Kanu. Über eine Strecke von 85 Kilometern mäandert der Fluss in aller Seelenruhe vom Kummerower See im Westen bis zur Südwestspitze Usedoms, wo er in den Peenestrom übergeht, der sich kurz darauf in die Ostsee ergießt. Dabei durchquert das nahezu unverbaute Gewässer Feucht- und Trockenwiesen, Bruchwälder und geheimnisvolle Flusstalmoore, die im Morgengrauen Dampf und Nebel atmen. Links und rechts zweigen immer wieder Kanäle und Gräben ab. Sie fluten alte, stillgelegte Torfstiche und verwandeln die flachen Uferzonen nach Regenfällen in ein Mosaik aus Gras, Schilf und Sumpf. Oft wird die Gegend daher auch als »Amazonas des Nordens« bezeichnet – obwohl ihr Landschaftsbild eher an Skandinavien erinnert. Wie in Norwegen und Schweden fühlen sich übrigens auch im dünn besiedelten Peenetal Seeadler, Fischotter und Biber wohl. Letztere werden erst in der Dämmerung aktiv, dann kann man sie beim Schwimmen und Nagen beobachten. Da die Peene fast ohne Gefälle und deshalb extrem langsam fließt, können auch Anfänger entspannt und ohne Schwierigkeiten auf ihr paddeln. Zur Übernachtung laden kleine Hotels und Pensionen in Demmin, Loitz und anderen Orten am Flussverlauf ein. Zudem gibt es viele Rast- und Zeltplätze für Wasserwanderer. Leider ohne Sauna, dafür aber unglaublich entschleunigend!

www.naturpark-flusslandschaft-peenetal.de

Rechts: Halbinsel Kållandsö, Vänersee, Schweden
58° 39' 54" Nord / 13° 07' 10" Ost

Unten: Ostsee und Mecklenburgische Seenplatte? Kennt natürlich jeder. Doch nur wenige Urlauber in der Region haben das Peenetal auf dem Radar. Die urwüchsige, skandinavisch anmutende Flusslandschaft erkundet man am besten mit dem Kanu oder Kajak. Idealer Startpunkt ist der Kummerower See – hier kann man auch Boote mieten.

RESTAURANTS

WASSERSCHLOSS MELLENTHIN
Hier trifft Renaissance auf Moderne – Schloss, Restaurant, Livemusik-Location und Hotel ergeben ein attraktives Gesamtangebot. Sehr empfehlenswert ist das mittelalterliche Ritterbüfett. Aber auch die gutbürgerliche Küche und die Waffeln nach geheimer Rezeptur zergehen auf der Zunge. *Dorfstr. 25, 17429 Mellenthin, Tel. 03 83 79/287 80, tgl. ab 12 Uhr, www.wasserschloss-mellenthin.de*

CAFÉ KOEPPEN
Eine Oase für Lesebegeisterte: Überregionale und lokale Zeitungen, literarische Zeitschriften und eine kleine Bibliothek laden zum Verweilen bei feinen Kaffeespezialitäten, selbst gebackenem Kuchen und guten Weinen ein. *Bahnhofstr. 4/5, 17489 Greifswald, Tel. 038 34/41 41 89, Mo–Fr 14–24, Sa/So ab 10 Uhr, www.koeppenhaus.de/cafe*

ÜBERNACHTUNGEN

HERRENHAUS LIBNOW
Sieben baubiologisch sanierte Gästezimmer, individuell ausgestattet mit Kunstwerken, Antiquitäten und maßgetischlerten Möbeln, sorgen für einen besonders angenehmen Aufenthalt. Radierwerkstatt und Herrenhauskonzerte geben Kreativität Raum. *Libnow 12, 17390 Murchin, Tel. 039 71/25 93 87, www.herrenhaus-libnow.de, DZ ab 80 €*

SCHLOSS NEETZOW
Das hinter Bäumen versteckte Schloss im Stil englischer Landsitze bezaubert durch gut erhaltene Details der Neogotik. In den Zimmern dominieren warme, helle Farben und stilvolle Möbel. *Am Schlosspark 4, 17391 Neetzow, Tel. 03 97 21/56 60, www.schloss-neetzow.de, DZ ab 80 €*

ANKLAM UND OTTO-LILIENTHAL-MUSEUM

Das »Tor zur Insel Usedom«, Geburtsstadt des Luftfahrtpioniers Otto Lilienthal (1848–1896), wurde erstmals 1243 urkundlich erwähnt. Zurückgeführt wird dieser Name auf das slawische Wort für »Am Hügel«, was auf die Lage der Ansiedlung hinweist. Anklam liegt zudem an der regionalen Lebensader Peene, die auch »Amazonas des Nordens« genannt wird und den wirtschaftlichen Aufschwung des Orts begründete. Am Marktplatz kann man die Geschichte von der ersten Erwähnung über die Blütezeit im 15. Jh. und die französische Besetzung bis zur Neuzeit nachverfolgen. Interessant ist auch das bemerkenswerte Museum, das sich einzig Otto Lilienthal widmet, viele Flugapparate als Nachbauten präsentiert und zu den national bedeutenden kulturellen Gedächtnisorten gehört.
Tourist Info: Markt 3, 17389 Anklam, Tel. 039 71/83 51 54,Mitte Mai–Mitte Sept. Mo–Fr 9–18, Sa 9–12, Ende Sept.–Anf. Mai Mo–Fr 9–16.30 Uhr, www.anklam.de
Otto-Lilienthal-Museum: Ellbogenstr. 1, 17389 Anklam, Mai, Okt. Di–Fr 11–17, So 13–17, Juni–Sept. tgl. 10–17, Nov.–Apr. Mi–Fr 11–15.30, So 13–15.30 Uhr, www.lilienthal-museum.de

GREIFSWALD

Heute eine junge und lebendige Studentenstadt (Gründung der Universität: 1456) am Fluss Ryck, geht Greifswald auf das Zisterzienserkloster Eldena und eine Salzarbeitersiedlung zurück. Ihr kann man in der Salzgrotte Alwine noch ein wenig nachfühlen. Mittelalterliche Backsteingotik prägt die schönen Giebelhäuser der Altstadt. Caspar David Friedrich, der die Klosterruine Eldena in Gemälden verewigte und zu einem Wahrzeichen der Romantik machte, begegnet man an vielen Orten. Auch das Staffelgiebelhaus, der Dom St. Nikolai oder die Wiecker Klappbrücke sind eine Reise wert.
Tourist Info: Markt, 17489 Greifswald, Tel. 038 34/85 36 13 80, Nov.–März Mo–Fr 10–17, Apr.–Okt. Mo–Fr 10–18, Sa 10–14, Juli, Aug. zusätzlich So 10–14 Uhr, www.greifswald.info;
Eldena: Wolgaster Landstr. 41, 17493 Greifswald, www.greifswald.de, www.caspar-david-friedrich-greifswald.de

Die längste Seebrücke Deutschlands – 508 Meter ragt sie ins Meer – steht in Heringsdorf. 1995 wurde sie eröffnet.

FREEST

Freest grenzt im Osten an den Peenestrom und versprüht mit seinen Fischerkaten, Salzhütten und denkmalgeschützten Bauernhäusern den Charme eines alten Fischerdorfs. In der Heimatstube wird Geschichte erzählt (interessant: die pommerschen Fischerteppiche), und im August tanzen die Freester mit ihren Besuchern beim Fischerfest.
Tourist Info: Dorfstr. 67, 17440 Freest, Tel. 03 83 70/203 39, März, Apr., Nov., Dez. Mo–Fr 9–14, Mai–Okt. Di–Sa 10–15 Uhr, www.kroeslin.de/tourismus/heimatmuseum-freest

KAISERBÄDER AUF USEDOM

An der mit 8,5 km längsten Promenade Europas reihen sich die Seeheilbäder Ahlbeck, Heringsdorf und Bansin aneinander. Auf den berühmten Seebrücken kann man das Salz der Luft schmecken und wunderbar spazieren gehen. Einzigartig ist der Anblick der prunkvollen Villen mit ihren Balustraden, Portalen, Türmchen und Freitreppen. Hier zeigte der Berliner Geldadel des ausgehenden 19. und beginnenden 20. Jh., was er sich leisten konnte. Angesehene Schriftsteller wie Thomas Mann, Theodor Fontane oder Maxim Gorki schufen hier einige ihrer Werke.
Tourist Info: in der Nähe der Seebrücken, 17419 Ahlbeck, 17424 Bansin und 17429 Heringsdorf, Tel. 03 83 78/244 44, Apr.–Okt. Mo–Fr 9–18, Sa/So 10–15, Nov.–März Mo–Fr 9–16, Sa 10–15, So 10–12 Uhr, www.kaiserbaeder-auf-usedom.de

NEUBRANDENBURG

Die Geschichte der »Stadt der vier Tore am Tollensesee« beginnt 1240 mit einer Klostergründung. Sie erlitt immer wieder folgenschwere Zerstörungen, etwa im Dreißigjährigen Krieg, bei verheerenden Bränden 1676 und im Zweiten Weltkrieg, beim der Einmarsch der Roten Armee, als nahezu 80 Prozent der Altstadt zerstört wurden. Umso beachtlicher sind die mittelalterliche Wehranlage mit Stadtmauer, die vier gotischen Stadttore und 25 rekonstruierten Wiekhäuser. Auch die Klosteranlage, das Schauspielhaus (Mecklenburgs ältestes Theater) sowie einige barocke und klassizistische Gebäude sind wieder aufgebaut bzw. nachempfunden worden. Gleichzeitig ist Neubrandenburg eine moderne und lebendige Stadt mit vielen Freizeitangeboten in wunderschöner Landschaft.
Tourist Info: Marktplatz 1, 17033 Neubrandenburg, Tel. 03 95/559 51 27, Mo–Fr 10–19, Sa 10–16 Uhr, www.neubrandenburg-touristinfo.de

11

GALERIES LAFAYETTE, BERLIN

52° 30′ 52″ NORD / 13° 23′ 24″ OST

ANGEKLICKT, EINGEKAUFT, AUSGEPACKT: Dieser Dreiklang der unkomplizierten materiellen Bedürfnisbefriedigung wird weltweit immer beliebter. Das Geschäft der großen Online-Händler brummt jedenfalls – und mit ihm die Dieselmotoren der vielen bulligen Kleintransporter, die täglich durch Deutschland rollen, um all die bunten Kartons und Tüten auszuliefern. Und wieder abzuholen – falls der Inhalt missfällt. Kein Problem, der Retourenschein liegt bei! Bedeutet Online-Shopping also das Ende der großen Kaufhäuser? Jener Konsumtempel, die einst selbst mit ihrem verführerischen Glanz den kleinen Läden die Kundschaft abluchsten? Ein Besuch in Berlin-Mitte kann bei dieser Frage weiterhelfen: Schon vor über 20 Jahren eröffnete hier an der Friedrichstraße die bis heute einzige Deutschland-Dependance der Galeries Lafayette, des wohl berühmtesten aller Pariser Luxuskaufhäuser. Der von einer gigantischen Kuppel gekrönte Glaspalast ist Labyrinth und betörendes Schlaraffenland zugleich. Vor allem Schwelgen und ja, auch Einkaufen, kann man hier auf insgesamt 10 000 Quadratmetern Fläche, die sich über fünf Etagen verteilen. Mode, Schmuck, Kosmetik, Lebensmittel. Hier gibt es nichts nicht. Zumindest wenn es Stil, einen klangvollen Namen und einen stolzen Preis hat. Noch dazu darf man alles anfassen, beschnuppern, anprobieren – und dann auf dem Nachhauseweg in edlen Einkaufstaschen stolz zur Schau tragen. Zwar klingelt die Kasse in den Galeries nicht so häufig wie in einem typischen Warenhaus, dafür aber umso lauter. Man hat sich eben spezialisiert, auf zahlungskräftige Kundschaft, die Shopping noch als sinnliches Erlebnis und Lebensgefühl begreift. Und was sagt der Online-Handel dazu? Er reagiert. So hat Amazon kürzlich angekündigt, man wolle demnächst in Deutschland stationäre Buchläden eröffnen. In den USA betreibt der Branchenprimus mit Erfolg bereits zwölf dieser neuen analogen Filialen. Es scheint also fast so, als erlebe der gute alte Laden um die Ecke gerade eine kleine Renaissance.

www.galerieslafayette.de

Links: Galeries Lafayette, Paris, Frankreich
48° 52' 25" Nord / 02° 19' 56" Ost

Unten: Wo denn sonst? Der einzige deutsche Ableger der französischen Kaufhauskette Galeries Lafayette befindet sich natürlich in der Hauptstadt. In Anlehnung an das berühmte Pariser Stammhaus hat Architekt Jean Nouvel auch dem Glasbau in Berlin eine riesige Kuppel verpasst.

BRANDENBURGER TOR

Das Brandenburger Tor ist eines der schönsten Gebäude des deutschen Klassizismus. Als einziges erhaltenes Stadttor Berlins galt es von 1961 bis 1989 als Symbol der geteilten Stadt und steht seit dem Mauerfall für die deutsche Einheit. 100 000 Menschen waren bei der offiziellen Öffnung dabei, es ist das Wahrzeichen des wiedervereinigten Berlins schlechthin. Der Elbsandsteinbau auf dem Pariser Platz wurde nach dem Vorbild der Propyläen auf der Akropolis in Athen entworfen.
Pariser Platz, 10117 Berlin

REICHSTAGSKUPPEL

Um die beeindruckende »Mütze« des Reichstagsgebäudes zu besichtigen, ist seit Juli 2012 eine Anmeldung (auch online) notwendig – doch das lohnt sich ohne Frage, denn man wird mit einem 360-Grad-Blick belohnt. Spiralförmige gegenläufige Rampen führen in die vom Architekten Sir Norman Foster entworfenen Kuppel aus Stahl und Glas und zur Dachterrasse mit kleinem Café. Man kann auch Debatten verfolgen oder sich durchs Haus führen lassen. Interessant: die Ausstellung »Vom Reichstag zum Bundestag«, die in zwölf Vitrinen die Parlamentshistorie erzählt, ist in der rund 23 m hohen und 40 m breiten Kuppel dauerhaft installiert.
Platz der Republik 1, 11011 Berlin, tgl. 8–24 Uhr (nach Anmeldung), letzter Einlass 22 Uhr, www.bundestag.de

MUSEUMSINSEL

Einer der großartigsten Museumskomplexe Europas liegt auf der Nordseite der Spreeinsel in der Stadtmitte Berlins. Bis 1930 entwickelten fünf Architekten im Laufe von 100 Jahren die Museumsinsel – ein Quartier für 6000 Jahre Kunst- und Kulturgeschichte. 1999 in die UNESCO-Liste des Weltkulturerbes aufgenommen, zeigt das Areal preußisches Kulturgut in der Alten Nationalgalerie, im Alten und Neuen Museum, im Bode-Museum und im Pergamonmuseum. Mehr als drei Millionen Menschen bestaunen jährlich Sammlungen von der Prähistorie über die Antike bis

RESTAURANTS

MARJELLCHEN

Wer deftiges Essen in authentischer Umgebung schätzt, dem sei hier eine Reservierung empfohlen. Hausgemachte Topfsülze, masurischer Sauerbraten und Spickaal (ein Dessert!) schmecken einfach köstlich und werden mit Herz und Liebe serviert. *Mommsenstr. 9, 10629 Berlin, Tel. 030/883 26 76, tgl. 17–24 Uhr, www.marjellchen-berlin.de*

KOPPS

Im Kopps werden außergewöhnliche Geschmackskompositionen kreiert – veganer Genuss in schlichtem, sehr schönem Ambiente. Wer das Ganze mal ausprobieren möchte: Beim »Come together« gibt es ein Drei-Gänge-Menü zum Sonderpreis. *Linienstr. 94, 10115 Berlin, Tel. 030/43 20 97 75, tgl. 18–22, Sa/So Brunch 9.30–16 Uhr, www.kopps-berlin.de*

ÜBERNACHTUNGEN

MYER'S HOTEL

Im Prenzlauer-Berg-Kiez beherbergt das Myer's seine Gäste in familiärem Flair. Kunstausstellungen in der hauseigenen Galerie, Lesungen, Konzerte, ein idyllischer Garten, der rote Salon (Raucher-Lounge) oder der Wellnessbereich verschönern jeden Aufenthalt. *Metzer Str. 26, 10405 Berlin, Tel. 030/ 44 01 40, www.myershotel.com, DZ ab 125 €*

THE DUDE

Persönlich geführt, individuelle, luxuriöse Ausstattung, doch nur 27 Zimmer: Das Dude ist ein schickes und sehr herzliches Boutiquehotel in einem der ältesten Gebäude (1822) im Zentrum Berlins. Im Souterrain speist man fein im Steak-Haus The Brooklyn. *Köpenicker Str. 92, 10179 Berlin, Tel. 030/411 98 81 77, www.thedudeberlin.com, DZ ab 99 €*

23,5 Meter ist die Reichstagskuppel hoch, die beiden sich hinaufwindenden Rampen sind jeweils 230 Meter lang.

zur Kunst des 19. Jh. Einem Masterplan folgend, wird die Museumsinsel seit 1999 für die Zukunft weiterentwickelt, drei der fünf Häuser sind bereits saniert. Ein Pflichtbesuch.
Rund um die Bodestr., 10178 Berlin, Di–So 10–18, Do bis 20 Uhr, Neues Museum und Pergamonmuseum auch Mo 10–18 Uhr, www.smb.museum

KAISER-WILHELM-GEDÄCHTNISKIRCHE

Weltbekannt ist das Mahnmal für den Frieden im Berliner Westen, das im Zweiten Weltkrieg bombardiert und dessen Turm im zerstörten Zustand belassen wurde. Gleich daneben steht der Neubau von Egon Eiermann aus dem Jahr 1961, und so erinnert die Kaiser-Wilhelm-Gedächtniskirche an brutale Zerstörung und hoffnungsvollen Wiederaufbau zugleich. Die neuromanische Kirche sollte ursprünglich abgerissen werden, wogegen die Bevölkerung leidenschaftlich protestierte. Der Kompromiss integriert die Ruine des alten Hauptturms, umgeben von vier neuen Bauten, die nachts durch ihre blauen Chartres-Glasbausteine einzigartiges Licht auf das Gesamtkunstwerk werfen.
Breitscheidplatz, 10789 Berlin, tgl. 9–19 Uhr, www.gedaechtniskirche-berlin.de

JÜDISCHES MUSEUM

Das mit 3000 qm größte jüdische Museum Europas zeigt gut 2000 Jahre jüdische Kultur und jüdisch-deutsche Geschichte. Der Architekt Daniel Libeskind empfand mit seinem Bau aus schiefen Ebenen, Achsen, spitzen Winkeln und Kunstinstallationen einen zerstörten Davidstern nach.
Lindenstr. 9–14, 10969 Berlin, Mo 10–22, Di–So 10–20 Uhr, www.jmberlin.de

FERNSEHTURM

Einst das DDR-Nationalsymbol, ist der 368 m hohe, stadtprägende Fernsehturm nun eins der markanten Wahrzeichen des wiedervereinigten Berlins. Bei Eröffnung 1969 war er der zweithöchste Fernsehturm der Welt und ganzer Stolz des Ostens. Heute liegen dem Besucher im sich drehenden Café auf 207 m Höhe die ganze Stadt und Teile des Brandenburger Umlands zu Füßen.
Panoramastr. 1a, 10178 Berlin, März–Okt. 9–24, Nov.–Feb. 10–24 Uhr, www.tv-turm.de

BERLINER UNTERWELTEN

Stillgelegte U-Bahn-Tunnel, Bunker, Flakanlagen und alte Brauereikeller erzählen die Geheimnisse Berlins. Spannende Führungen, Ausstellungen und Touren rufen auch Kuriositäten wie das Rohrpostsystem oder DDR-Fluchttunnel wieder in Erinnerung. Die Ausstellung Germania gibt Einblicke in die Pläne von Hitlers Generalbauinspektor Albert Speer.
Brunnenstr. 105, 13355 Berlin, www.berliner-unterwelten.de

12

HOLLÄNDISCHES VIERTEL, POTSDAM

52° 24′ 10″ NORD / 13° 03′ 40″ OST

DIE HOLLÄNDER mögen's eben niedlich. Das offenbart sich auch in ihrer Sprache. So verwendet man in den Niederlanden leidenschaftlich gerne den Diminutiv, also jene grammatikalische Form, die normale Hauptwörter in etwas Kleines, Knuffiges und Liebenswertes verwandelt. Was beim »kopje koffee«, dem »Tässchen Kaffee«, noch einleuchtet, lässt bei der Kondensmilch, die sich »drupje voor drupje« ins Heißgetränk ergießt, schon aufhorchen: Warum aus einer ohnehin spärlichen Menge an Flüssigkeit noch winzigere »Tröpfchen« machen? Weil es schön klingt! Und zudem zum Ausdruck bringt, dass das, was man da gerade tut oder erlebt, Freude macht. So gönnt sich der Holländer zum Kaffee auch gerne ein »koekje«, also ein süßes »Kekschen«. Bei Sonnenschein am liebsten unter freiem Himmel: »Wat een mooi weertje vandaag!« – »ein herrliches Wetterchen heute!« Geopsychologisch betrachtet, ist dieser Hang zur Dauerverniedlichung nachvollziehbar. Die Niederlande sind nun einmal winzig. Und so stört es nicht weiter, dass auch das Holländische Viertel in Potsdam einer Miniaturwelt gleicht, die dafür aber umso mehr Charme versprüht. Kreuzt man die Kurfürstenstraße in südliche Richtung, findet man sich inmitten roter Backsteingiebel, weißer Tür- und Fensterzargen, Holzschuhen, aus denen Blumen ranken und unzähliger kleiner Cafés und Läden wieder. Ausgedacht hat sich das alles Friedrich Wilhelm I., einst bekennender Fan niederländischer Baukunst und Lebensart. Mit seinem schmucken Paralleluniversum wollte der Preußenkönig Mitte des 18. Jahrhunderts Facharbeiter von der Nordsee nach Potsdam locken. Dort sollten sie sich wie zu Hause fühlen – und natürlich ihr Know-how preisgeben. Nur wenige kamen, denn Heimat gab's schließlich in Holland genug. So genießen heute vor allem Touristen die Pracht und Exotik dieses malerischen Stadtteils.

www.potsdamtourismus.de

Links: Holland an der Havel: Das Holländische Viertel mit seinen 135 roten Backsteinhäuschen entstand im 19. Jahrhundert und ist ein europaweit einzigartiges Architekturensemble, das man in dieser Größe nur in den Niederlanden findet.

Unten: Jordaan-Viertel in Amsterdam, Niederlande
52° 22‘ 45“ Nord / 04° 52‘ 49“ Ost

Rund 130 verschiedene Tierarten leben in der Biosphäre Potsdam, davon etliche am und unter Wasser. Die Aquasphäre spannt den Bogen von Küstenwäldern bis zur Tiefsee.

SCHLOSS UND PARK SANSSOUCI

»Ein jeder möge nach seiner Façon selig werden«, ließ er wissen, der reformatorische, flötenspielende Friedrich der Große. Als tolerant (und auch als etwas taktlos) bekannt, machte der König aus seinem Reich eine Großmacht und aus seinem Schloss einen Weltstar. Was als Papierkritzelei begann, wurde zwischen 1745 und 1747 zu einem der schönsten Rokokogebäude Deutschlands. Auf 289 ha mit fast 70 km Wegen kann man neben dem prächtigen Schloss etwa das Neue Palais, die Orangerie, das Drachenhaus und das Chinesische Teehaus bestaunen. Der Architekt Georg Wenzeslaus von Knobelsdorff setzte die künstlerischen Ambitionen des Regenten als Gesamtkunstwerk aus Bau-, Bildhauer- und Gartenkunst um. Auch der Neue Garten mit Schloss Cecilienhof gehört zum Ensemble. Aufgrund der großen Beliebtheit sollte man rechtzeitig Tickets reservieren und den Besuch am besten vormittags planen.
Maulbeerallee, 14469 Potsdam, Jan.–März Di–So 10–16.30, Apr.–Okt. Di–So 10–17.30, Nov./Dez. 10–17 Uhr, www.spsg.de

FILMPARK BABELSBERG

Mit 7355 qm steht in Babelsberg das größte Filmstudio der Welt. Wer die Luft von Metropolis oder Nosferatu, von Streifen mit Tom Cruise oder Brad Pitt schnuppern möchte, ist in dem bereits 1899 gegründeten Zeitzeugnis des Films bestens aufgehoben. Alfred Hitchcock sagte: »Alles, was ich über das Filmemachen wissen musste, habe ich in Babelsberg gelernt.« Auch Besucher können allerlei über Kulissen, Requisiten, Stunts, 4D-Kino sowie Film- und Kameratechnik erfahren. Die GZSZ-Führung zeigt, wie in aktuellen deutschen Produktionen gearbeitet wird, die Filmtiershow ist nicht nur für Kinder ein Highlight. In der historisch gestalteten Ritterburg können Groß und Klein sich reichlich und lecker für weitere Höhepunkte stärken.
Großbeerenstr. 200, 14482 Potsdam, Apr.–Sept. 10–18, Okt.–Anf. Nov. 10–17 Uhr, www.filmpark-babelsberg.de

PFAUENINSEL IM WANNSEE

Der 67 ha große Landschaftspark wurde einst als verwilderte Insel von König Friedrich Wilhelm II., dem Neffen und Nachfolger Friedrichs des Großen, als romantisch-erotischer Rückzugsort für sich und seine Geliebte entdeckt. Für den dicken Lüderjahn (so sein volkstümlicher Name) und Gräfin Wilhelmine von Lichtenau, Tochter eines Hoftrompeters und Gastwirts, baute Hofzimmermeister Johann Gottlieb Brendel ein Schlösschen im klassizistischen Stil, das heute besichtigt werden kann.

Mit einer kleinen Fähre setzt man über, um neben dem Schloss mystische Natur, Pfauen und den zeitlosen Blick über den Wannsee zu genießen. Das Naturreservat (Weltkulturerbe) bietet – besonders am frühen Morgen – einen Ort himmlischer Ruhe unter jahrhundertealten Eichen inmitten naturschutzfachlich bedeutsamer Flächen wie Sandtrockenrasen, Hechtlaichwiese oder Parschenkessel. *Anlegestelle: Nikolskoer Weg, 14109 Berlin, Fähre März, Okt. tgl. 9–18, Apr., Sept. 9–19, Mai–Aug. 9–20, Nov.–Feb. 10–16 Uhr, Schloss und Meierei Apr.–Okt. Di–So 10–17.30 Uhr, www.spsg.de, www.pfaueninsel.info*

BIOSPHÄRE POTSDAM

Der botanische Garten stand noch Ende 2017 vor dem Aus: Das defizitäre Tropenparadies sollte aus Kostengründen geschlossen werden. Doch Schönheit und pädagogischer Mehrwert scheinen die Verantwortlichen überzeugt zu haben: Die 2001 zur Bundesgartenschau entstandene Halle wird fortlaufend saniert und erhalten. Es warten eine Dschungellandschaft mit rund 130 Tierarten, über 20 000 Tropenpflanzen, ein stündlich inszeniertes Gewitter und zahlreiche Veranstaltungen, die als Naturerlebniswelten gestaltet sind. 2019 hat das Weißbüscheläffchen-Paar Manfred und Marianne hier Einzug gehalten. Man darf gespannt sein, wie sich dieses faszinierende Projekt weiterentwickeln wird.
Georg-Hermann-Allee 99, 14469 Potsdam, Mo–Fr 9–18, Sa/So 10–19 Uhr, www.biosphaere-potsdam.de

SCHLOSS CAPUTH

1671 erwarb Kurfürst Friedrich Wilhelm von Brandenburg das im Dreißigjährigen Krieg fast vollständig zerstörte Schloss, das als frühbarockes Lusthaus wiederaufgebaut wurde, und schenkte es seiner zweiten Ehefrau Dorothea. Ihre Vorstellung von Wohkultur und Raumgestaltung kann man heute noch betrachten: Beeindruckend sind beispielsweise ein Saal mit 7500 Fayencefliesen und die Gemäldesammlung mit mehr als 100 Werken italienischer und niederländischer Malerei. Bei der Gestaltung des Parks hat Peter Joseph Lenné ein Wörtchen mitgeredet.
Straße der Einheit 2, 14548 Caputh, Apr.–Okt. Di–So 10–17.30 Uhr, Nov.–März Sa/So 10–16 Uhr, www.caputh.de, www.spsg.de

RESTAURANTS

JULIETTE

Moderne Eigenkreationen und klassische französische Küche des Meisterkochs Carsten Rettschlag sind ihren Preis wert. In einem Fachwerkhaus aus dem 17. Jh. lässt man es sich bei feinen Speisen und erlesenen Weinen gut gehen. *Jägerstr. 39, 14467 Potsdam, Tel. 03 31/270 17 91, Mi–Mo 12–15.30, 18–22 Uhr, www.restaurant-juliette.de*

MAISON DU CHOCOLAT

Lassen Sie sich vom Namen nicht täuschen: Neben Schokolade aus aller Welt, Pralinés und Maccarons werden z. B. Ochsenbäckchen und Kalbsfilet, hausgemachte Pasta und Käsevariationen serviert. *Benkertstr. 20, 14467 Potsdam, Tel. 03 31/ 237 07 30, tgl. 10–20 Uhr, www.schokoladenhaus-potsdam.de*

ÜBERNACHTUNGEN

NH POTSDAM

Die Zimmer verteilen sich auf das unter Denkmalschutz stehende Palais Brühl aus der Zeit Friedrichs des Großen und einen schicken Neubau von 1996. Ideale Lage für Stadterkundungen, mitten im reizenden Holländischen Viertel gelegen.
Friedrich-Ebert-Str. 88, 14467 Potsdam, Tel. 03 31/ 231 70, www.nh-hotels.de, DZ ab 85 €

VILLA MONTE VINO

Oberhalb des königlichen Weinbergs von Sanssouci empfängt eine Turmvilla von 1896 Gäste auf der Suche nach Ruhe und Erholung. Das familiengeführte Hotel ist für seine Architektur, Lage und das ausgezeichnete Frühstück bekannt. *Gregor-Mendel-Str. 27, 14469 Potsdam, Tel. 03 31/201 33 39, www.hotelvillamontevino.de, DZ ab 120 €*

13

MEDIENSTADT BABELSBERG

52° 23' 08" NORD / 13° 07' 02" OST

MARIA UND C-3PO haben viel gemeinsam. Beide sind glänzend-metallische Roboter, nicht von dieser Welt. Und beide wurden in legendären Filmen verewigt. Doch während der tollpatschige C-3PO erst Ende der 1970er sein Debüt im US-Weltraumepos »Star Wars« feierte, erwachte Maria bereits ein halbes Jahrhundert vor ihm auf der Leinwand zum Leben – als gespenstische Menschmaschine in Fritz Langs »Metropolis«. Der dystopische, erstmals 1927 veröffentlichte Stummfilm galt damals als teuerstes Spektakel der deutschen Kinogeschichte und wurde fast ausschließlich in Babelsberg gedreht. Auch heute macht das mittlerweile zur Medienstadt herangewachsene »Hollywood an der Havel« wieder mit Superlativen auf sich aufmerksam: Über 40 Millionen Euro verschlang die vor den Toren Potsdams produzierte Erfolgsserie »Babylon Berlin« (2017). Um Schauspieler und Publikum auf Zeitreise zu schicken, wurde auf dem Gelände die 1,5 Hektar große »Neue Berliner Straße« im Stil der 1920er-Jahre aus dem Boden gestampft. Die riesige Außenkulisse lässt sich aber in jede beliebige Metropole verwandeln. Sogar Firmen nutzen das Set für ihre Werbespots. So viele Möglichkeiten – kein Wunder, dass das auch Stars und Filmemacher aus Übersee begeistert: Regisseur Paul Greengrass und Matt Damon drehten hier »Die Bourne Verschwörung« (2004), Quentin Tarantino seine »Inglourious Basterds« (2009) mit Brad Pitt in der Hauptrolle. Leider werden keine Führungen durch die »Neuen Berliner Straße« und die umliegenden Studios angeboten. Im benachbarten Filmpark Babelsberg kann man aber auf den Spuren von »Jim Knopf« (2017) oder den »Monuments Men« (2014) von und mit George Clooney wandeln und dabei etliche Liveshows erleben. Ein Hingucker ist natürlich auch die goldene Statue der Roboterfrau Maria. Ralph McQuarrie – er entwarf einst die Figuren der Filmreihe »Star Wars« – ließ sich übrigens tatsächlich vom Look der Metropolis-Heldin inspirieren. Die Ähnlichkeit mit C-3PO ist also kein Zufall.
www.filmpark-babelsberg.de

Hollywood, Los Angeles, USA
34° 08‘ 09“ Nord / 118° 21‘ 14“ West

Unten: Stuntshows sind ein Muss für jeden Filmpark – und begeistern natürlich auch in Babelsberg die Besucher.

RESTAURANTS

KOCHZIMMER

Als »neue preußische Küche« bezeichnet das Kochzimmer-Team seinen kreativen Mix, in dem heimische und internationale Kochkunst verschmelzen. Zur Auswahl stehen große und kleinere Menüs – mit und ohne Fleisch. Unbedingt reservieren! *Am Neuen Markt 10 (Gaststätte zur Ratswaage), 14467 Potsdam, Tel. 0331/20 09 06 66, Di–Sa 18–23 Uhr, www.restaurant-kochzimmer.de*

ASSAGGI

Beliebter, modern-mondäner Italiener, nahe dem Brandenburger Tor. Neben dem Geschmack und authentischen Zutaten wird hier auch viel Wert auf kreative Zubereitung und Optik der servierten Speisen gelegt. Mit Außenterrasse. Reservierung empfohlen. *Luisenplatz 3, 14471 Potsdam, Tel. 03 31/28 79 54 52, tgl. 12–24 Uhr, www.assaggi-potsdam.de*

ÜBERNACHTUNGEN

BRANDENBURGER TOR

Vier Sterne mit schmucker Barockfassade und einem Hauch von Luxus. Aus den gar nicht so teuren Suiten und Deluxe-Zimmern blickt man direkt aufs Brandenburger Tor. Familien können im Hotel auch eines der sechs Apartments buchen. *Brandenburger Str. 1, 14467 Potsdam, Tel. 0331/8770 0000, www.hotel-brandenburger-tor.de, DZ ab 125 €*

HOTEL AM JÄGERTOR

Elegantes und etwas plüschiges Traditionshaus, von dem aus alle Top-Attraktionen zu Fuß erreichbar sind. Lecker auch das Frühstück, das man im Sommer auf der Gartenterrasse genießt. *Hegelallee 11, 14467 Potsdam, Tel. 03 31/201 11 00, www.potsdam-hotel-am-jaegertor.de, DZ ab 100 €*

POTSDAM

Die Landeshauptstadt Brandenburgs, einst stolze Königsresidenz, gilt als Tor zum Havelland und die endlos verketteten Seen, Wälder und Moore, die sich von hier Richtung Westen ausdehnen, bilden das wohl schönste Landschaftsensemble der gesamten Region. Wer nicht hinaus ins Grüne will, kann auch in Potsdam selbst einiges erleben. Viel besuchtes Kulturhighlight ist das Rokokoprunkschloss Sanssouci (www.spsg.de), häufig auch »Preußisches Versailles« genannt, das mitsamt seiner kunstvollen Parkanlage zum UNESCO-Welterbe zählt. Der Mitte des 18. Jh. errichtete und im 19. Jh. erweiterte Prachtbau ist so beliebt, dass man im Sommer am besten Tickets reserviert – und den Besuch vormittags einplant. Anschließend kann man sich zum Shoppen oder Schaufensterbummeln auf der Brandenburger Straße treiben lassen, an der sich die Filialen internationaler Kaufhaus- und Modeketten aneinanderreihen. Heimeliges Kleinstadtflair genießt man indes rund um die Mittelstraße in den Gassen des Holländischen Viertels mit seinen vielen Cafés, Kneipen und Lädchen. Filmfans kennen die Szenerie aus der US-Serie »Homeland«. In Folge sieben der fünften Staffel des preisgekrönten Thrillerepos geht Hauptdarstellerin Clare Danes laut Drehbuch zwischen malerischen Amsterdamer Giebelhäuschen auf Schurkenjagd. Gedreht wurde die Episode aber hier – mitten in Potsdam.

Tourist Info: Humboldtstraße 1–2 (Am Alten Markt), 14467 Potsdam, Tel. 03 31/ 27 55 88 99, Mo–Sa 9.30–18.30 Uhr, So/Fei 9.30–15 Uhr, www.potsdamtourismus.de

GLIENICKER BRÜCKE

Noch kräuseln sich unter der Fahrbahn im Wind die Wellen von Havel und Jungfernsee – doch man ist schon in der Bundeshauptstadt. Oder umgekehrt. Denn die Grenze zwischen Brandenburg und Berlin verläuft mitten durch die Glieniecker Brücke. Der 1907 erbaute, grüne Stahlkoloss war während des Kalten Krieges Kontrollpunkt und wurde mehrmals zum Austausch von politischen Gefangenen zwischen West und Ost genutzt. Davon erzählt auch der Spielfilm »Bridge of Spies« (2015) von Steven Spielberg mit Tom Hanks, der gemeinsam mit dem Studio Babelsberg produziert und vor Ort gedreht wurde.

Nördlich von Babelsberg, an der B1 zwischen Berliner Vorstadt und Berlin-Wannsee

Die Glienicker Brücke zwischen Berlin und Potsdam ist bekannt aus dem Spielfilm »Bridge of Spies« (2015).

SACROWER KIRCHE

Mit dem freistehenden, italienisch anmutenden Campanile ist die Heilandskirche am Port von Sacrow (1844) eines der schönsten und gleichzeitig exotischsten Bauwerke im Potsdamer Umland und wurde – gemeinsam mit Schloss Sacrow – bereits kurz nach der Wende ins UNESCO-Welterbe aufgenommen. Romantiker winken hier unter Arkaden am Ufer des Jungfernsees den Segelbooten. Kinofans kommen, um einen der Drehorte von »Keinohrhasen« (2007) mit Til Schweiger und Nora Tschirner live zu erleben.
Fährstraße, 14469 Potsdam-Sacrow, www.heilandskirche-sacrow.de

WASSERSTADT WERDER

Das Wahrzeichen Werders ist eine hübsche alte Kastenmühle. Schon von weitem grüßt sie mit ihrem markanten Flügelkreuz die Segelyachten, Motorboote und Kajaks, die aus allen Himmelsrichtungen an der Stadt vorbei oder auf sie zu gleiten. Denn Werders Zentrum liegt auf einer Insel, die nicht nur von den von den Wassern der Havel, sondern auch von Schwielowsee, Glindower See und Großem Plessower See umarmt wird. Wer an Land geht, findet in der Altstadt neben der Backsteinkirche auch nette kleine Läden, Cafés und Künstlerwerkstätten. Entlang der kopfsteingepflasterten Straßen und auf den Plantagen am Ortsrand blühen im Frühjahr unzählige Kirsch- und Apfelbäume. Zelebriert wird das Naturschauspiel beim Baumblütenfest der Stadt, das alljährlich Ende April unzählige Besucher aus nah und fern anlockt.
Tourist Info: Plantagenplatz 9, 14542 Werder (Havel), Tel. 033 27/78 33 72, Mo–Fr 10–17, Sa/So 13–17 Uhr, www.werder-havel.de

BRANDENBURG AN DER HAVEL

Keine Angst, die beißen nicht! Erschaffen und in einem legendären Sketch verewigt hat die »Waldmöpse« Anfang der 1970er-Jahre der Cartoonist Loriot, der in Brandenburg an der Havel geboren wurde. Dass heute ein gutes Dutzend seiner gehörnten Schoßhunde die Stadt unsicher macht, ist dem hiesigen Kunstverein zu verdanken, der 2015 die Bildhauerin Clara Walter beauftragte, die wilden Möpse in Bronze zu gießen – als Reminiszenz an den großen Satiriker und Ehrenbürger der Stadt. Die Geschichte Brandenburgs begann freilich weitaus früher. Davon zeugt auch der Dom St. Peter und Paul, der auf eine romanische Basilika aus dem 12. Jh. zurückgeht und heute im Stil norddeutscher Backsteingotik auf der Dominsel in den Himmel ragt. Sie wird von der Havel umspült und bildet gemeinsam mit Altstadt und Neustadt den sehr sehenswerten mittelalterlichen Stadtkern Brandenburgs, der zu einer kurzweiligen Reise in die Vergangenheit einlädt.
Tourist Info: Neustädtischer Markt 3, 14776 Brandenburg (Havel), Tel. 033 81/79 63 60, Mo–Sa 9–19.30 Uhr, So/Fei 11–14 Uhr (abweichende Winterzeiten), www.erlebnis-brandenburg.de

14

TROPICAL ISLAND, SPREEWALD

52° 02' 18" NORD / 13° 44' 53" OST

ARMER RUDI. Ob er wohl immer noch über ein Glas Bier gebückt in seiner Wiener Stammkneipe sitzt und sich nach der Ferne sehnt? Von seinem Schicksal berichtet der Sommerhit »Südseeträume« der österreichischen »Rucki Zucki Palmencombo« aus dem Jahr 1982. Ganz schön lange her ist das. Aber Text und Thema des Ohrwurms sind zeitlos. Denn Sand, Sonne, Exotik und Meer erleben – ja vielleicht sogar ein nettes Hula-Mädchen oder einen flotten Hula-Mann kennenlernen? Wie Rudi würden das sicher viele gerne. Doch die Urlaubskasse gibt's nicht her. Und auch das schlechte Gewissen dämpft heutzutage die Reiselust. Der lange Flug, die Unmengen von Treibhausgasen!
Wie viel CO^2 jedes Jahr rund 65 Kilometer südlich von Berlin über dem Brandenburger Mega-Freizeitpark »Tropical Island« in die Atmosphäre verpufft, haben die Betreiber bislang leider nicht verraten. Es dürfte eine Menge sein, denn unter dem gigantischen Kuppeldach des künstlichen Paradieses surrt Tag und Nacht die Klimatechnik: Rund 26 Grad Luft- und 30 Grad Wassertemperatur, so lieben es die Gäste – aber vor allem auch die mittlerweile 50 000 tropischen Bäume und Pflanzen, zwischen denen sich Schildkröten, Flamingos und andere Tiere tummeln. Immerhin: »Tropical Island« erreicht man bequem und grün mit der Bahn. Und wer sich auf die süße Südsee-Illusion im eigenen Land einlässt, kann am langen Sandstrand unter Palmen dösen, zwischen Wasserfällen in leuchtend-grünen Lagunen planschen und nachts in der Regenwaldlodge dem sanften Rauschen der Wellenmaschinen lauschen. Vielleicht begegnet man an einer der Tiki-Bars ja sogar Rudi – lächelnd, im kurzärmeligen Blumenhemd. Und vielleicht sieht so der Urlaub der Zukunft aus?
www.tropical-islands.de

Papeete, Tahiti, Französisch-Polynesien
17° 40' 36" Süd / 149° 27' 16" West

Paradies aus der Retorte – »Tropical Island« in Brandenburg.

RESTAURANTS

CAFÉ FONTANE

Beliebtes, bodenständiges Café-Restaurant in der Altstadt von Lübbenau. Grillteller und Steaks gehören zu den Spezialitäten des Hauses. Auf der Karte finden sich aber auch Salate und – je nach Saison – leckere Gemüse- und Nudelgerichte. Mit Außenterrasse. *Ehm-Welk-Str. 42, 03222 Lübbenau, Tel. 035 42/435 94, Di, 15–23, Mi–Sa 11.30–23 Uhr, So 11.30–18 Uhr, www.cafe-fontane.de*

RATSKELLER LUCKAU

Ein Abstecher nach Luckau lohnt sich! Das Städtchen punktet mit seinem pittoresken Marktplatz, der von prächtigen Bürgerhäusern überragt wird, und einer bestens erhaltenen Stadtmauer. Stärken kann man sich unter gemütlichem Gewölbe im Ratskeller. Serviert wird kreative, gutbürgerliche Kost. *Am Markt 34, 15926 Luckau, Tel. 035 44/505 99 55, Mi–Mo 11.30–21.30 Uhr, www.ratskeller-luckau.com*

ÜBERNACHTUNGEN

BLEICHE RESORT & SPA

Wer sich erholsamen Luxus gönnen möchte, ist in diesem Resort goldrichtig. Gleich vor der Türe: Der Spreewald mit malerischen Dörfern, Kanälen und viel Natur. *Bleichestr. 16, 03096 Burg im Spreewald, Tel. 03 56 03/620, www.bleiche.de, DZ ab 390 €*

STRANDHAUS

Das Boutique-Hotel bietet seinen Gästen zwar keinen echten Strand, dafür aber eine tolle Liegewiese direkt an der Spree – und verfügt sogar über Leihpaddelboote. Die Zimmer sind gemütlich-modern mit viel Naturmaterialien gestaltet. *Ernst-von-Houwald-Damm 16, 15907 Lübben, Tel. 035 46/73 64, www.strandhaus-spreewald.de, DZ ab 200 €*

LÜBBENAU

Wie schön es im Spreewald ist, hatte sich bereits im 19. Jh. herumgesprochen. Und in Lübbenau merkte man schnell, dass man die Gäste aus Berlin und anderswo mit Kahnfahrten durch die wildromantische Wasserwelt der Umgebung begeistern und sich ganz nebenbei ein hübsches Zubrot verdienen konnte. Bis heute ist das Städtchen Dreh- und Angelpunkt des hiesigen Tourismus und gleichzeitig Eintrittspforte zum UNESCO-Biosphärenreservat Spreewald, dessen weitverzweigtes Netz aus Flüsschen, Kanälen und stehenden Gewässern sich – gesäumt von urwüchsigen Auwäldern – von hier Richtung Norden und Osten spannt. Wer nicht sofort an Bord eines der Ausflugsboote oder auf eigene Faust mit dem Kanu losschippern möchte, sollte sich unbedingt auch im Ort umsehen. Heiter und quirlig geht es rund um den Großen Hafen zu. Hier findet man auch die berühmte Gurkenmeile, auf der man die berühmten Spreewaldgurken in allen nur erdenklichen Geschmacks- und Gewürzvarianten probieren und natürlich kaufen kann. Kurzweilig ist auch ein Bummel durch Lübbenaus Altstadt, deren Gassen sich um den pittoresken Marktplatz schlängeln. Im kleinen Spreewald-Museum (www.museums-entdecker.de) begibt man sich auf Zeitreise in die Stadtgeschichte und erfährt dabei auch Wissenswertes über die sorbischen und slawischen Kultureinflüsse in der Region.
Tourist Info: Ehm-Welk-Str. 15, 03222 Lübbenau, Tel. 035 42/88 70 40, Mo–Fr 9.30–18, Sa 9.30–16, So 10–16 Uhr, www.spreewald-info.de

SCHLEPZIG

Ins verträumte Fachwerkdorf Schlepzig im Unterspreewald verschlägt es nicht ganz so viele Tagestouristen. Von hier kann man – am besten zu Wasser – tief in die naturbelassene Märchenlandschaft des Biosphärenreservats eintauchen. Die ersten Häuser des über 1000 Jahre alten Ortes wurden einst auf Holzpfählen errichtet, so sumpfig war hier der Untergrund. Mehrstündige Kahnfahrten starten am Hafen in der Dorfmitte. Sehenswert ist auch das Bauernmuseum Schlepzig, das vom harten Arbeitsalltag der Spreewaldbauern in vergangenen Jahrhunderten erzählt.
Tourist Info: Dorfstr. 26, 15910 Schlepzig, Tel. 03 54 72/ 640 25, Mi–So 10–16 Uhr (abweichende Winterzeiten), www.schlepzig.de

Um das Dörfchen Lehde im Spreewald zu erkunden, nimmt man am besten einen Kahn oder ein Kanu.

MUSEUMSDORF LEHDE

Wer aus seinem Briefkasten verzückt eine Postkarte aus dem Spreewald angelt, kann auf ihr mit großer Wahrscheinlichkeit das Dörfchen Lehde bestaunen. Zu sehen ist meist eines der historischen, reetgedeckten Bilderbuchhäuschen direkt am Kanal. Der komplett denkmalgeschützte Ort, über den schon der Dichter Theodor Fontane schrieb, er sei »eine Lagunenstadt im Taschenformat« zählt zu malerischsten im ganzen Spreewald. Erst seit Anfang des 20. Jh. ist Lehde auch auf dem Landweg erreichbar. Die Post wird hier aber während der Sommermonate immer noch per Kahn zugestellt. Und sogar die Müllabfuhr ist auf Booten unterwegs. Ganz unkompliziert erreicht man das Dorf zu Fuß vom benachbarten Lübbenau aus. Der kurzweilige Spaziergang startet am dortigen Schlosspark und dauert nur knapp 15 Minuten.

Tourist Info siehe Lübbenau, www.spreewald-info.de

BARUTHER GLASHÜTTE

Im Museumsdorf Glashütte kann man Glasbläsern bei der Arbeit zusehen. Und wer will, darf sich natürlich auch selbst in der Handwerkskunst versuchen. Die Glashütte mitsamt der umliegenden Quartiere wurde Anfang des 18. Jh. errichtet. Die rund 30 Gebäude stehen unter Denkmalschutz; mittlerweile haben hier auch Vertreter vieler anderer traditioneller Zünfte ihre Ateliers bezogen. Herzstück der Anlage ist das Museum Baruther Glashütte, das Geschichte und Technik der Glasproduktion in allen Facetten beleuchtet.

Hüttenweg 20, 15837 Baruth/Mark, Tel. 035 42/88 70 40, März–Dez. Di–So 10–17, Jan., Feb. Mi–So 10–17 Uhr, www.museumsdorf-glashuette.de

COTTBUS

Von ihrer Bedeutung als Industrie- und Energiestandort – vor allem zu DDR-Zeiten – merkt man im Zentrum von Cottbus nur noch wenig. Die Universitätsstadt ist jung, grün und kulturell quicklebendig! Die Besichtigung startet man am besten am Altmarkt, der von farbenfrohen, barocken Bürgerhäusern gesäumt wird. Im ganzen Stadtgebiet sind die Einflüsse der sorbischen Minderheit nicht zu übersehen; bis heute sind alle Straßenschilder zweisprachig bedruckt. Im Wendischen Museum (www.wendisches-museum.de) kann man sich über ihre reiche Kultur und Geschichte informieren. Wenige Schritte nordöstlich ragt stolz der Turm der Kirche St. Nikolai in den Himmel. Wer hinaufklettert, genießt einen herrlichen Ausblick auf die Stadt. Unbedingt ansehen sollte man sich auch das in den Goethepark eingebettete Kunstmuseum Dieselkraftwerk (www.blmk.de) am Spreeufer – ein Mekka für Liebhaber moderner Malerei, Skulpturen, Plakatkunst und Fotografie.

Tourist Info: Berliner Platz 6 (Stadthalle Cottbus), 03046 Cottbus, Mo–Fr 9– 18, Sa 9–16 Uhr, www.cottbus-tourismus.de

15

HIGHLAND GAMES, TREBSEN

51° 16′ 59″ NORD / 12° 45′ 00″ OST

Nein, das ist kein Medizinball. Dass die Steinkugeln, die Athleten in der Disziplin »Stone Carry« stemmen müssen, sehr schwer sind, kann man schon an ihren Gesichtern ablesen.

MUSS MAN SICH SORGEN MACHEN, wenn muskelbepackte Männer mit Baumstämmen oder Steinbrocken um sich werfen – und dabei auch noch Röcke tragen? Natürlich nicht. Zumindest dann nicht, wenn diese Kerle waschechte Schotten sind. Oder in Trebsen so tun, als ob. Zugegeben: Die meiste Zeit des Jahres duftet es in und um die Kleinstadt östlich von Leipzig eher nicht nach großer weiter Welt. Der Dialekt ist hier breit, das Angebot echter Sehenswürdigkeiten im Ort eher schmal. Umso aufregender ist das Spektakel, das alljährlich am dritten Septemberwochenende im Schloss und Park zu Trebsen für Furore sorgt und Tausende Schaulustige anlockt: Bei den Internationalen Highland Games treten Kraftprotze aus aller Herren Länder in Disziplinen wie Baumstamm-Werfen, Steinkugel-Stemmen oder Whiskyfass-Rollen an. »Heavy Games« nennt sich denn auch jene Kategorie der Schottenspiele, deren Wettbewerbe körperlich besonders anstrengend und daher – zumindest beim Publikum – am beliebtesten sind. Besagte Steinkugeln beim »Stone Carry« wiegen über 100 Kilo und müssen von den Athleten nicht nur angehoben, sondern auch über etliche Meter gewuppt und dann präzise wieder abgelegt werden. Wem es da schon beim Zusehen in der Bandscheibe zwickt: Natürlich gibt es auch rückenfreundlichere Disziplinen. Die prallen Jutesäcke etwa, die beim Strohsack-Hochwurf mit einer Gabel in die Luft katapultiert werden, wiegen nur rund 7 Kilo. Und beim sonoren Wettstreit der Dudelsackbläser, der »Pipe Bands«, ist das Gewicht der Instrumente völlig unerheblich. Hier geht es um Virtuosität! In fast allen Disziplinen treten übrigens auch Frauen an. Wie ihre männlichen Mitstreiter tragen sie stets knielanges Karo. Doch Vorsicht – wie im schottischen Hochland gilt auch im sächsischen Trebsen: Wer es wagt, die traditionellen Kilts als »Röcke« zu bezeichnen, hat sich schon disqualifiziert, bevor die Spiele überhaupt beginnen.

www.highlandgames-trebsen.de

Schottisches Hochland, Großbritannien
57° 00' 21" Nord / 03° 23' 53" West

Auf Burg Kriebstein sind jahrhundertealte Wandmalereien auf Holz und Stein erhalten.

NATURPARK DÜBENER HEIDE

Am besten steigt man erst mal auf den Burgturm von Bad Düben und lässt die Landschaft auf sich wirken. Sie ist von Kiefern, Buchen und Birken geprägt und bildet die größte zusammenhängende Waldfläche dieser Art in Ostdeutschland. 77 000 ha ist der Naturpark groß – da kommt man zu Fuß schon weit, auf dem Pferderücken oder Fahrradsattel aber noch viel weiter. Zahlreiche Wege durchziehen das Gebiet, etwa zur Hammermühle oder zum Wildenhainer Bruch. Wem das zu viel Action ist, der besteigt eine Pferdekutsche und lässt die zwei PS das Tempo machen.
Burgturm: Neuhofstr. 3, 04849 Bad Düben; Naturparkhaus Dübener Heide: Neuhofstr. 3a, 04849 Bad Düben, naturpark-duebener-heide.de/naturparkhaus; Ausritte: Gabi Pätz, Löbnitzer Str. 15, 04849 Bad Düben OT Tiefensee, www.freizeitreiten-paetz.de

TORGAU

Rund 20 000 Einwohner zählt Torgau, eine der sehenswertesten Städte der Region. Das prachtvolle Schloss Hartenfels wurde im 16./17. Jh. an der Stelle einer mittelalterlichen Burg errichtet. In seinem Innenhof begeistert ein sog. Wendelstein – ein vor der Fassade stehender, farblich abgesetzter und verzierter Turm, in dem sich die Treppe spiralförmig nach oben windet. 1544 hat Martin Luther persönlich die Schlosskirche geweiht, die als erster protestantischer Kirchenneubau gilt. In der Stadtkirche St. Marien hängt eines der Hauptwerke Lucas Cranach d. Ä.: die Altartafel »Die vierzehn Nothelfer«. Im 16. Jh. erlebte die Stadt eine wirtschaftliche Blüte, von der die schmucken Renaissancefassaden am Markt zeugen. An der Adresse Markt 4 steht ein wahres Kleinod: eine der ältesten Apotheken Kursachsens – im Jahr 1503 wurde sie erstmals urkundlich erwähnt.
Tourist Info: Markt 1, 04860 Torgau, Tel. 034 21/ 70 14-0, Ostern–Okt. Mo–Fr 10–18, Sa, So 10–16, Nov.–Ostern Mo–Sa 10–16 Uhr, www.tic-torgau.de

SCHLOSS MACHERN

Im 18. Jh. wurde rund um das Schloss ein englischer Landschaftspark angelegt, mit künstlicher Burgruine und Pyramide. Im Mai und Juni blühen Tulpenbäume, umgeben von schönen Ginkgos.
Schloßpl. 1, 04827 Machern, www.schlossmachern.de

WURZEN

Schon im 10. Jh. wurde der Ort erstmals erwähnt und gehört damit zu den ältesten Städten des Freistaats. Auf fast ebenso viele Jahrhunderte blickt der Dom zurück, der im 12. Jh. erbaut und später immer wieder nach Bränden restauriert, erweitert und umgestaltet wurde. Heute dominieren die spätexpressionistischen Bronzeskulpturen des Künstlers Georg Wrba das Gotteshaus. Das Museum Wurzen befindet sich in einem Bau aus der Renaissancezeit und erinnert an Hans Gustav Bötticher. Nie gehört? Er ist besser bekannt als Joachim Ringelnatz (1883–1934), Dichter und Kabarettist, zu seiner Zeit so berühmt wie die Comedian Harmonists.
Tourist Info: Domgasse 2, 04808 Wurzen, Tel. 034 25/856 04 00, Mo–Fr 10–13, 14–18, Sa 11–16 Uhr, www.tourismus-wurzen.de

GRIMMA

Wenn der Name dieses Städtchens fällt, denken viele zunächst an verheerende Hochwasser. Doch ein Besuch in Grimma lohnt sich: Die Frauenkirche mit ihren beiden

Türmen stammt aus spätromanischer Zeit. Das Schloss wurde schon im 13. Jh.gegründet, das Gymnasium St. Augustin war einst ein Kloster. Aus der Renaissance wiederum stammen das imposante Rathaus (1538–1585) und das Standesamt (1572). Am Markt werfe man einen Blick auf das Haus mit der Nr. 11, hier ist ein gotischer Erker von 1550 erhalten. Georg Joachim Göschen richtete hier 1797 eine Druckerei ein. Er gilt als wichtigster Verleger der deutschen Klassik.
Tourist Info: Markt 23, 04668 Grimma, Tel. 034 37/985 82 85, Mo, Di, Do, Fr 10–17, Sa 10–14 Uhr, www.grimma.de

LUTHERWEG SACHSEN

Ein grünes L auf weißem Grund markiert die rund 550 km des Rundwanderwegs, der sich durch ganz Sachsen zieht und Stationen berührt, die mit Martin Luther und Katharina von Bora in Verbindung gebracht werden können. In Torgau beispielsweise hat Luther über 40 Mal in der Stadtkirche St. Marien gepredigt, in Wurzen wurde im Oschatzer Friedensschluss 1542 die Einführung der Reformation beschlossen. In Grimma lebte Katharina von Bora als Nonne im Kloster Nimbschen, bevor sie Martin Luther traf.
www.lutherweg-sachsen.de

BURG KRIEBSTEIN

Eine echte Preziose steht bei Waldheim auf einem Felsen über dem Fluss Zschopau – Sachsens schönste Ritterburg. Ihr größter Schatz ist das Kriebsteinzimmer, das in seiner gesamten Gestaltung aus dem 15. Jh. erhalten geblieben ist: Die Decke und drei Bohlenwände sind mit Rankenwerk bemalt, an der Außenwand sind Darstellungen des Heiligen Christophorus und der Pilger zu sehen. An einer weiteren Wand erkennt man die Verkündigungsszene nach dem Lukas-Evangelium. In unserer schnelllebigen Zeit muss man es richtig einsinken lassen: Dieses Kunstwerk ist original erhalten; vor 600 Jahren stand genau hier ein Maler und führte den Pinsel.
Kriebsteiner Str. 7, 09648 Kriebstein, April–Okt. Di–Fr 10–17, Sa, So 10–18, Nov. Sa, So, Feiertage 10–16, Feb.–März Di–So 10–16 Uhr, www.burg-kriebstein.eu

RESTAURANTS

HERR KÄTHE

Unten knarrt der Eichenfußboden, oben stützen wuchtige Balken die Decke der historischen Räumlichkeiten. Gekocht wird recht international – orientalische Gewürze und Curry begleiten regionale Zutaten. »Herr Käthe« soll Martin Luther seine Frau Katharina genannt haben. *Katharinenstr. 4, 04860 Torgau, Tel. 0 34 21/77 86 65, tgl. ab 11.30 Uhr, www.herrkaethe-torgau.de*

WASSERMÜHLE HÖFGEN

Direkt an der Mulde liegt die Wassermühle aus dem 18. Jh. (Technikdenkmal!) mit dem gleichnamigen Gasthaus. Probieren: Grimmaer Augustinertropfen, nach einem fast 100 Jahre alten Rezept hergestellt. *Höfgener Dorfstr. 10, 04668 Grimma/Höfgen, Tel. 034 37/ 91 71 53, Di–Sa ab 11.30, So und feiertags ab 11 Uhr, www.wassermuehle-hoefgen.de*

ÜBERNACHTUNGEN

SCHLOSS WURZEN

In diesem ehrwürdigen Renaissancebau kann man heiraten, wie ein Ritter speisen, sich vom Herold durch das Schloss führen lassen – und übernachten. Die Zimmer sind teils opulent, teils modern-schlicht eingerichtet. *Amtshof 2, 04808 Wurzen, Tel. 034 25/ 85 35 90, www.schloss-wurzen.de, DZ ab 90 €*

HEIDE SPA HOTEL & RESORT

Hier dreht sich alles um Baden und Saunieren, Wellness und Beauty – und Spaß! Wer ein anstrengendes Besichtigungsprogramm vor oder hinter sich hat, schöpft bei einer Massage mit Walnuss oder Honig neue Kraft. Kleinere Kinder planschen im flachen Becken, größere werfen sich in den Strömungskanal. *Bitterfelder Str. 42, 04849 Bad Düben, Tel. 03 42 43/ 336 60, www.heidespa.de, DZ ab 140 €*

16

RUSSISCHE GEDÄCHTNIS-KIRCHE, LEIPZIG

51° 19′ 27″ NORD / 12° 23′ 50″ OST

IN DEN HÄNDEN DER JUGEND liegt die Zukunft – auch und gerade in Sachen Völkerverständigung. Wer in jungen Jahren länger im Ausland war, kennt das vielleicht: Erst will und weiß man nicht so recht, springt dann ins kalte Wasser und erlebt schließlich die beste Zeit seines Lebens. Die Fremde wird einem dann schnell zur zweiten Haut und Heimat. So war das auch 2017 in Leipzig. Damals besuchten Studenten der Moskauer Kunsthochschule die Messestadt, um dort gemeinsam mit sächsischen Studienkollegen eine interkulturelle Rettungsaktion voranzutreiben. Ihr »Patient« war die St.-Alexis-Gedächtniskirche im Stadtteil Reudnitz – halb Gotteshaus, halb eindrucksvolles Mahnmal, das an die russischen Opfer der Leipziger Völkerschlacht von 1813 erinnert. Seit ihrer Weihe vor über 100 Jahren wurde die Kirche nur notdürftig instandgehalten, eine Rundumsanierung war daher längst überfällig. Nachdem das markante Zeltdach des Bauwerks geflickt und wieder auf Hochglanz poliert worden war, nahmen sich die Nachwuchsrestauratoren Stück für Stück der kostbaren Ikonen im Innern der Kirche an. Vier Wochen lang wurde eifrig getupft, gepinselt, geleimt und retuschiert – abends aber auch viel gelacht, erzählt, gekocht und gefeiert. So glänzen heute nicht nur die 78 Heiligenbilder der Gedächtniskirche wieder in farbenfroher Pracht, auch die Erinnerungen an die gemeinsame Zeit werden wohl noch lange in den Herzen der deutschen und russischen Kunstretter nachhallen. Lust auf einen Gegenbesuch? Als Blaupause für St. Alexi in Leipzig diente die 1532 errichtete Auferstehungskirche in Kolomenskoje, einer ehemaligen Zarenresidenz im Südosten Moskaus. Sehr sehenswert!
www.russische-kirche-l.de

Auferstehungskirche Kolomenskoje, Moskau, Russland
55° 40‘ 10“ Nord / 37° 40‘ 08“ Ost

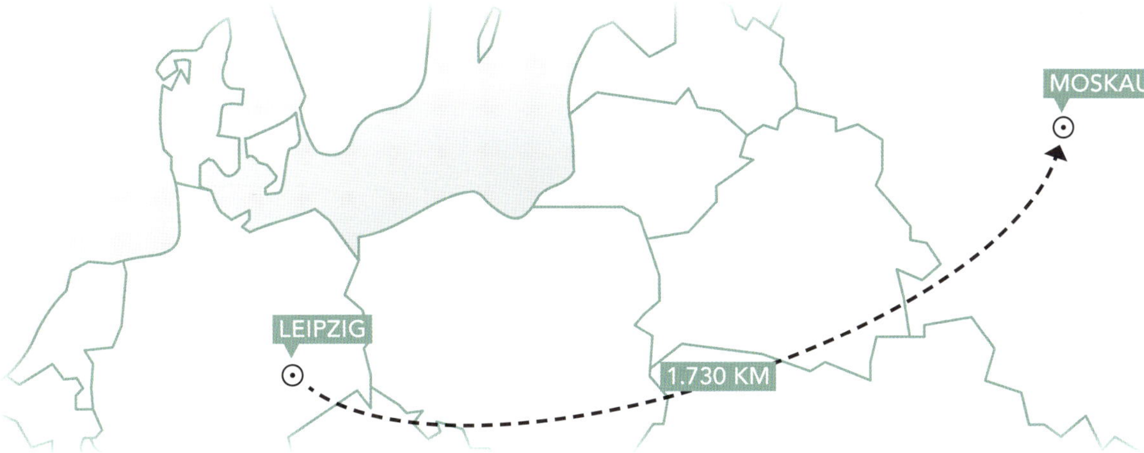

Das 55 Meter hohe, exotische Zeltdach mit Goldkuppel ist weithin sichtbarer Blickfang der russisch-orthodoxen Gedächtniskirche in Leipzig. Im Innern verbirgt sich eine 18 Meter breite und zehn Meter hohe altrussische Ikonenwand, die erst 2017 aufwendig restauriert wurde.

»Wenn ich den See seh, brauch ich kein Meer mehr« – die Leipziger haben's gut, denn am Cospudener See gibt es kilometerlangen Sandstrand und einen quirligen Hafen.

MUSEUM DER BILDENDEN KÜNSTE

Einer der kulturellen Leuchttürme – national bedeutsame Kulturstätten – zeigt auf etwa 7000 qm Fläche Werke vom Spätmittelalter bis in die Gegenwart. Das um 1858 von Leipziger Kaufleuten gegründete Museum lebt von Schenkungen und Stiftungen und beherbergt Werke von Meistern wie Lucas Cranach d. Ä., Max Beckmann und Neo Rauch. Im Herzen der Stadt, in spektakulärer Architektur und mit einer interessanten Dokumentation über die Kunst der DDR.
Katharinenstr. 10, 04109 Leipzig, Di, Do–So 10–18, Mi 12–20 Uhr, www.mdbk.de

NOTENSPUR

Internationaler Ruf und große Tradition: Leipzig ist als Musikstadt bekannt. Ein 5,1 km langer Spaziergang durch die Innenstadt führt zu 23 Stationen, an denen man Wirkungsstätten grandioser Meister erleben kann. Vom neuen Gewandhaus (Start und Ziel) zeigen ins Straßenpflaster eingelassene Markierungen den Weg, Audiofiles, kindgerechte Darstellungen und Musikbeispiele erwecken Bach und Mendelssohn Bartholdy zum Leben.
www.notenspur-leipzig.de

THOMASKIRCHE

Die dreischiffige Hallenkirche, letzte Ruhestätte des großartigen Thomaskantors Johann Sebastian Bach, geht auf das 12. Jh. zurück. Martin Luther sprach 1539 zur Einführung der Reformation, seit fast 800 Jahren singen hier die »Thomaner«. Das Dach ist mit 63° Neigungswinkel eines der steilsten Giebeldächer in Deutschland.
Thomaskirchhof 18, 04109 Leipzig, tgl. 9–18 Uhr, www.thomaskirche.org

ZOO LEIPZIG

Nordwestlich der Innenstadt kann man eine der größten Artenvielfalten Europas bewundern. Der Tierpark wird seit 2000 zum »Zoo der Zukunft« umgebaut. Artenschutz, artgerechte Tierhaltung, Bildung und Entdeckertouren sind der Anspruch der Betreiber. Etwa 850 Tierarten und Unterarten lassen sich kennenlernen. Im Gondwanaland erlebt der Besucher tropischen Regenwald mitten in der Stadt.
Pfaffendorfer Str. 29, 04105 Leipzig, Apr./Okt. 9–18, Mai–Sept. 9–19, Nov.–März 9–17 Uhr, www.zoo-leipzig.de

GRASSIMUSEUM

Ruhe und Entspannung verspricht das Grassimuseum mit seinen wunderschönen Innenhöfen und dem ältesten Friedhof der Stadt, auf dem der größte Finanzier, der Kaufmann Franz Dominic Grassi, zu Grabe getragen wurde. Das Grassi vereint unter seinem Dach das Museum für angewandte Kunst, das Museum für Musikinstrumente und das Museum für Völkerkunde. 90 000 Exponate lassen fünf Jahrhunderte Musik und die Kultur aller Kontinente aufleben. *Johannisplatz 5–11, 04103 Leipzig, Di–So 10–18 Uhr, www.grassimuseum.de*

BAUMWOLLSPINNEREI

Das 10 ha große Gelände bei Lindenau entstand 1884. Was mit nur fünf Spindeln begann, wurde zur größten Baumwollspinnerei Kontinentaleuropas – 240 000 Spindeln auf gut 100 000 qm. Die ehemalige Fabrikstadt mit Arbeiterquartieren und Badeanstalt ist heute ein faszinierendes Kunstareal mit Galerien, Ateliers und Manufakturen. *Spinnereistr. 7, 04179 Leipzig, Di–Sa 11–18 Uhr, www.spinnerei.de*

VÖLKERSCHLACHTDENKMAL

Der Spitzname »Völki« wird dem monumentalen Denkmal kaum gerecht: Der 91 m hohe Gigant dominiert seit 1913 den Süden Leipzigs. Er erinnert an die erbitterte Völkerschlacht von 1813, aus der nicht nur Napoleon als Verlierer hervorging, sondern auch bis zu 130 000 Menschen ihr Leben lassen mussten. Krypta, Ruhmeshalle, Kuppelhalle und nicht zuletzt die Aussichtsplattform in 90 m Höhe geben Zeugnis und Eindruck von der Schlacht. *Straße des 18. Oktober 100, 04299 Leipzig, Apr.–Okt. tgl. 10–18, Nov.–März 10–16 Uhr, www.stadtgeschichtliches-museum-leipzig.de*

COSPUDENER SEE IM NEUSEENLAND

Ab an den Strand, nur 12 km südlich von Leipzig: Seele baumeln lassen, picknicken, radfahren, inlineskaten, mit Segel oder Kite surfen und paddeln. Nicht umsonst ist die ehemalige Sünde des Braunkohletagebaus seit 2000 mit ihrer Uferlänge von mehr als 10 km beliebtester See der Leipziger. *www.leipzigerneuseenland.de, www.leipzigseen.de*

RESTAURANTS

SUEDBRAUSE

Richtig zentral liegt das Café auf der »Karli«. Früher mal Badeanstalt, können sich heute Frühaufsteher und Nachtschwärmer kulinarisch verwöhnen lassen. Ob Frühstücksbüfett am Samstag, Brunch am Sonntag, Törtchen am Nachmittag oder Drei-Gänge-Menü: es schmeckt. *Karl-Liebknecht-Str. 154, 04277 Leipzig, Tel. 03 41/391 01 81, tgl. ab 9 Uhr, www.suedbrause.de*

DROGERIE-LEIPZIG

Bei gebackenem Wildgeflügelbäckchen, Strudel vom Karamellkraut oder Pulpo mit fruchtig-würzigen Kichererbsen können die Geschmacksnerven auch mal neue Horizonte entdecken. *Schillerweg 36, 04155 Leipzig, Tel. 03 41/22 28 64 66, Mo–Sa 18 bis 24 Uhr, www.drogerie-leipzig.net*

ÜBERNACHTUNGEN

HOTEL FREGEHAUS

Vier Flügel liegen um den Innenhof und geben dem zentralen Boutique-Hotel einen besonderen Charme. Das historische, ehemalige Kaufmannshaus ist ein romantisches Örtchen. Beim Frühstück gibt es Empfehlungen für Restaurants in der Nähe. *Katharinenstr. 11, 04109 Leipzig, Tel. 03 41/26 39 31 57, www.hotel-fregehaus.de, DZ ab 86 €*

VIENNA HOUSE

In bester Innenstadtlage präsentiert sich das kleine, adrett eingerichtete Hotel im denkmalgeschützten Thomaskirchhof. Renaissancehaus und historisches Vorderhaus werden vom neuen Rückgebäude modern ergänzt. Mediterrane Küche, feiner Käse, Tapas. *Thomaskirchhof 13/14, 04109 Leipzig, Tel. 03 41/496 14 01, www.viennahouse.com, DZ ab 100 €*

17

KALIMANDSCHARO IN ZIELITZ

52° 18′ 00″ NORD / 11° 40′ 48″ OST

Flach wie die Serengeti erstreckt sich die Magdeburger Börde rund um die Gemeinde Zielitz, über der sich der »Kalimandscharo« erhebt. Je frischer die Salzrückstände, die hier nach der Kaligewinnung aufgeschüttet werden, desto heller leuchtet der Berg.

WER KILIMANDSCHARO DENKT oder sagt, meint damit meistens »Kibo« – den höchsten Berg Afrikas, dessen schneeweißer, oft von Wolken umschmeichelter Gipfel im Norden Tansanias fast 6000 Meter hoch über dem weiten Grasland der Serengeti aufragt. Der erloschene Vulkan ist einer von insgesamt drei Riesen des Kilimandscharo-Massivs und zudem Mitglied im Club der »Seven Summits«, der sieben gewaltigsten Berge aller Kontinente dieser Welt. Tollkühne Bergfexe auf der Jagd nach dem Kick und Rekorden haben sie längst alle bestiegen. Rund fünf bis acht Tage muss man dafür beim Kibo einplanen. Während der leuchtende Gletscher auf seinem Gipfelplateau immer weiter schrumpft und wohl bald verschwinden wird, weiß man im sachsen-anhaltischen Zielitz nicht so recht, ob jubeln oder schimpfen. Denn auch hier gibt es einen majestätisch-weißen Berg, der sich weithin sichtbar über der Magdeburger Börde erhebt. Rund 120 Meter ist er schon hoch, soll aber noch weiterwachsen! Das hat zumindest der Düngemittel- und Salzproduzent K+S angekündigt. Ihm verdanken die Zielitzer ihren »Kalimandscharo«, eine riesige Abraumhalde vor den Toren der Gemeinde. Die Geschäfte mit dem Kalisalz laufen bestens. Daher will sich das Unternehmen, das in der Region jährlich zwölf Millionen Tonnen des Rohstoffs zutage fördert, weiter vergrößern. Viel Platz benötigt der Kalibergbau vor allem für den sogenannten Abraum. Das sind Rückstände, die man vom Kalisalz trennt und dann auf riesigen Halden aufschüttet. Großteils bestehen sie aus Sand und Natriumchlorid, was wiederum Umweltschützern Sorgen bereitet. Denn durch Wind und Wetter wird dieses Kochsalz freilich ins Grundwasser gespült und schadet Tieren und Pflanzen. Viele Menschen, die hier in der Gegend leben, zerbrechen sich darüber nicht so sehr den Kopf. Schließlich ist das Kaliwerk der wichtigste Arbeitgeber in der Region – und der »Kalimandscharo« mittlerweile eine beliebte Touristenattraktion. Mehrmals pro Jahr wird der weiße Berg als exotische Kulisse für Kultur- und Sportveranstaltungen genutzt, und auch geführte Bergtouren werden regelmäßig angeboten. Einen Höhenrausch darf man dabei nicht erwarten – aber den herrlichen Ausblick, den kann man genießen.
www.kalimandscharo.com,
www.zielitz.de

Kilimandscharo-Massiv, Tansania
03° 03‘ 54“ Süd / 37° 21‘ 32“ Ost

Das höchste Holzgebäude der Welt ist zugleich Ausstellungsort: der Jahrtausendturm.

Verkehrstechnisches Megabauwerk: Am Wasserstraßenkreuz Magdeburg gehen große Pötte einander aus dem Weg.

MAGDEBURG: DOM UND GRÜNE ZITADELLE

Diese beiden sollte man in Magdeburg gesehen haben. Die im Zweiten Weltkrieg schwer getroffene Altstadt wurde nur teilweise wiederaufgebaut. Den Dom restaurierte man jedoch vollständig. Die gotische Kathedrale wurde ab 1207 gebaut und 1363 geweiht. Sie ist die am frühesten fertiggestellte Kirche der Gotik in Deutschland, hier wurde der erste Kaiser des Heiligen Römischen Reichs, Otto der Große, beerdigt. Ihre beiden Türme (einen kann man besteigen) ragen als historisches Wahrzeichen mächtig über die Stadt. Ein moderneres Wahrzeichen ist die Grüne Zitadelle in unmittelbarer Nähe zum Dom. Entworfen von Friedensreich Hundertwasser (1928–2000) wurde sie 2005 finalisiert. Bis 1959 die Nikolaikirche, in den 1970er-Jahren ein schnöder Plattenbau, schuf Hundertwasser darin einen lebendigen, atmenden Wohnbau mit Café, Restaurant, Theater und Hotel in charakteristischen Formen und Farben (siehe auch Kapitel »Ringheiligtum Pömmelte«).

Dom: Am Dom 1, 39104 Magdeburg, Mai bis Sept. 10–18, Apr., Okt. 10–17, Nov.–März 10–16 Uhr, www.magdeburgerdom.de; Grüne Zitadelle: Breiter Weg 10, 39104 Magdeburg, www.gruene-zitadelle.de

JAHRTAUSENDTURM

Mit 60 m Höhe ist der Jahrtausendturm das höchste Holzgebäude der Welt. Das Konzept, entworfen für die Bundesgartenschau 1999, stammt von Johannes Peter Staub, einem Schweizer Maler, Bildhauer und Baugestalter. Der selbst ernannte »schlauste Turm der Welt« führt über fünf Ebenen durch die Wissenschafts- und Technikgeschichte der Mathematik, Chemie, Physik und Gerichtsmedizin. Von den frühen Hochkulturen über das Mittelalter und die Neuzeit bis zur Gegenwart werden Errungenschaften lebendig gemacht. Focaultsches Pendel, Alchimistenküche, Galaxiehaufen – 6000 Jahre Entdeckungen an einem Fleck.
Elbauenpark/Herrenkrugstraße, 39114 Magdeburg, Apr.–Okt. Di–So 10–18 Uhr, www.jahrtausendturm-magdeburg.de

WASSERSTRASSENKREUZ

Gigantische Hebewerks- und Schleusenkonstruktionen und die größte Trogbrücke der Welt bilden ein monumentales technisches Meisterwerk. Inmitten von Auen-Urwäldern wurde das Wasserstraßenkreuz geschaffen, an dem Frachtschiffe unten auf der Elbe, andere Frachtschiffe gleichzeitig obendrüber auf dem Mittellandkanal fahren. Riesige Pfeiler stützen die »Autobahnbrücke des Wassers«, Fußgänger und Radfahrer nutzen Bürgersteige, um das Schauspiel zu bestaunen. Die Führungen, mit Einblicken in die Binnenschifffahrt, sind unterhaltsam und empfehlenswert.
Zur Schleuse 5, 39126 Magdeburg, www.wasserstrassenkreuz-magdeburg.de

WANDERN IM COLBITZER LINDENWALD

Einen der größten (220 ha) Lindenwälder Mitteleuropas kann man auf zwei Wanderrouten erkunden: Der kleine Lindenwaldrundweg (ca. 1,5 km, ein Naturlehrpfad) und der große (ca. 4 km) führen durch diesen weltweit einzigartigen, nicht bewirtschafteten Wald. Hier räumt niemand auf, der Natur wird freier Lauf gelassen.
39326 Colbitz, www.elbe-ohre-heide.de/colbitzer-lindenwald

ALTSTADT TANGERMÜNDE

1275 erstmals urkundlich erwähnt, weht ein besonderes historisches Flair über die Altstadt. Eine fast vollständig erhaltene Stadtmauer mit den drei mittelalterlichen Stadttoren bezeugen den einstigen Wohlstand der alten Hansestadt. Ein 24 m hoher Rathausbau der Spätgotik mit Schmuckgiebel von 1430 ziert den Marktplatz, der Turm der St. Stephanskirche (mit einer der zehn wertvollsten Orgeln Europas) überragt sämtliche Kirchtürme der Altmark. Nach einem ausgedehnten Stadtbummel kehrt man am besten in eines der urigen Kellergewölbe ein und genießt ein Tangermünder Kuhschwanzbier.
Tourist Info: Markt 2, 39590 Tangermünde, Tel. 03 93 22/223 93, Sa/So 10–18, Nov. bis März Mo–Fr 10–17, Sa 10–16, So 13–16 Uhr, www.tourismus-tangermuende.de

RESTAURANTS

RATSKELLER

Seit 1631 ist Gastronomie in dem imposanten Gebäudekeller angesiedelt. Hier trifft man auch auf große Gruppen, was etwas laut werden kann. Würzfleisch, Himmel und Erde und die deftigen Ratskeller-Spezialitäten sind trotzdem ein Genuss. *Alter Markt 6, 39104 Magdeburg, Tel. 03 91/59 77 89 76, tgl. ab 11.30 Uhr, www.ratskeller-magdeburg.de*

LE FROG

Nach einer Runde durch den Stadtpark kann man in der Brasserie am See einkehren. Der Biergarten ist einer der größten Magdeburgs, der Spielplatz freut die Kinder, und die kleine Karte bietet Speisen zu angenehmen Preisen. *Heinrich-Heine-Platz 1, 39114 Magdeburg, Tel. 03 91/531 35 56, Di–Fr ab 11, Sa/So ab 10 Uhr, www.lefrog-magdeburg.de*

ÜBERNACHTUNGEN

HERRENKRUG PARKHOTEL

In prächtiger Jugendstilarchitektur wohnt man mitten im Herrenkrugpark an der Elbe. Sauna, Whirlpool und Schwimmbecken laden zur Erholung ein. Das reichhaltige Frühstück geht kaum besser, das Restaurant ist im doppelten Sinne ausgezeichnet. *Herrenkrug 3, 39114 Magdeburg, Tel. 03 91/850 80, www.herrenkrug.de, DZ ab 100 €*

ARTHOTEL

Für Kunst- und Architekturbegeisterte: Im Hundertwasserhaus Grüne Zitadelle, in der Nähe des Doms, empfängt das Drei-Sterne-Superior-Haus seine Gäste. Manche Zimmer haben von Hundertwasser persönlich designte Bäder. Tolles Frühstück! *Breiter Weg 9, 39104 Magdeburg, Tel. 03 91/62 07 80, www.arthotel-magdeburg.de, DZ ab 90 €*

18

RINGHEILIGTUM PÖMMELTE

51° 59′ 49″ NORD / 11° 47′ 59″ OST

IN SACHSEN-ANHALT sagen sich vielerorts Fuchs und Hase gute Nacht – und gehen auch früh zu Bett. Gleichzeitig stößt man hier, in der Mitte Deutschlands, immer wieder auf Relikte der Menschheitsgeschichte, die so uralt und aufregend sind, dass sie Forschern den Schlaf rauben. Ein solcher Sensationsfund im Süden des Bundeslandes war 1999 die jahrtausendealte, heute weltberühmte Himmelsscheibe von Nebra. Die geheimnisvolle, mit Sonne, Mond und Sternen aus Gold verzierte Bronzeplatte brachte die Neugier der Wissenschaftler damals zum Überschäumen: Was wussten die Kulturen der frühen Bronzezeit über den Kosmos? Welche Sitten und Bräuche prägten ihren Alltag? Anfang der Nullerjahre wurde der Archäologe André Spatzier beauftragt, zwischen Elbe und Saale nach neuen Antworten zu suchen. Und er wurde fündig! Nachdem man zuvor mit Flugzeug und Luftbildkamera ersten Spuren gefolgt war, legten er und sein Team westlich von Pömmelte die Reste einer über 4000 Jahre alten Kultstätte frei. Recht schnell war vom »deutschen Stonehenge« die Rede. Gewiss, der Vergleich hinkt ein wenig. Zumindest optisch. Denn hier im Salzlandkreis wurde einst nicht mit Steinblöcken, sondern mit riesigen Holzpfählen hantiert. Doch wie das mystische Monument in Südengland – dessen rätselhafte Herkunft lange Zeit ungeklärt war – geht auch das Ringheiligtum in Pömmelte auf die Jungsteinzeit zurück. Und wie Stonehenge besteht es aus mehreren konzentrischen Erdwällen, Gräben, Trennwänden und Toren, die nach streng astronomischen Kriterien angelegt und für spirituelle Rituale genutzt wurden. Gruselig: In den vielen tiefen Schachtgruben der Anlage hat man neben Keramik und Waffen auch zertrümmerte Menschenknochen gefunden. Untersuchungen ergaben, dass die Toten mit hoher Wahrscheinlichkeit geopfert wurden. Diese und viele weitere spannende Hintergründe zum Heiligtum erfährt man nicht nur vor Ort, sondern auch im Salzlandkreismuseum im benachbarten Schönebeck. Hier sind auch die archäologischen Fundstücke ausgestellt.
www.salzlandkreis.de

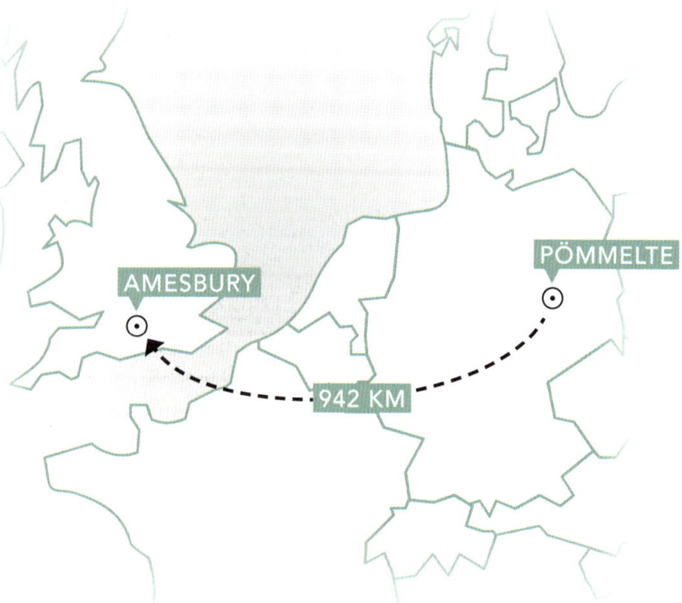

Rechts: Stonehenge, Amesbury, Großbritannien
51° 10' 44" Nord / 01° 49' 35" West

Unten: Dank vieler, spektakulärer Ausgrabungsfunde konnten Wissenschaftler das Ringheiligtum in Pömmelte gut erforschen und originalgetreu rekonstruieren. Stonehenge in Südengland birgt indes immer noch viele Geheimnisse.

Der Magdeburger Dom ist Wahrzeichen der Stadt und zugleich letzte Ruhestätte Otto I. des Großen, dem ersten Kaiser des Heiligen Römischen Reiches. Er begründete im 10. Jh. das Erzbistum Magdeburg, das im Mittelalter zum einflussreichen religiösen und politischen Machtzentrum heranwuchs und auch wirtschaftlich aufblühte.

MAGDEBURG

In Magdeburg ist man nervös: 2025 will man hier ein Jahr lang die ganze Welt begeistern – und hat es bei der Bewerbung als Kulturhauptstadt Europas jetzt sogar in die engere Auswahl geschafft. Wie sich die Jury entscheiden wird? Egal, denn ein Ausflug in die sachsen-anhaltische Landeshauptstadt lohnt sich immer. Unter Kaiser Otto I. mauserte sich Magdeburg im 10 Jh. nicht nur zum Erzbistum, sondern zu einem europäischen Zentrum der Macht – auf Augenhöhe mit Rom und Konstantinopel. Viel vom historischen Glanz der Stadt wurde leider im Zweiten Weltkrieg zerbombt. Magdeburgs stolzes Wahrzeichen, den Dom St. Mauritius und Katharina, kann man aber in voller Pracht bestaunen. Über seine Geschichte und Schätze sowie Otto den Großen, der hier begraben liegt, erfährt man alles im noch jungen Dommuseum Ottonianum (www.dommuseum-ottonianum.de). Beliebte Sehenswürdigkeiten sind auch die Grüne Zitadelle – das rosarote Hundertwasserhaus nördlich des Doms, in dem man auch übernachten kann – sowie der 60 Meter hohe Jahrtausendturm, der wie eine weiße Zipfelmütze zwischen den Baumkronen des Elbauenparks hervorragt (siehe auch Kapitel »Kalimandscharo in Zielitz«). Wer sich einfach nur treiben lassen und bummeln oder shoppen möchte, findet auf Magdeburgs Einkaufsmeilen Breiter Weg und Ernst-Reuter-Allee sein Glück.

Tourist Info: Domplatz 15, 39104 Magdeburg, Tel. 03 91/ 99 01 74 21, Di–So 10–17 Uhr, www.magdeburg-tourist.de

BIOSPHÄRENRESERVAT MITTELELBE

Mutter Natur hütet noch viele Geheimnisse. Das beweist auch »Brachyopa Silviae«, eine zuvor unbekannte Schwebfliegen-Art, die erst vor wenigen Jahren im Biosphärenreservat Mittelelbe entdeckt wurde. Wie sie haben hier, in den dichten Auwäldern, viele seltene Tiere und Pflanzen ihren Rückzugsort gefunden. Um das urwüchsige Paradies zu erkunden, schnürt man am besten die Wanderschuhe – oder steigt mit dem Fahrrad zwischen Magdeburg und Dessau in den Elbradweg ein.

Infozentrum Auenhaus, an der B107 zwischen Dessau und Oranienbaum, Tel. 03 49 04/406 10, www.mittelelbe.com

DESSAU

Klassische Moderne und Dessau – beide Begriffe sind untrennbar miteinander verbunden. Denn 1926 ließ sich hier an der Elbe mit dem Bauhaus die wohl bekannteste Kunst- und Architekturschule des 20. Jh. nieder. Das von Walter Gropius entworfene, natürlich gänzlich schnörkellose Bauhausgebäude sowie die umliegenden Meisterhäuser, in denen einst Künstler wie Lyonel Feininger, Wassily Kandinsky und Paul Klee lebten, sind denn auch die Top-Attraktionen

der Stadt und zählen zum UNESCO-Welterbe. Ganz neu ist das gläserne Bauhaus Museum (www.bauhaus-dessau.de) im Stadtpark, das zum 100. Gründungsjubiläum der Kunstschule seine Tore öffnete. Design spielt auch im Technikmuseum Hugo Junkers (www.technikmuseum-dessau.org) im Vorort Kleinkühnau eine wichtige Rolle. Die hier ausgestellten Exponate imponieren vor allem durch geballte Ingenieurskunst. Highlight der Schau ist eine liebevoll restaurierte Ju 52 – auch »Tante Ju« genannt. Mit ihr und vielen weiteren Innovationen mischte die 1919 in Dessau gegründete Junkers Flugzeugwerk AG seinerzeit die zivile Luftfahrt, aber auch den militärischen Flugzeugbau auf.
Tourist Info: Ratsgasse 11, 06844 Dessau-Roßlau, Tel. 03 40/204 14 42, Mo–Fr 10–18, Sa 10–16 Uhr (abweichende Zeiten Winter), tourismus.dessau-rosslau.de

SCHLOSS BERNBURG

Trutzig ragen seine Mauern und Türme am östlichen Saaleufer in den Himmel: Das Renaissanceschloss Bernburg wurde auf den Fundamenten einer Festungsanlage errichtet, die hier vermutlich schon Ende des 10. Jh. stand. Erst als Ende des 15. Jh. der Adel einzog, wurde die Anlage als Wohn- und Verwaltungssitz genutzt und herausgeputzt. Im Schloss sind heute mehrere Ausstellungen untergebracht. Hingucker sind aber vor allem die verwinkelte Architektur – und der Panoramablick von der Schlossterrasse über das Saaletal.
Schloßstr. 24, 06406 Bernburg (Saale), www.bernburg.de

SCHLOSSPARK WIESENBURG

Da weiß man gar nicht, was schöner ist: Das schmucke Schlösschen oder der traumhafte Park, der es umgibt. Ersteres ist leider nicht öffentlich zugänglich – nur hin und wieder wird im Schlosshof zu Konzerten oder anderen Events eingeladen. So müssen sich Besucher meist mit dem wildromantischen Grün rundherum begnügen. Schon seit vielen Jahren steht der insgesamt über 100 Hektar große Landschaftspark unter Denkmalschutz. Vor allem im von Gärtnern gehegten und gepflegten Bereich nahe des Schlosses blüht und duftet es zur warmen Jahreszeit in allen Farben und Aromen, und zwischen Rosen, Rhododendron, Teichen und Grotten kann man herrlich flanieren und entspannen.
Schlossstr. 1, 14827 Wiesenburg (Mark), www.schlosspark-wiesenburg.de

RESTAURANTS

ALTE SCHÄFEREI

In einem Fachwerkhaus aus dem 18. Jh. genießt man gehobene deutsche Küche mit mediterranen Einflüssen. Die Karte bietet auch Fisch, Vegetarisches und leckere Desserts. *Kirchstr. 1, 06846 Dessau- Roßlau, Tel. 03 40/21 72 78 09, Di 17–23, Mi–Sa 12–23, So 11–16 Uhr, www.pächterhaus-dessau.de*

STADTPFEIFFER

Urgemütliches Wirtshaus im Zentrum von Schönebeck. Gutbürgerliche Klassiker werden hier mit viel Herzblut zubereitet. Für Abwechslung sorgen regelmäßig kulinarische Themenwochen. Wer will, kann hier aber abends auch einfach nur ein Bier trinken. *Geschwister-Scholl-Str. 10, D-39218 Schönebeck (Elbe), Tel. 039 28/41 01 90, Mo–Do 17.30–22.30, Fr/Sa 17.30–23 Uhr, www.der-stadtpfeifer.de*

ÜBERNACHTUNGEN

HOTEL FÜRSTENECK

Zentral gelegene 4-Sterne-Unterkunft in Bernburg – südlich von Magdeburg. Die Standard-Doppelzimmer sind etwas eng. Wenn verfügbar, sollte man daher die Kategorie »Comfort« reservieren. Leckeres, reichhaltiges Frühstücksbuffet. *Große Einsiedelsgasse 2, 06406 Bernburg (Saale), Tel. 034 71/ 346 70, www.hotel-fuersteneck.de, DZ ab 80 €*

BAUHAUS DESSAU

Ja, ganz genau – richtig gelesen. Im Bauhaus Dessau kann man auch übernachten. Die Atelierzimmer im Prellerhaus des Gebäudekomplexes sind zwar eher schlicht, dafür aber mit originalgetreuen Nachbauten klassischer Bauhausmöbel ausgestattet. *Gropiusallee 38, 06846 Dessau-Roßlau, Tel 03 40/ 650 82 50, www.bauhaus-dessau.de, DZ ab 60 €*

19

HÄNGEBRÜCKE AN DER RAPPBODETALSPERRE

51° 44′ 26″ NORD / 10° 53′ 37″ OST

EINFACH MAL ABHÄNGEN? Soll ja guttun. Auf der Hängebrücke an der Rappbodetalsperre im Oberharz geht das auf die sanfte oder etwas härtere Tour. Wie das filigrane Drahtseil eines Zirkusakrobaten spannt sich die insgesamt 483 Meter lange Stahlkonstruktion über die tief eingekerbte Schlucht. Noch dazu ist der schmale Laufsteg aus luftig-leichtem Gitterrost gebaut, durch den man 100 Meter in die Tiefe blickt. Menschen mit Höhenangst kann da schon mal der Atem stocken. Also Kopf hoch und lieber den Blick über die von sattgrünem Wald gesäumte Talsperre genießen! Echte Draufgänger befriedigt das freilich wenig. Sie klettern voller Tatendrang in eine weiße, eckige Kabine, die in der Brückenmitte unterm Geländer klebt, und stürzen sich von dort jauchzend mit Gurt und Gummiseil in den Abgrund. Erst nach längerem Auspendeln – praktisch, denn so verteilt sich das Adrenalin noch schneller im Körper – gelangen sie per Seilzug wieder nach oben. Fast immer mit einem Lächeln im Gesicht. Bleibt die spannende Frage, welche Hängebrücke denn nun weltweit die längste ist? Nach der Eröffnung der Brücke an der Rappbodetalsperre feierte man diesen Rekord zunächst in Sachsen-Anhalt. Doch zwei Monate später zogen die Schweizer ihren Trumpf aus dem Ärmel: die neue Charles-Kuonen-Hängebrücke bei Randa im Kanton Wallis. Mit 494 Metern sei sie die längste hängende Fußgängerbrücke der Welt, behaupten die Eidgenossen seither hartnäckig. Und wer hat recht? Auf die Stützweite komme es an, kontert man in Deutschland. Gemeint ist damit die Länge des frei hängenden Brückenabschnitts zwischen der Verankerung. Hier kann der Harz mit rund 459 Metern punkten. Für die zumindest rekordverdächtige Konstruktion im Wallis wurde der Wert bislang nicht bekannt gegeben. Bitte nachmessen!
www.titan-rt.de

Charles-Kuonen-Hängebrücke, Wallis, Schweiz
46° 06‘ 06“ Nord / 07° 48‘ 10“ Ost

So still und einsam erlebt man die Hängebrücke an der Rappbodetalsperre nur selten. Die federleicht wirkende, 483 Meter lange Stahlkonstruktion ist ein echter Publikumsmagnet. Auch Wanderer kreuzen die Brücke sehr häufig – rundherum schlängeln sich viele Routen, darunter auch der beliebte Harzer Hexenstieg, der von Osterode über den Brocken nach Thale führt.

RESTAURANTS

KARTOFFELHAUS

Im Altstadtlokal lässt es sich gemütlich sitzen, des Sommers auch im Hinterhof. Auf der Speisekarte stehen Erdäpfel in allen Varianten: als Menü, in der Suppe, aus Ofen oder Pfanne und als passender Nachtisch: Kartoffelschnaps, abgedeckt mit Puffer und Kirsche gekrönt. *Marktstr. 7, 38889 Blankenburg, Tel. 039 44/35 12 61, Fr–Mi ab 11 Uhr, www.kartoffelhaus-blankenburg.com*

BERGGASTHOF ZIEGENKOPF

Über Blankenburg erhebt sich der Ziegenkopf mit Berggasthaus und Aussichtsturm. Spezialität des Hauses sind Hefeklöße in über 20 Varianten. Neben einer Sonnenterrasse gibt es ein Streichelgehege. *Ziegenkopf 1, 38889 Blankenburg, Tel. 039 44/ 35 32 60, tgl. ab 11 Uhr, www.ziegenkopf.de*

ÜBERNACHTUNGEN

HOTEL VILLA HEINE

Eingebettet in den hoteleigenen Park liegt die elegante Gründerzeitvilla, die mit exklusiven Zimmern und großzügigem Wellnessbereich mit Massagen und Kosmetikbehandlungen aufwarten kann. Auch das Restaurant und die Heine-Bar haben einigen Charme. *Kehrstr. 1, 38820 Halberstadt, Tel. 039 41/ 314 00, www.hotel-heine.de, DZ ab 150 €*

HOTEL GRÜNE TANNE

Offiziell heißt das Hotel Mandelholz, aber viele kennen es als Grüne Tanne. Das traditionsreiche, gemütliche Haus verfügt über schmucke Zimmer, feines Essen und einen kleinen Wellnessbereich mit Sauna und Solarium, Massage, Fitness – und ganz viel Ruhe. *Mandelholz 1, 38875 Elend, Tel. 03 94 54/460, www.mandelholz.de, DZ ab 100 €*

NATIONALPARK HARZ UND BROCKEN

Als erster seiner Art war der Nationalpark Harz 2006 eine länderübergreifende Fusion zwischen Sachsen-Anhalt und Niedersachsen. Doch vermögen Länder überhaupt zu trennen, was ohnehin schon zusammengehörte, nämlich eine einzigartige Landschaft? Die Natur indes stellt solche Fragen erst gar nicht, kann aber seither auf 247 qkm mehr als 7200 Tier- und Pflanzenarten eine geschützte Zuflucht gewähren und (nahezu) treiben, was sie will – bis hin zu urwaldartigen Auswüchsen. Herzstück ist der Brocken (1141 m), in dem das höchste norddeutsche Gebirge gipfelt. Acht Besucherzentren informieren Wanderer über den Harz.
Nationalparkhaus: Brockenstr., 38879 Schierke, tgl. 8.30–16.30 Uhr, www.nationalpark-harz.de

STIEGE UND HASSELFELDE

Pittoresk ist das Örtchen Stiege im Selketal nicht zuletzt seiner beiden Seen, der Holzkirche »Zur Hilfe Gottes« und des uralten Jagdschlosses wegen. Dessen Eckturm (um 919) zählt zu den wenigen erhaltenen Gemäuern des frühen Hochmittelalters. Weitere Anziehungspunkte sind die Wendeschleife der Harzer Schmalspurbahn, mit 400 m eine der kleinsten ihrer Art, und ein Mausefallen- und Kuriositätenmuseum, das 10 km östlich an der B242 liegt. Neben einer »Galerie der stillen Örtchen« gibt es verschiedene Fallen und sogar Galgen, mit denen man Nagern einst den Garaus machte. In Hasselfelde, 5 km westlich von Stiege, herrscht ebenfalls Jagdfieber: Mit Rodeo-Wettkämpfen, Line-Dance, Goldschürfen und rauchenden Colts hält der Wilde Westen Einzug in Pullman City.
Tourist Info: Breite Straße 17, 38899 Oberharz OT Hasselfelde, Tel. 03 94 59/713 69, www.oberharzinfo.de;
Schloss Stiege: Kirchstr. 31, 38899 Stiege, Mai–Dez. Mi–Fr 14.30–17.30, Sa, So 13 bis 18 Uhr, sonst nur Fr, Sa, So, www.schloss-stiege.de, www.freewebs.com/schloss-stiege
Mausefallenmuseum: Klausstr. 38, 06493 Harzgerode-Güntersberge, Sa, So 14–17 Uhr, www.mausefallenmuseum.de;
Pullman City: Ruberting 30, 94535 Eging am See, Tel. 08 54/974 90, Öffnungszeiten siehe Website, www.pullmancity.de

QUEDLINBURG

Fachwerk an Fachwerk, gerade aufgereiht und doch schief, mit kunstvoll geschnitzten Balken: Der historische Stadtkern von Quedlinburg ist eine wahre Augenweide. Im mittelalterlichen Grundriss der Welterbestadt findet oder verliert sich ein charmantes Gassengewirr mit 1300 Fachwerkhäuser aus sechs Jahrhunderten. Überragend auch: die Stiftskirche Sankt Servatius und das Schloss auf dem Schlossberg. Dort, im monumentalen Sandsteinbau der Stiftskirche, lagert eine Kostbarkeit: der Domschatz Quedlinburg, von Heinrich I. begründet. Und mehr noch: In Quedlinburg wurde mit der Königswahl des Sachsenherzogs Heinrich anno 919 deutsche Geschichte geschrieben. Heutzutage beherbergt die Stiftskirche die Königsgräber Heinrich I. und seiner Gemahlin Mathilde.
Tourist Info: Markt 4, 06484 Quedlinburg, Tel. 039 46/ 90 56 24, Apr.–Okt. Mo–Sa 9.30–18, So 10–15, Nov.–März Mo–Do 9.30–17, Fr/Sa 9.30–18 Uhr, www.quedlinburg.de

Lasst uns noch ein Fachwerkhaus bauen! Das machten die Quedlinburger 600 Jahre lang, nun gehört die Stadt zum Weltkulturerbe.

TEUFELSMAUER

Ein teuflisch-göttlicher Pakt: Sollte es dem Satan gelingen, vor Tagesanbruch eine Mauer um einen Teil Erde zu ziehen, so wäre es seine. Wie der Teufel baute der drauflos und wähnte sich schon siegessicher, als Gott eine Bäuerin auf dem dunklen Weg zum Markt samt Hahn stolpern ließ. Der Hahnenschrei machte den Teufel glauben, die Wette verloren zu haben, und er riss die Mauer um. Wo sich das zugetragen haben soll, lässt es sich auf kilometerlangen Resten sagenhaft gut klettern, samt feiner Aussicht dazu.
Bei Weddersleben, www.bodetal.de

BLANKENBURG UND BURG REGENSTEIN

Im Harzvorland gelegen, hat Blankenburg gleich mehrere Schlösser und Schlossruinen zu bieten. Zwar hat die barocke Pracht des großen Schlosses – erbaut um 1123 auf dem »blanken Stein« des Kalkbergs – beträchtlich gelitten und wird mühsam restauriert. Sehenswert ist es allemal. Und ein wenig fürstlich fühlt sich, wer durch den prächtigen Garten rund um das Kleine Schloss Blankenburg spaziert. Etwas außerhalb der Stadt erhebt sich auf einem markanten Felssporn das Freilichtmuseum Burg Regenstein. Beeindruckend: 32 in Sandstein gehauene Felsräume und Gräben der ältesten Felsenburg Deutschlands.
Tourist Info: Schnappelberg 6, 38889 Blankenburg, Tel. 039 44/36 22 60, Mai–Okt. Mo–Sa 10–17, So 14–17, Nov.–Apr. Mo–Fr 10–17, Sa 10–15 Uhr, www.blanken burg-tourismus.de; Großes Schloss: März–Dez. Di–So 10–16 Uhr, www.rettung-schloss-blankenburg.de

KLOSTERGÄRTEN MICHAELSTEIN

Einen duften Einblick ins Nahrungsmittel- und Heilkräuterangebot aus vergangenen Zeiten offerieren die klösterlichen Gärten des ehemaligen Zisterzienserklosters. Nach mittelalterlichen Plänen 1989 bis 2010 neu angelegt, wachsen im Kräuter- und Gemüseparadies rund 260 Duft-, Färbe-, Wild-, Heil-, Gewürzkräuter, Zauberpflanzen und Weinstöcke sowie über 100 feine Gemüse, Würzen, außerdem Feldfrüchte, Getreide und Obstsorten. Mit ergänzender Dauerausstellung.
Michaelstein 3, 38889 Blankenburg, Tel. 039 44/903 00, April–Okt. tgl. 10–18, Nov.–März Di–Fr 14–17, Sa/So 10–17 Uhr, Führungen und Gartenseminare möglich, www.kloster-michaelstein.de

20

SCHIEFER TURM VON BAD FRANKENHAUSEN

51° 21′ 34″ NORD / 11° 06′ 20″ OST

GANZ SCHÖN SCHRÄG, diese Sehenswürdigkeit! Aber wie das eben oft so ist: Was nicht passt, wird passend gemacht – oder aus der Welt geschafft. Letzteres wollten die Bürger im thüringischen Bad Frankenhausen jedoch um jeden Preis verhindern. Schließlich ist der 56 Meter hohe, windschiefe Turm ihrer Oberkirche zum Wahrzeichen der Kleinstadt avanciert. So wehrte man sich mit Händen und Füßen gegen alle Abrisspläne, die in der Vergangenheit immer wieder von Gutachtern und Politikern diskutiert wurden. Und das nicht ohne Not: Mit einer Neigung von fünf Grad weicht die Kirchturmspitze mittlerweile 4,6 Meter vom senkrechten Lot ab. Das sind rund 70 Zentimeter mehr als beim Schiefen Turm von Pisa! Aus dem Gleichgewicht geriet das Gotteshaus bereits kurz nach seiner Errichtung Ende des 13. Jahrhunderts. Im Spätmittelalter ahnte man noch nicht, dass die Bodenschichten rund um den Bauplatz geologisch instabil sind und zudem durch Grundwasser schleichend ausgehöhlt werden. Durch Absenkungen im Erdreich begann der Kirchturm allmählich zu kippen. Anfangs kaum sichtbar, später bis zu sechs Zentimeter pro Jahr. 1908 musst die Oberkirche dann erstmals geschlossen werden; zu groß war die Angst vor dem drohenden Einsturz des Turms. Fortan begann ein fieberhafter Wettlauf gegen die Zeit und Schwerkraft: Mit Pfeilern und neuen Fundamenten versuchte man der Katastrophe entgegenzuwirken, mit riesigen Ringankern, das Bauwerk zu stabilisieren. Doch alle Rettungspläne scheiterten – oder waren schlichtweg zu teuer. Heute atmet man in der Stadt endlich wieder auf. Dank vieler Spenden und dem Einlenken des Landes Thüringen, das die Sanierung nach langem Zögern letztlich doch mit Zuschüssen förderte, fixiert jetzt ein ausgeklügeltes Stahlkorsett den schiefen Turm von Bad Frankenhausen. Bis in alle Zukunft, hofft man hier zumindest. Wie in Pisa soll das unverkennbare Wahrzeichen übrigens sogar bald begehbar werden. Passt doch!
www.bad-frankenhausen.de

Rechts: Schiefer Turm von Pisa, Toskana, Italien
43° 43‘ 23“ Nord / 10° 23‘ 47“ Ost

Unten: Aus der Ferne sieht Bad Frankenhausens Oberkirche immer noch aus, als könnte ihr Turm jeden Augenblick umkippen. Nach gescheiterten Anläufen in der Vergangenheit ist die Rettung jetzt aber endlich geglückt. Moderne Stahlpfeiler verhindern den Einsturz des Bauwerks.

RESTAURANTS

KAFFEEHAUS KOLDITZ

Im denkmalgeschützten Haus mit dunkelholzigem, edlem Interieur wird – obwohl im Südharz gelegen – beste Wiener Kaffeehaustradition zelebriert. Über die Theke gehen seit Generationen selbst gebackene Kuchen und Torten oder kleine Kunstwerke wie Petit Fours und Pralinen. *Bahnhofstr. 44, 06526 Sangerhausen, Tel. 034 64/57 23 97, Mo–Fr 9–18 Uhr, www.kaffee-kolditz.de*

RATSKELLER

In der Altstadt am Markt gelegen, beherbergt das Haus aus dem 14. Jh. den alten Ratskeller. Dort herrscht unter historischen, steinernen Gewölbedecken eine edle, gediegene Atmosphäre. Serviert werden Fleisch und Wild aus guter, gutbürgerlicher Küche. *Markt 1, 06526 Sangerhausen, Tel. 034 64/57 92 90, Mo–Do 11–23, Fr–So 11–24 Uhr*

ÜBERNACHTUNGEN

HOTEL KATHARINA

Einfache, gepflegte Zimmer in familiärer Atmosphäre bietet das ruhige, inmitten der historischen Altstadt gelegene Hotel. Für besondere und insbesondere romantische Anlässe empfiehlt sich das Rosenzimmer, mit charmant-blumigem Interieur. *Riestedter Str. 18, 06526 Sangerhausen, Tel. 034 64/242 90, www.hotelkatharina.de, DZ ab 70 €*

HOTEL GRAF VON MANSFELD

Das rund 500 Jahre alte Schloss im Herzen der Eisleber Altstadt gilt als Sterbehaus Luthers. Heutzutage offeriert das Haus großzügig-elegante Übernachtungsmöglichkeiten in gehobenem Ambiente. *Markt 56, 06295 Lutherstadt Eisleben, Tel. 034 75/663 00, www.hotel-eisleben.de, DZ ab 85 €*

KYFFHÄUSERDENKMAL

Mächtig, wuchtig, imposant, 130 m lang und 81 m hoch: Es ist ein Monument der Superlative, das auf dem Kyffhäuser thront und Weißbart mit Rotbart vereint. Zur Verherrlichung des (weißbärtigen) Kaisers Wilhelm I., der die Reichseinigung vollbrachte, wurde das Bauwerk auf den Ruinen der Reichsburg Kyffhausen anno 1896 errichtet. Unter dem als stolzen Reiter verewigten Wilhelm thront am Sockel des Monuments in Anspielung auf die mittelalterliche Kyffhäusersage der in Stein gemeißelte, eben erwachende Friedrich I. Barbarossa. Hinter der Schaffung des Denkmals der zweifach geballten Kaiserkraft stand wohl der Wunsch nach Abgrenzung vor Feinden und die Sehnsucht, dass solch starke Herrscher das deutsche Volk auf ewig vor Unbill bewahren mögen. Diesen hochfliegenden Wünschen setzten die Macher noch einen Turm mit (Reichs-)Krone auf, von dessen Kuppel man nach dem Ersteigen der 247 Stufen einen fantastischen Rundumblick hat.
Kyffhäuser, 99706 Steinthaleben, Apr.–Okt. tgl. 9.30–18, Juli–Aug. Fr–So zus. bis 19, Nov.–März 10–17 Uhr, www.kyffhaeuser-denkmal.de

BARBAROSSAHÖHLE

Der Sage nach schläft Barbarossa im Innern des Kyffhäusers, um eines Tages wieder zu erwachen und sein Reich dem Frieden und der Einheit zuzuführen. Weil die Schauhöhle einem unterirdischen Schloss gleicht, kam sie zu ihrem Namen. Eine geologische Rarität ist sie mit ihrem Anhydritgestein, den hohen, kuppelartigen Gewölben und kristallklaren Seen allemal.
An den Mühlen 6, 99707 Steinthaleben, Apr.–Okt. tgl. 10–17, Nov.–März Di–So 10–16 Uhr, www.barbarossahoehle.de

PANORAMA-MUSEUM

Aufs Monumentale versteht man sich im Kyffhäuserland – und so beherbergt das Bad Frankenhausener Museum mit dem 14 m langen und 123 m breiten Rundbild »Frühbürgerliche Revolution in Deutschland« eines der figurenreichsten, größten Werke zeitgenössischer Malerei. Neben dem detailreichen, schier überbordenden Werk Werner Tübkes (1929–2004) gibt es wechselnde Ausstellungen zu sehen.

Das Kyffhäuserdenkmal gehört zu den monumentalen Gedenkbauwerken in Deutschland, wie die Walhalla im Landkreis Regensburg und das Völkerschlachtdenkmal in Leipzig.

Am Schlachtberg 9, 06567 Bad Frankenhausen, Apr.–Okt. Di–So 10–18, Juli, Aug. zusätzlich Mo 13–18, Nov.–März Di–So 10 bis 17 Uhr, www.panorama-museum.de

RESIDENZSCHLOSS SONDERSHAUSEN

Eindrucksvoll auf einem Bergsporn gelegen, fungierte der imposante Vierflüglerbau aus dem Jahr 1534 als Wohn- und Regierungssitz der Grafen und Fürsten von Schwarzenburg-Sondershausen. Über die Jahrhunderte erfuhr das Gemäuer großzügige An- und Ausbauten und zählt heute zu den schönsten Schlössern Thüringens. Seit 1952 zeigt das Schlossmuseum bedeutende Schätze. Dazu zählt die »Goldene Kutsche« oder der »Püsterich«, eine Knabenfigur aus Bronze, dessen Funktion bis heute rätselhaft bleibt.
Schloss 1, 99701 Sondershausen, Di–So 10–17 Uhr, www.sondershausen.de

ROSARIUM SANGERHAUSEN

Ein Meer aus Blüten, bestehend aus 8600 Rosenarten und -sorten, treibt in gepflegter Parklandschaft in der weltweit größten Rosensammlung üppige Auswüchse. Alleine 850 Kletterrosen hangeln sich meterhoch, Wild-, Beetrosen, seltene Baum- und Straucharten machen das Farbspiel perfekt. Dazu kommt der betörende Duft, den besonders historische Rosen verströmen. Doch ob modern oder alt, geschützt werden sie alle, denn das Rosarium ist auch Genbank und lebendiges Museum.
Am Rosengarten 2a, 06526 Sangerhausen, Mitte Apr., Okt. tgl. 10–18, Mai, Sept. 9–19, Juni–Aug. 9–20, Nov.–Anf. Apr. Mo–Fr 10–17, Sa/So 10–18 Uhr, www.europa-rosarium.de

ARCHE NEBRA

Den Himmel auf Erden erschaffen haben schon Völker vor 3800 Jahren, das beweist eine der wichtigsten Entdeckungen der Menschheit: die Himmelsscheibe von Nebra. Die Wiederentdeckung der weltweit zweitältesten Himmelsdarstellung war ein Krimi: Denn Grabräuber stießen auf die 32 cm große Scheibe und verhökerten das wertvolle Stück, ehe bei einem fingierten Kauf die Handschellen klickten. Der Fundort ist seitdem Pilgerstätte. Am Fuße des Mittelbergs entstand ein futuristisches Besucherzentrum, das die Scheibe mittels Skulpturen begehbar macht. Das Original ist im Landesmuseum in Halle ausgestellt und von unschätzbarem Wert, denn es zeigt, dass schon Menschen in der Bronzezeit komplexe Astrologie betrieben.
An der Steinklöbe 16, 06642 Nebra, Apr.–Okt. tgl. 10–18, Nov.–März Di–Fr 10–16, Sa/So 10–17 Uhr, www.himmelsscheibe-erleben.de

21

KRÄMERBRÜCKE, ERFURT

50° 58′ 43″ NORD / 11° 01′ 51″ OST

Die Erfurter Krämerbrücke über der Gera ist die größte, durchgehend bebaute Brücke Europas. In eines der hübschen Fachwerkhäuser einziehen oder hier ein Geschäft eröffnen darf nur, wer strenge Auflagen erfüllt und viel Geduld mitbringt – denn die Warteliste ist lang.

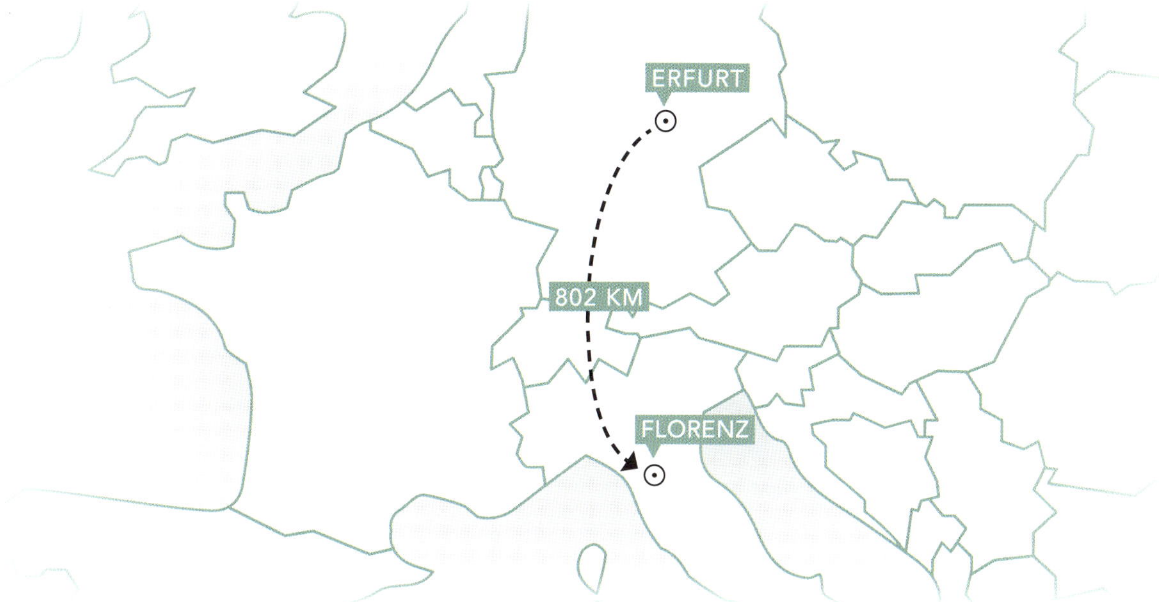

BEATE KISTER muss im engen Atelier unter ihrer Wohnung nur die Fensterflügel aufklappen – schon hat auch ihr Laden geöffnet. »Kleinformat« hat sie ihn getauft (www.kleinformat.info) und der Name ist Programm: Außen am Fensterrahmen baumeln etliche Aquarellminiaturen; auf und um den Fenstersims stapeln sich in leuchtenden Farben weitere winzige Geschenkartikel. Bummeln Passanten vorbei, die sich für ein Mitbringsel interessieren, legt die Künstlerin einfach kurz den Pinsel beiseite und beugt sich zu ihnen nach draußen: »Schönen guten Tag!« So wie Beate Kister, also direkt durch die Luke, haben im Mittelalter alle Händler auf der Krämerbrücke ihre Waren feilgeboten. Einst war das stolze Erfurter Wahrzeichen, das sich in sieben Bögen mit einer Länge von 120 Metern über die Gera spannt, Teil der Handelsroute Via Regia. Ihre jetzige Gestalt aus Stein und Fachwerk erhielt sie erst Ende des 15. Jh. nach einem verheerenden Stadtbrand. Heute gilt das Monument als längste bewohnte und zudem lückenlos bebaute Brücke Europas. Vom Wasser unter ihnen bekommen die Touristen, die sich täglich in Scharen vom Benediktsplatz Richtung Wenigemarkt schieben, also gar nichts mit. Vielmehr wandelt man auf dem geschichtsträchtigen, von über 30 bunten Häuschen gesäumten Kopfsteinpflaster wie durch die Gasse eines malerischen Dorfes. Einziehen wollen hier viele, doch wer »Krämer« werden darf, wird von einer Stiftung nach strengen Auswahlkriterien bestimmt. Denn Ramschverkäufer oder Allerweltsprodukte will man hier nicht haben. So fanden nach der Wende vor allem kleine Handwerker und Lebenskünstler wie Beate Kister ihr Glück auf der Brücke – und viele von ihnen wollen hier nie mehr weg. Und die Ponte Vecchio in Florenz? Na klar, auch die zählt zu den ältesten und berühmtesten Brückenbauten der Welt. Und auch hier gibt es viele Läden, die vor allem Schmuck und Luxusartikel verkaufen. Bewohnt ist die Ponte Vecchio aber längst nicht mehr. Und wenn sich Erfurts »Krämer« am späten Feierabend vor ihren Häusern noch auf ein Gläschen Wein treffen, haben hoch über dem Arno längst schon alle Buden dicht gemacht. Also hiergeblieben!
www.erfurt-tourismus.de

Ponte Vecchio, Florenz, Italien
43° 46‘ 05“ Nord / 11° 15‘ 11“ Ost

RESTAURANTS

FEUERKUGEL

So hat schon Oma gekocht. Die gutbürgerliche Thüringer Kost in der Feuerkugel schmeckt jedenfalls großartig. Probieren sollte man? Na klar, natürlich die hausgemachten Thüringer Klöße. *Michaelisstr. 3–4, 99084 Erfurt, Tel. 03 61/789 12 56, tgl. 11–24 Uhr (Küche durchgängig bis 22 Uhr), www.feuerkugel-erfurt.de*

LA TRATTORIA

Dunkle Holzmöbel, karierte Tischdecken und Kerzen in Chiantiflaschen. Im La Trattoria in Weimar weiß man, wie Gemütlichkeit geht. Pizza, Pasta & Co. schmecken. Bis serviert wird, vergeht manchmal viel Zeit – was aber durch netten Service wettgemacht wird. *Brauhausgasse 13, 99423 Weimar, Tel. 036 43/773 70 77, Di–Sa 11–15, 17.30–23 Uhr*

ÜBERNACHTUNGEN

KRÄMERHAUS SUITEN

Die Ferienwohnungen auf der Krämerbrücke mit Ausblick auf die Gera sind heißbegehrt – also rechtzeitig buchen! Alle Apartments für zwei und vier Personen sind mit alten Dielenböden, roter Samttapete und Designermöbeln ausgestattet. *Krämerbrücke 15, 99084 Erfurt, Tel. 03 61/644 18 80, www.kraemerhaus.de, Suiten (2 Personen) ab 85 €*

ELEPHANT

Historische Luxusherberge im Herzen Weimars, in der schon viele Berühmtheiten übernachtet haben. Das Haus wurde komplett renoviert. Besonders schick – und natürlich entsprechend teuer – sind die nach prominenten Gästen benannten Executive Suiten. *Markt 19, 99423 Weimar, Tel. 036 43/80 20, www.hotelelephantweimar.de, DZ ab 160 €*

MARIENDOM

Ohne sein hübsches Gegenüber, die Severikirche, wäre der Erfurter Dom nur halb so schön. Die spitzen Türme der beiden gotischen Gotteshäuser teilen sich gewissermaßen die Lufthoheit über den Dächern der Erfurter Altstadt und bilden gemeinsam ein Architekturensemble, das zu den prächtigsten in ganz Deutschland zählt. Der Dom St. Marien geht auf einen frühmittelalterlichen Vorgängerbau zurück, erhielt seine jetzige Gestalt aber vor allem während des 12. und 13. Jh. Im Innern können unzählige kunsthistorische Schätze bestaunt werden. Besonders eindrucksvoll sind die fast 20 Meter hohen, bemalten spätgotischen Glasfenster – die weitgehend noch im Originalzustand erhalten sind. An warmen Tagen muss man sich freilich nicht allzu sehr über Kirchengeschichte den Kopf zerbrechen, sondern sucht sich einen Logenplatz auf einer der 70 Stufen vor der Kathedrale und beobachtet das bunte Treiben auf dem Domplatz. Highlight im Hochsommer sind übrigens die alljährlichen Erfurter Domstufen-Festspiele (www.domstufen-festspiele.de), bei denen sich die Freitreppe vor St. Marien in eine monumentale Open-Air-Bühne verwandelt. *Domstufen 1, 99084 Erfurt, Tel. 03 61/646 12 65, Mo–Sa 9.30–12, 13–17 Uhr, So/Fei 13–17 Uhr, www.dom-erfurt.de*

FISCHMARKT

Die farbenfrohen Fassaden alter Patrizierhäuser säumen den Fischmarkt, den zentralen Platz der Erfurter Altstadt. Viele der schmuckvollen, aufwendig restaurierten Gebäude stammen aus der Zeit der Renaissance. Darunter auch das Haus zum Roten Ochsen (1562), in dem heute die Erfurter Kunsthalle (www.erfurter-kunstverein.de) untergebracht ist und hier in wechselnden Ausstellungen vor allem Werke zeitgenössischer Maler, Grafiker, Bildhauer und Fotografen präsentiert. Wer selbst gerne knipst, lichtet das Haus zum Breiten Herd (1584) mit seinem roten Treppengiebel gleich mit ab. Oben auf der Spitze hält die Skulptur eines Landsknechts stramm die Fahne hoch. Lustbetonter ist der Fassadenschmuck unterhalb der ersten Fensterreihe. Ein für die Renaissance typischer Fries illustriert hier die fünf Sinne Sehen, Hören, Riechen, Schmecken und Fühlen. Blickfang am Fischmarkt ist nicht zuletzt das neugotische Rathaus (1870–1874), das im Rahmen von Führungen besichtigt werden kann.

Das Rathaus im Zentrum Weimars – die Klassikstadt erreicht man ab Erfurt in rund 40 Minuten.

Hauptattraktion im Innern ist der opulente Festsaal mit seinen historischen Gemälden.
Fischmarkt 1, 99084 Erfurt, www.erfurt.de

ALTE SYNAGOGE

Zwischen Waagegasse und Michaelistraße versteckt sich Erfurts Alte Synagoge. Europaweit einzigartig: Das ehemalige jüdische Gotteshaus wurde im Mittelalter errichtet und hat über 900 Jahre Stadtgeschichte nahezu unversehrt überdauert. Heute wird das Gebäude als Museum genutzt. Schmuckstück der Sammlung ist der funkelnde »Erfurter Schatz«, der im Keller präsentiert wird. Er wurde Ende der 1990er-Jahre nahe der Synagoge durch Zufall von Bauarbeitern entdeckt und umfasst unzählige Münzen, Geschirr und Schmuck aus Silber, Gold und Edelsteinen sowie einen kunstvoll gearbeiteten jüdischen Hochzeitsring. Untersuchungen haben ergeben, dass die kostbaren Fundstücke allesamt aus dem 13. und 14. Jh. stammen.
Waagegasse 8, 99084 Erfurt, Tel. 03 61/655 15 20, Di–So 10–18 Uhr, www.juedisches-leben.erfurt.de

PUPPENSTUBENMUSEUM

Winzige Tassen, winzige Sessel, winzige Kissen – in winzigen Küchen, Salons und Schlafzimmern. In den Exponaten des ebenfalls sehr kleinen Erfurter Puppenstubenmuseums kann man sich wie in Wimmelbildern verlieren. Gezeigt werden neben klassischen Puppenhäusern aus dem 19. und 20. Jh. auch Kaufläden, Bauernhöfe und jede Menge filigranes Spielzeug.
Fischersand 9, 99084 Erfurt, Tel. 0361/345 08 09, Di 11–16.30, Sa, So, Fei 10.30–16.30 Uhr, www.erfurter-puppenstubenmuseum.de

KLASSIKSTADT WEIMAR

Johann Wolfgang von Goethe, der klangvolle Name des großen deutschen Dichters, lockt die meisten Touristen nach Weimar. In den Gassen der Kleinstadt stößt man an fast jeder Ecke auf seine, aber auch auf die Spuren berühmter Mitstreiter. Wer in die Welt der Weimarer Klassik eintauchen möchte, startet am besten in Goethes Wohnaus am Frauenplan (www.klassik-stiftung.de). Ab 1782 lebte und wirkte der Dichter hier fast 50 Jahre lang. Die Zimmer, die man beim Rundgang durchschreitet, wirken teilweise so gegenwärtig, als hätte Goethe nur kurz den Bleistift fallen lassen, um sich im Garten die Beine zu vertreten. Und wohin als nächstes? Pflicht ist ein Besuch der in der Herzogin Anna Amalia Bibliothek mit ihrem dreistöckigen, ovalen Rokokosaal. Ansehen sollte man sich auch das neue Bauhaus-Museum. Es eröffnet Einblicke in die Anfangsjahre der Kunst- und Designschule, die nicht etwa in Dessau, sondern 1919 hier in Weimar gegründet wurde.
Tourist Info: Markt 10, 99423 Weimar, Tel. 036 43/74 50, Mo–Sa 9.30–18 Uhr, So/Fei 9.30–14 Uhr, www.weimar.de

22

GUSTAV-ADOLF-STABKIRCHE, GOSLAR

51° 51′ 25″ NORD / 10° 20′ 24″ OST

STAMMT MAN NICHT AUS DER GEGEND, kann der Harz ganz schön verwirrend sein. Oberharz, Unterharz, Harzvorland? Zudem die vielen Bundesländer, die alle ausgerechnet in dieser Ecke Deutschlands zusammentreffen. Doch das geografische Verwirrspiel geht noch weiter, denn im kleinen Örtchen Hahnenklee bei Goslar ragt doch glatt eine Stabkirche in den Himmel – mit skandinavisch-kühler Selbstverständlichkeit. Dabei ist sie gar nicht jahrhundertealt, wie ihre nordischen Kollegen, sondern wurde vor etwas mehr als 100 Jahren hier am Fuße des Bocksbergs errichtet – und ist bis heute quicklebendiger Dreh- und Angelpunkt der hiesigen Kirchengemeinde. Früher, als sich das Christentum in ganz Europa ausbreitete, wurden hölzerne Stabkirchen nach schwedischem oder norwegischem Vorbild auch in Norddeutschland gebaut. Meist waren sie klein, dunkel und natürlich nicht besonders wetterfest. Schon gar nicht feuerfest! So setzten sich zunehmend die größeren Steinkirchen durch. Auch in Skandinavien sind Hunderte Stabkirchen im Laufe der Zeit abgebrannt oder eingestürzt. Die letzten ihrer Art, in Norwegen sind es noch genau 28, stehen unter Denkmalschutz. Neben den Holzsäulen (Stäbe) und der hohen Bauweise sind vor allem die vielen geschnitzten Ornamente charakteristisch für ihre Architektur. Häufig zeigen die Arbeiten heidnische Symbole oder Motive aus nordischen Legenden – vertraute Staffage aus Wikingerzeiten also. Auch die Stabkirche in Hahnenklee zieren Drachen und Schlangen. Eher untypisch sind hingegen die runden Seitenfenster hoch über dem Altarraum, die an Bullaugen erinnern und das Gefühl vermitteln, als befinde man sich unter Deck, im Bauche eines großen Schiffs. Ausgedacht hat sich das alles freilich kein Wikinger, sondern der damals mit dem Kirchenbau beauftragte Architekt Karl Mohrmann – der eben ein Faible für Norwegen hatte.
www.stabkirche.de

Stabkirche Borgund, Norwegen
61° 02‘ 51“ Nord / 07° 48‘ 44“ Ost

Beim Bau wurden keine Schrauben und Nägel verwendet. Ausschließlich vernutete Holzverbindungen halten die Stabkirche in Hahnenklee bei Goslar zusammen. Hier werden regelmäßig Messen abgehalten, und auch Hochzeitspaare geben sich hier besonders gern das Jawort. Gleichzeitig zieht der exotische Bau unzählige Besucher an.

KAISERPFALZ

Wenn Kaiser auf Reisen gehen, sollte auch die Unterbringung mehr als königlich sein. Ein solcher Stützpunkt – der Begriff Pfalz leitet sich vom lateinischen »Palatium« für Palast ab – findet sich in Goslar. Dort soll laut alten Schriften Kaiser Heinrich III. oft das Weihnachtsfest gefeiert haben. Hochherrschaftlich zeigt sich das im 11. Jh. entstandene Zeugnis weltlicher Baukunst auf einem Areal von etwa 340 mal 180 m noch heute. Über 200 Jahre galt die Kaiserpfalz als Zentrale der Macht, und im Kaiserhaus, dem größten Profanbau seiner Zeit, wurde Weltpolitik gemacht. *Kaiserbleek 6, 38640 Goslar, Apr.–Okt. 10–17, Nov.–März 10–16 Uhr, www.goslar.de*

BERGWERK RAMMELSBERG

Ein Weltkulturerbe von unten, oben oder sowohl als auch besichtigen? Besucher des Erzbergwerks Rammelsberg haben die Qual der Wahl. Doch unabhängig davon, wie die Entscheidung ausfällt: Einen spannenden Einblick in die mehr als 1000-jährige Industriegeschichte des Bergbaus bietet das Besucherbergwerk mit Museum allemal. Wer sich in die Rammelsberger Unterwelt mit Kühlschranktemperatur begibt, die, so heißt es, Goethe für seine Höllenszenen im »Faust« inspiriert hat, sollte sich warm anziehen. Verschiedene Führungen, darunter eine 4-stündige Abenteuertour, führen durch die Jahrhunderte und durch grob gehauene Stollengänge. Dort wirft der Steiger Bohrer und riesige Maschinen an, simuliert Gesteinssprengungen und zeigt, wie Bergmänner damals gearbeitet haben. Übertage gibt es Museumshäuser, die das Leben der Bergleute thematisieren, die technische Bergwerkswelt zeigen und die Mineraliensammlung stilvoll präsentieren. Nicht versäumen: eine Fahrt mit dem Schrägaufzug.
Bergtal 19, 38640 Goslar, Mitte März–Okt. tgl. 9–18, Nov.–Anf. März bis 17 Uhr, www.rammelsberg.de

BAD HARZBURGER SOLE-THERME

Schon im Jahr 1831 begann der Bade- und Kurbetrieb in Bad Harzburg, wo sieben Heilquellen entspringen. Die

RESTAURANTS

BRAUHAUS GOSLAR

Die einzige selbst produzierende Gasthausbrauerei der Stadt stellt die Gose her, eine Original-Goslarer Biersorte. Genießen lässt sich die Spezialität neben köstlichen Harzer Gerichten im rustikalen Ambiente hinter denkmalgeschützten Mauern von 1720. *Marktkirchhof 2, 38640 Goslar, Tel. 053 21/68 58 04, So–Do 11–23, Fr/Sa 11–24 Uhr, www.brauhaus-goslar.de*

WORTHMÜHLE

In einem der ältesten Fachwerkhäuser Goslars mit verwinkeltem Hexenhäuschencharme kommt eine große Auswahl an Wild- und Fleischgerichten auf die Holztische. Im Sommer lässt es sich im schönen Biergarten direkt am Flüsschen Abzucht gut sitzen. *Worthstr. 4, 38640 Goslar, Tel. 053 21/434 02, Mo–Fr 17–23, Sa/So 12–14.30, 17–23 Uhr, www.worthmuehle.de*

ÜBERNACHTUNGEN

ALTE MÜNZE

Wie in einer alte Burganlage fühlt sich, wer durch den mittelalterlichen Torbogen schreitet, über dem man geschmackvoll übernachten kann. Hinter der alten Fassade tut sich ein gelungener Mix aus alten Steinwänden, Balken und Dielen mit modern-schickem Interieur auf. *Münzstr. 10–11, 38640 Goslar, Tel. 053 21/225 46, www.hotel-muenze.de, DZ ab 89 €*

KLOSTER WÖLTINGERODE

Himmlisch ruhig schlummern hinter Klostermauern: In alles andere als klösterlich kargen, vielmehr komfortabel-eleganten Zimmern nächtigt der Gast, der außerdem Verwöhnprogramme mit Aromaöl- und Kräuterstempelmassagen buchen kann. *Wöltingerode 3, 38690 Goslar/OT Vienenburg, Tel. 053 24/77 44 60, klosterhotel-woeltingerode.de, DZ ab 112 €*

Natur-Sole für die beiden Innen- und Außenbecken kommt aus 840 m Tiefe. Neben dem gesunden, 32 Grad warmen Nass ist eine Erlebniswelt mit Wellnessangeboten sowie acht verschiedenen Saunen das Prunkstück der Therme.
Nordhäuser Str. 2, 38667 Bad Harzburg, Mo–Sa 8–21, So 8–19 Uhr, www.sole-therme-bad-harzburg.de

ERLEBNIS BOCKSBERG

Mit seinem markanten Funkturm ragt der 726 m hohe Bocksberg weithin sichtbar in den Harzer Himmel. Besagter Turm wurde von den Briten und den USA nach dem Zweiten Weltkrieg als Relaisstation genutzt, um eine Verbindung zum eingeschlossenen West-Berlin herzustellen. Ihm zur Seite steht der hölzerne Bocksbergturm mit prima Blick zum Brocken. Doch nicht nur der Türme wegen zieht es viele auf den Gipfel, der mit Kabinenbahn und Sessellift bequem zu erreichen ist: Im Winter locken Skipisten, im Sommer bringt der Bocksbergbob seine Passagiere kurven- und temporeich nach unten. Für weitere Adrenalinschübe sorgen der Rutschturm, das Riesentrampolin und der Bagjump aus 10 m Höhe, und für Sportler auf zwei Rädern gibt es einen Bikepark.
An den Teichwiesen, 38644 Hahnenklee, www.erlebnis-bocksberg.de

LUCHSGEHEGE AN DEN RABENKLIPPEN

Der Luchs ist los: Auf leisen Pfoten schleicht Tamino aus dem Unterholz und schnappt sich ein Stück Rehfleisch. Alleine ist er dabei nicht; sein Revier teilt er mit vier weiteren Luchsen. Außerdem tummeln sich rund 200 Menschen vor dem Zaun, denn heute ist Fütterung. Mit Kind und Kegel sind sie gekommen, um einen Blick auf die scheuen Pinselohren zu werfen, die man in freier Natur quasi nie zu Gesicht bekommt. Das Gehege soll Ängste vor der Wildkatze abbauen und ist Teil des Wiederansiedlungsprojekts, das zum Ziel hat, die seit 1818 ausgerotteten Tiere wieder im Harz heimisch zu machen – mit Erfolg: 24 Luchse sind zwischen 2000 und 2006 in die Freiheit entlassen worden und besiedeln nun mit ihren Nachkommen den gesamten Nationalpark. Tamino sollte einer von ihnen sein, doch im Auswilderungsgehege zeigte sich, dass er dafür ungeeignet war. Seither besuchten ihn nicht nur Menschen; auch ein wilder Luchs tauchte schon vor dem Zaun auf – und schien ihm zuzuzwinkern.
Rabenklippen, 38667 Bad Harzburg, Fütterung: Mi/Sa 14.30 Uhr, www.rabenklippe.de, www.nationalpark-harz.de

Die Bad Harzburger Sole-Therme bietet Gesundheit mit Spaßfaktor. Es gibt Becken mit Strömungskanal und Massagedüsen.

IBERGER TROPFSTEINHÖHLE

Die Iberger Höhle tropft und tropft – wie andere auch. Besonders macht die toll inszenierte Schauhöhle ihre Entstehungsart durch Verwitterung von Eisenerz im Inneren des Berges. Das angeschlossene Museum präsentiert außerdem eine archäologische Sensation: In der Lichtensteinhöhle bei Osterode wurden die Knochen einer Großfamilie entdeckt, deren 3000-jähriger Stammbaum dank DNA-Analyse bis in die Gegenwart nachgewiesen werden konnte.
An der Tropfsteinhöhle 1, 37539 Bad Grund, tgl. 10–17 Uhr, Dez.–Juni, Sept. Mo geschl., www.hoehlen-erlebnis-zentrum.de

23

WISENTE IM ROTHAARGEBIRGE

51° 02′ 51″ NORD / 08° 23′ 33″ OST

OB DIE WISENTE im Rothaargebirge, wenn sie könnten, ihren Artgenossen in den USA eine Postkarte schreiben würden? Vermutlich haben sie andere Sorgen. Denn was Touristen verzückt, treibt so manchem Einheimischen die Zornesröte ins Gesicht. Alles begann 2013, als im Rahmen eines Artenschutzprojektes acht Wisente auf gut Glück ausgewildert wurden. Wissenschaftler und Wisentfreunde wollten herausfinden, ob es möglich ist, die einst in Europa weitverbreiteten, dann aber ausgerotteten Wildrinder wieder anzusiedeln. Die sympathisch-zotteligen Teilnehmer des »Experiments« waren allesamt in Zoos aufgewachsen. Ob sie ohne den Menschen überleben können, war daher fragwürdig. Doch von den 23 Tieren, die heute durchs Sauerland streifen, wurden 19 in freier Wildbahn geboren. Echt lecker finden Wisente übrigens Buchenrinde, mit der sie ihren Bedarf an Mineralstoffen decken. Beim Knabbern achten sie freilich nicht darauf, ob die Bäume der Begierde in Nachbars Garten wachsen. Daher muss der Verein »Wisent-Welt«, der die Auswilderung einst initiierte, seine Lieblinge immer wieder vor Gericht gegen wütende Waldbauern verteidigen. Um frei lebende Wisente vor Ort zu beobachten, braucht man Glück und Geduld. Elf Tiere kann man aber aus nächster Nähe im Schaugehege der »Wisent-Welt Wittgenstein« bei Bad Berleburg bestaunen. Ihre Verwandten, die Amerikanischen Bisons, leben vor allem in der Prärie im Mittleren Westen der USA, etwa in Montana. Sie gelten bis heute als gefährdet.
www.wisent-welt.de

Rechts: Tiere, die man sonst nur aus Westernfilmen kennt: Im Rothaargebirge leben Europäische Bisons, wie Wisente auch genannt werden, in freier Wildbahn.

Unten: Amerikanische Bisons, Montana, USA
46° 35‘ 39“ Nord / 112° 00‘ 40“ West

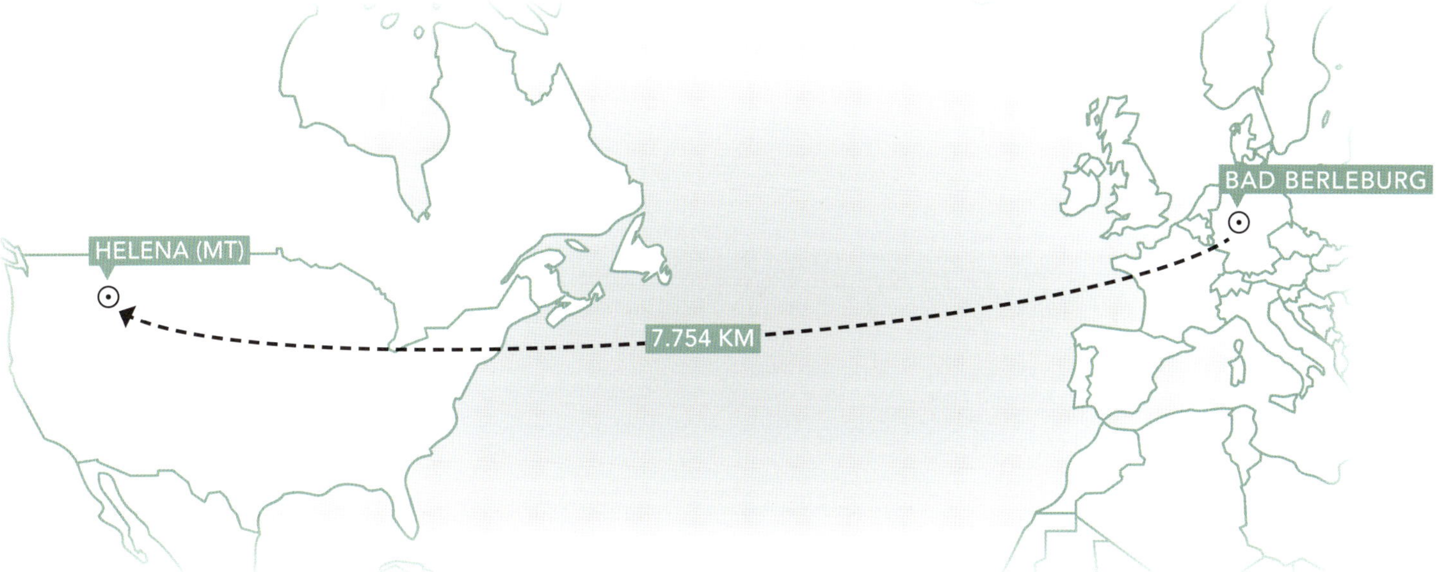
HELENA (MT)
7.754 KM
BAD BERLEBURG

RESTAURANTS

CAFÉ HARNISCHMACHER

Frisch aus der Backstube des seit 1930 bestehenden Konditorei-Cafés kommen nicht nur die Kuchen und Torten nach Rezepturen des Großvaters. Dort, in den heiligen Hallen der Pralinenherstellung, werden auch die süßen Attendorner Iserköppe gemacht. *Niederste Str. 5, 57439 Attendorn, Tel. 027 22/23 70, Mo–Fr 8.30–18, Sa 8–17, So 8–18 Uhr, www.harnischmacher.com*

BISTORANT UPPU

Martina und Josef »Uppu« Gruß betreiben das Bistorant mit angeschlossenem Bike-Testcenter und MTB-Verleih: Sie kocht, der »Bike-Papst« serviert feine Burger – und nimmt später Willige mit auf Tour. *Am Waltenberg 19, 59955 Winterberg, Tel. 029 81/22 20, So–Do 9–22,Fr/Sa 9–23 Uhr, Nachsaison Mo geschl., www.uppu.de*

ÜBERNACHTUNGEN

DIE SONNE FRANKENBERG

Auf mehrere Fachwerkhäuser (Altes Brauhaus, Stadtweinhaus, Bürgerhaus) verteilt, bietet das am Marktplatz gelegene Hotel sonnige, elegante Zimmer und Suiten. Mit hoteleigenem, großem Spa-Bereich. *Marktplatz 2–4, 35066 Frankenberg, Tel. 064 51/75 00, www.sonne-frankenberg.de, ab 179 €*

ZUR WAAGE

Das historische Gasthaus steht auf den Grundmauern des einstigen Rathauses mitten in der malerischen Altstadt von Korbach. Heutzutage nächtigt der Gast in großen Zimmern mit nostalgischem Flair und moderner Ausstattung. Reichhaltiges Frühstück. *Marktplatz 5, 34497 Korbach, Tel. 056 31/ 33 42, www.hotel-waage-korbach.de, ab 90 €*

PHÄNOMENTA

Technik ist kompliziert? Wer das bislang dachte, kann sich im ersten Science Center von Nordrhein-Westfalen eines Besseren belehren lassen. Verschiedene Ausstellungsbereiche behandeln Phänomene der Optik, Mechanik, Elektrizität, Kraft und des Magnetismus. Insgesamt 180 Exponate sind im wahrsten Sinne des Wortes einfach zu begreifen, versetzen aber dennoch in Staunen. *Phänomenta-Weg 1, 58507 Lüdenscheid, Mo–Fr 9–17, Sa, So 11–18 Uhr, www.phaenomenta-luedenscheid.de*

ATTA-HÖHLE

Seit etwa 400 Mio. Jahren gluckst und tröpfelt das Wasser schon im Untergrund, und wer beim geführten Gang durch die Attendorner Unterwelt ganz leise ist, kann der Zeit bei ihrer tropfsteinbildenden Arbeit zuhören. Dabei begann die Entdeckung der Höhle, die zu Deutschland größten und farbenfrohsten zählt, mit einem lauten Knall: Die Steinbrucharbeiter staunten nicht schlecht, als sich nach einer Sprengung im Jahr 1907 die Staubwolke legte und sich der Blick in ein Labyrinth aus wunderschönen Tropfsteinen auftat. Noch im ersten Jahr gab es Führungen und seither bewundern jährlich Hunderttausende die riesige Höhle, deren größter, erst 1986 entdeckter Teil noch erforscht wird. Rund 5000 m soll er lang sein. Was der erschlossene, 560 m lange Führungsweg preisgibt, ist atemberaubend: Wälder aus Stalagmiten, bizarre, von der Decke ragende Stalaktiten und steinerne Faltenwürfe, Sinterfahnen genannt. Dazu kommt das Farbenspiel der Minerale, das von Milchweiß bis zu erdigen Orangetönen reicht. Besonders ist auch die saubere Luft mit 95 Prozent Feuchtigkeit bei konstant 9 Grad. Deshalb finden Allergiker und Asthmatiker Linderung in der »Gesundheitsgrotte«, und in einem anderen Höhlenteil reift der Atta-Käse.
Finnentroper Str. 39, 57439 Attendorn, Mitte Apr.–Sept. tgl. ab 10, Okt. ab 10.30, Nov./Jan.–Anf. Apr. ab 11 Uhr, www.atta-hoehle.de

WINTERBERG

Selbst mit der vierten Jahreszeit im Namen: Winterberg ist zwar beliebter Wintersportort und trägt diverse Weltcupveranstaltungen aus, hat aber immer Saison. Für Wande-

rer ist das Rothaarsteigland ein prima Revier, und auch als Radler-Dorado hat sich der Ort einen Namen gemacht. Westlich von Winterberg erhebt sich der wohl bekannteste Berg des Sauerlands, der Kahle Asten. Dort ragt der Astenturm in den westfälischen Himmel und eröffnet einen fantastischen Rundumblick. Gleichermaßen Denkmal und Aussichtsturm, beherbergt er eine Wetterwarte, eine naturkundliche Ausstellung und ein Turmrestaurant.
Tourist Info: Am Kurpark 4, 59955 Winterberg, Tel. 029 81/ 925 00, Mo–Fr 10–17, Sa 9–13 Uhr, www.winterberg.de
Aussichtsturm am Kahlen Asten: Astenturm 1, 59955 Winterberg, tgl. 10–18 Uhr

BILSTEINHÖHLE WARSTEIN

Im Jahr 1887 entdeckte ein Waldarbeiter die Bilsteinhöhle. Spannend: Dort und in den Bilstein-Kulturhöhlen wurden bei Ausgrabungen urgeschichtliche Keramik, Schmuck und Knochen gefunden und hat vermutlich vor rund 10 000 Jahren eine Jägergruppe Rast gemacht. Die Schauhöhle zeigt uralte Tropfsteinformationen im unterirdischen Labyrinth.
Im Bodmen 54, Warstein, Tel. 029 02/27 31, April–Okt. 9–16.30, Nov.–März 10 bis 15.30 Uhr, www.bilsteintal.de

KORBACH

Hanse, Gold und Fossilien: Dieser Dreiklang hat die mehr als 1000-jährige Stadtgeschichte geprägt. Auch ohne Wasserstraße wurde das an Handelswegen gelegene Korbach zur Hansestadt. Gehandelt hat man auch mit Gold, das Glücksritter am Eisenberg fanden. Ein Muss: die gut erhaltene Altstadt mit viel Fachwerk und die »Korbacher Spalte«, wo 250 Mio. Jahre alte Reptilien ausgegraben wurden.
Tourist Info: Stechbahn 1, 34497 Korbach, Tel. 056 31/530, Mo–Fr 8.30–18, Sa 9.30–13 Uhr, www.korbach.de

EDERSEE UND KELLERWALD

Ein See, der singt? Ein hessisches Atlantis? Beim Auf und Ab des Wasserspiegels des 27 km langen Edersees tritt nicht nur Erstaunliches zutage, sondern darin liegt seine eigentliche Bestimmung. Denn 1914 fertiggestellt, sollte mit der Talsperre der Wasserstand auf der Oberweser und

Die pinkfarbenen Stalaktiten und Stalakmiten in der Atta-Höhle wachsen immer weiter.

damals noch im Mittellandkanal reguliert werden. Auf dem Stausee spielt sich manchmal in kalten Wintern ein Naturspektakel ab: Durch den Temperaturwechsel zwischen Nacht und Tag bricht das Eis und macht Geräusche wie ein Singen und Grollen. Gegrollt haben sicherlich auch die 700 Menschen, die bei der Flutung ihre Heimat verloren. Bei Niedrigwasser tauchen Überreste der Dörfer und die alte Brücke bei Asel wieder auf. Heute ist der See nicht nur Ferienparadies zum Wandern, Schwimmen, Surfen, Tauchen, Bootfahren und Angeln, sondern erzeugt Strom und dient dem Hochwasserschutz. Ein weiteres Paradies ist der Nationalpark Kellerwald-Edersee. Dort kann man auf Erlebnispfaden in das Reich der urigen Buchen eintauchen. Weite Teile der »Alten Buchenwälder Deutschlands« wurden 2011 UNESCO-Weltnaturerbe.
Tourist Info: Hemfurther Str. 14, 34549 Edertal-Affoldern, Tel. 056 23/999 80, Mo bis Do 9–16, Fr–So 9–14 Uhr, www.edersee.com
Nationalparkzentrum Kellerwald: Weg zur Wildnis 1, 34516 Vöhl-Herzhausen, April–Okt. tgl. 10–18, Nov.–März Di–So 10–16.30 Uhr, www.nationalparkzentrum-kellerwald.de

24

SRI-KAMADCHI-AMPAL-TEMPEL, HAMM

51° 41′ 14″ NORD / 07° 57′ 03″ OST

EMSIG, ABER DOCH EHER PROFAN geht es im Industriepark Uentrop im westfälischen Hamm zu. Fleischwaren, Beton, Stahl und Bauteile für Maschinen wechseln hier Tag für Tag ihre Besitzer. Lkw und Transporter schwärmen aus – oder kommen vollbepackt angerollt. Zur Autobahn A2 ist es nicht weit, ihr Rauschen überschallt das Gelände. Einen Sakralbau würde man in dieser Umgebung am allerwenigsten erwarten. Und doch: Genau hier, zwischen tristen Lagerhallen, hat die tamilische Hindugemeinde der Stadt 2002 ihren Tempel errichtet. Und was für einen! Prachtvoll ragt der 17 Meter hohe, mit unzähligen Ornamenten und über 200 Götterfiguren verzierte Gopuram-Turm über dem Eingangsportal in den Himmel auf. Viele Baumeister und Handwerker aus Indien haben damals mit angepackt, um das Gebäude nach allen Regeln der Kunst im südindischen Dravida-Stil zu gestalten und später knallbunt zu bemalen. So, wie das eben in ihrer Heimat üblich ist. Blickt man vom rechteckigen, rotweißen Sockel des Heiligtums hinauf zur bunten Turmspitze, wirken seine Opulenz und Exotik fast selbstverständlich. Doch bis zur Einweihung war es ein weiter, beschwerlicher Weg: Als Anfang der 1980er-Jahre auf Sri Lanka ein blutiger Bürgerkrieg tobte, flohen Zehntausende Tamilen vor Gewalt und Unterdrückung aus ihrer Heimat nach Deutschland. Vielerorts wurden die Neuankömmlinge und ihre Religion misstrauisch beäugt, so war das auch in Hamm. Mittlerweile wird die Hindugemeinde aber als große Bereicherung des Kulturlebens wahrgenommen. Höhepunkt im religiösen Jahreskalender ist das zweiwöchige Tempelfest, das Hindus aus ganz Europa, aber auch immer mehr Besucher anderer Konfessionen anlockt. Die rituelle Reinigung wird im nahe gelegenen Datteln-Hamm-Kanal zelebriert. Unter einer Autobahnbrücke! Doch der kuriose Tempelstandort hat auch einen unschlagbaren Vorteil: Über die A2 ist man wirklich schnell dort – und Gäste sind herzlich willkommen!
kamadchi-ampal.olanko.de

Rechts: Sri-Minakshi-Sundareshwara-Tempel, Madurai, Südindien
09° 55‘ 10“ Nord / 78° 07‘ 10“ Ost

Unten: In allen Farben des Regenbogens leuchten die reich verzierten Turmspitzen des Hindutempels in Hamm. Das 2002 erbaute Heiligtum ist Kamadchi geweiht, der »Göttin mit den liebevollen Augen«. Sie ist eine von vielen Göttern, die im Hinduismus jedoch als Erscheinungsformen eines einziges Ur-Gottes auftreten.

Im Park von Schloss Nordkirchen stehen 385 Skulpturen – die ältesten stammen aus dem Jahr 1721 und stellen antike Götter dar.

MÜNSTER

Ganz schön alt und doch ziemlich jung: Gut 40 000 Studenten und jede Menge »Leeze«-Fahrer, die Münster zur deutschen Fahrradhauptstadt erhoben haben, tummeln sich im 1200 Jahre alten Großstädtchen. Neben quirliger Atmosphäre punktet Münster mit altehrwürdigen Bauten. Wahrzeichen ist das gotische Rathaus, in dem mit dem Westfälischen Frieden der Dreißigjährige Krieg beendet wurde. Münsters gute, kopfsteingepflasterte Stube zum Bummeln und Genießen ist der Prinzipalmarkt. Zwischen Stadthausturm und Lambertikirche haben sich Kaufleute in 48 schmucken Patrizierhäusern mit Bogengängen eingerichtet. Das einzige deutsche Picasso-Museum besitzt über 800 Grafiken des Jahrhundertkünstlers, und Naturfreunde besuchen den botanischen Garten hinter dem Fürstbischöflichen Schloss.

Tourist Info: Heinrich-Brüning Str. 9, 48143 Münster, Tel. 02 51/492 27 10, Mo–Fr 10–18, Sa 10–13 Uhr, www.stadt-muenster.de

VIER-JAHRESZEITEN-PARK UND KINDERMUSEUM KLIPP KLAPP

Der Vier-Jahreszeiten-Park entstand auf dem Gelände der Landesgartenschau 2001, die den Titel »Blütenzauber und Kinderträume« trug. Der kann noch heute als Motto für die Parklandschaft gelten, die mehr als 40 Stationen beherbergt: Spielplätze, Baumhäuser und Lehrbienenstand, Vogelvoliere, Freizeitbad oder Beachvolleyballfeld und eine Eislaufbahn im Winter. Mitten im Park thront das Kindermuseum Klipp Klapp mit historischer Wassermühle. An einer Spielmühle lässt sich auf drei Etagen entdecken, wie aus Korn Mehl wird. Gespeist wird sie statt Getreide mit bunten Bällen, angetrieben durch Muskelkraft. In der gläsernen Küche dürfen bis zu 30 Kinder die Kochlöffel schwingen. Gärten und Aue sind frei zugänglich, der Park kostet Eintritt.

Konrad-Adenauer-Allee 20, 59302 Oelde, tgl. geöffnet, www.vier-jahreszeiten-park.de

SCHLOSS NORDKIRCHEN

Wer einmal so etwas Großartiges wie Versailles sehen möchte, braucht nicht nach Frankreich reisen. Neben dem Chiemsee (s. S. 142) ist auch Nordkirchen eine Alternative: Denn nur gut 25 km von Münster entfernt liegt das westfälische Spiegelbild des französischen Prunkschlosses, 1724 von Johann Conrad Schlaun fertiggestellt. In den pompösen Gemäuern – von der UNESCO als Gesamtkunstwerk von internationalem Rang für schutzwürdig erklärt – kann heutzutage, wer mag, wahlweise heiraten, lustwandeln oder Konzerte hören.

Schloss 1, 59394 Nordkirchen, Park ganzjährig zugängig, Schloss nur geführte Gruppen, Anmeldung unter Tel. 025 96/93 30, www.schloss.nordkirchen.net

BURGEN IN LÜDINGHAUSEN

Drei auf einen Streich: Mit dieser hohen »Wasserburgendichte« kann die Stadt nicht zuletzt dank des Flusses Stever aufwarten. Die trutzige Ringmantelburg Vischering von 1271 besitzt wie ehedem mittelalterlichen Charme, gerade so, als wären erst gestern noch Knappen und Ritter über die Zugbrücke geritten. Nach einer aufwendigen Sanierung ist die Burg ein Wasserburgenschmuckstück im Münsterland. Die außerhalb gelegene Burg Kakesbeck stammt aus dem 14. Jh. und in der Renaissanceburg Lüdinghausen tagt im Hier und Jetzt der Stadtrat.
Burg Vischering: Berenbrock 1, 59348 Lüdinghausen, Di–So, Fei 10–18 Uhr, www.burg-vischering.de;
Renaissanceburg Lüdinghausen: Amthaus 14, 59348 Lüdinghausen, April–Okt. Mi–Sa 14–17, So 11–17 Uhr, www.burg-luedinghausen.de;
Burg Kakesbeck: Bechtrup 63, 59348 Lüdinghausen, Besichtigung nur auf Voranmeldung unter Tel. 025 91/46 43, www.luedinghausen.de

SCHIFFSHEBEWERK HENRICHENBURG

Schiffsriesen, die über eine 14 m hohe Stufe des Dortmund-Ems-Kanals einfach hinweggehoben wurden – kein Wunder, dass die Menge jubelte, als Kaiser Wilhelm II. im August 1899 die Anlage einweihte. Dem Zauber der alten Technik lässt sich im angeschlossenen Museum nachspüren.
Am Hebewerk 26, 45731 Waltrop, Di–So 10–18 Uhr, www.lwl.org/industriemuseum

LWL-RÖMERMUSEUM

Hier haben vor über 2000 Jahren römische Legionäre ihr Lager aufgeschlagen und zu einem der wichtigsten Militärkomplexe im rechtsrheinischen Germanien aufgebaut. Exponate und Workshops lassen ihre Geschichte lebendig werden: Man kann römisches Marschgepäck schultern und auf der Römerbaustelle Aliso per Fernglas in die virtuelle Vergangenheit blicken.
Weseler Str. 100, 45721 Haltern am See, Di–Fr 9–17, Sa, So 10–18 Uhr, www.lwl-roemermuseum-haltern.de

RESTAURANTS

KLEINER KIEPENKERL

Kiepenkerle wurden umherziehende Händler genannt, die Lebensmittel verkauften. Ihnen hat die Stadt Münster ein Viertel gewidmet, und dort versorgt man im Kleinen Kiepenkerl Gäste mit Speisen, die bodenständig, aber auch fein und raffiniert sind. *Spiekerhof 47, 48143 Münster, Tel. 02 51/434 16, tgl. 11.30–24 Uhr, www.kleiner-kiepenkerl.de*

CAFÉ REITSTALL

Sich das Mittelalter schmecken lassen kann, wer in das Café Reitstall bei der Burg Vischering einkehrt. In umgebauten Pferdeboxen lässt es sich fürstlich frühstücken. Es gibt im uralten Steinofen selbst gebackenes Brot und tolle Torten. *Berenbrock 1, 59348 Lüdinghausen, Tel. 025 91/947 57, März–Ende Okt. tgl. 9–17.30, Nov.–Feb. Di–Fr 9–16.30, Sa, So 9–17.30 Uhr, www.cafe-reitstall.de*

ÜBERNACHTUNGEN

IM WILDEN MANN

Das Hotel-Restaurant befindet sich in einem historischen Doppelgiebelhaus von 1618 am Soester Marktplatz. Hier wird in charmant nostalgischen Betten genächtigt. Dazu kommt eine internationale oder wahlweise westfälische Küche in rustikalen Räumlichkeiten. *Markt 11, 59494 Soest, Tel. 029 21/150 71, www.im-wilden-mann.de, DZ ab 90 €*

RATSHOTEL

In der malerischen Altstadt liegt das kleine, feine, traditionsreiche Ratshotel, das in zwölf Zimmern mit individuellem Schick Gäste beherbergt – und eine moderne, ambitionierte Küche auf hohem Niveau bietet. *Mühlenstraße 3–5, 45721 Haltern am See, Tel. 023 64/34 65, www.hotel-haltern.de, ab 109 €*

25

FLAMINGOS IM ZWILLBROCKER VENN

52° 02′ 43″ NORD / 06° 42′ 00″ OST

MIT BEIDEN BEINEN im Leben stehen? Flamingos sind da sehr pragmatisch. Viel wichtiger: Bloß keine kalten Füße bekommen! So ruhen sich die rosaroten Vögel im seichten Wasser lieber auf einem als auf zwei Beinen aus. Linkes oder rechtes? Egal, Herr und Frau Flamingo wechseln hin und wieder einfach die Seite. Wissenschaftlern war dieses Verhalten lange Zeit ein Rätsel – bis man herausfand, dass der elegante Balanceakt den Tieren beim Energiesparen hilft, weil so weniger Körperwärme über die Extremitäten ins kühle Nass gelangt. Wer Flamingos in freier Wildbahn erleben möchte, muss dafür nicht nach Südamerika, Asien oder Afrika fliegen. Schon seit den frühen 1980er-Jahren haben die Vögel im Zwillbrocker Venn bei Vreden im Kreis Borken eine neue Heimat gefunden: Das Naturschutzgebiet im Westmünsterland nahe der niederländischen Grenze zählt zu den nördlichsten Flamingo-Kolonien der Welt. Vor allem Chileflamingos tummeln sich hier und ziehen zwischen April und Juni ihre süßen Küken groß – in guten Jahren sind es 20 bis 30 Pärchen. Ihren Brutplatz auf einer kleinen Insel im See des Biotops teilen sie sich mit Möwen, Enten und immer häufiger auch mit Kubaflamingos, die ein besonderer Hingucker sind, weil ihr Federkleid in noch intensiveren Rottönen leuchtet. Beobachten kann man die Tiere am besten von den Aussichtskanzeln am Rundwanderweg des Venns – Fernglas nicht vergessen! Auch Führungen werden regelmäßig vom Team der Biologischen Station angeboten. So traurig das klingt: Vielleicht sollte man sich mit dem Besuch im Westmünsterland beeilen. Schon seit Jahren leidet das Naturschutzgebiet unter Regenmangel, und der See in seiner Mitte droht langsam auszutrocknen. Den Klimawandel spürt man also auch schon im Zwillbrocker Venn – und das wirft freilich selbst die akrobatischen Flamingos aus dem Gleichgewicht.
www.bszwillbrock.de
www.muensterland.com

Reservat Los Flamencos, San Pedro, Chile
23° 07‘ 00“ Süd / 67° 25‘ 00“ West

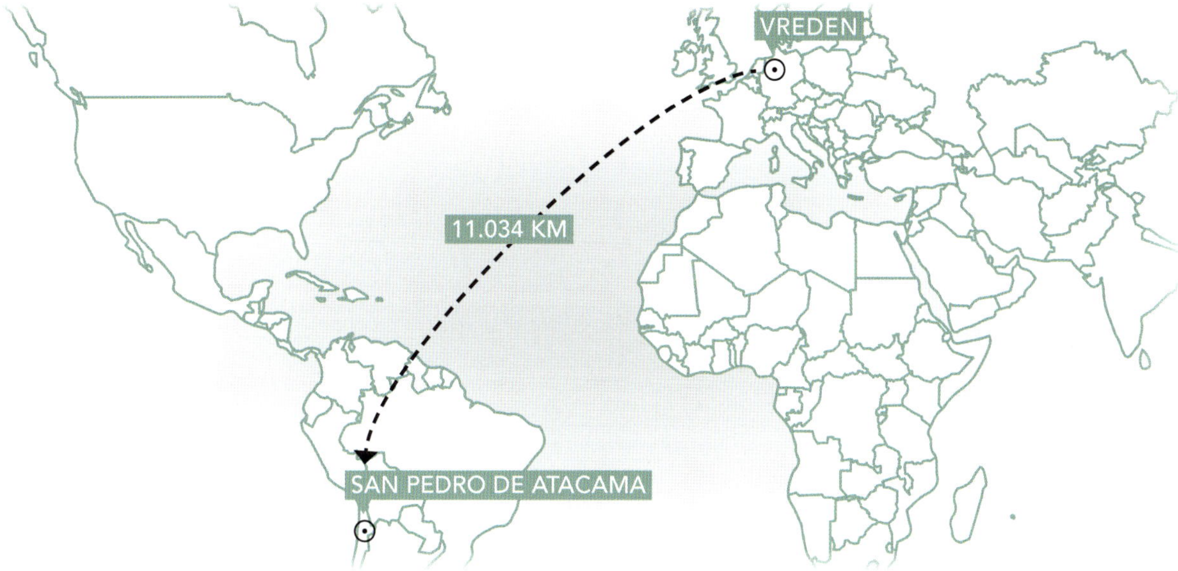

Achtung, Rosaflamingos im Landeanflug! Im April und Mai brüten die farbenfrohen Vögel im Zwillbrocker Venn im Westmünsterland – und das schon seit Jahrzehnten. Die Wintermonate verbringen sie meist in den benachbarten Niederlanden. Doch ihr Lebensraum hier oben im Norden ist bedroht.

RESTAURANTS

FREIBERGER

Dieser Landgasthof empfängt seine Gäste mit einer Mischung aus Eleganz und dörflicher Gemütlichkeit. Stärke des Hauses sind deftige Münsterländer Spezialitäten wie Kalbstöttchen oder Himmel und Erde. Zur Wahl stehen aber auch Fischgerichte. Schöne Außenterrasse! *Sirksfeld 10, 48653 Coesfeld (Westfalen), Tel. 025 41/39 30, Warme Küche: Mi–So 12–14, 18–21.30 Uhr, www.restaurant-freiberger.de*

GIVERNY

Raffinierte französische Gourmetküche im Herzen von Münster. Trotz der hohen Qualität ist die Atmosphäre angenehm leger. Verwöhnten Gaumen wird werktags auch ein hervorragendes Mittagsmenü angeboten. Immer mittwochs Bouillabaisse-Tag. Reservierung empfohlen. *Spiekerhof 25, 48143 Münster, Tel. 02 51/51 14 35, Di–Sa 12–14 und ab 18 Uhr, Fei geschl., www.restaurant-giverny.de*

ÜBERNACHTUNGEN

HOTEL DOMSCHENKE

Sympathisches Altstadthotel in Billerbeck, das vom Ludgerus-Dom überragt wird. Die Zimmer sind eher schlicht eingerichtet – aber nicht ungemütlich. Im hauseigenen Restaurant speist man raffiniert-rustikal. *Markt 6, 48727 Billerbeck, Tel. 025 43/932 00, www.domschenke-billerbeck.de, DZ ab 85 €*

B&B AMMELOE

Hübsches Klinkerhäuschen mit Hotelgarten und ein paar fleißigen Hühnern – die Frühstückseier sind also immer frisch. Wer will, radelt von hier zum Zwillbrocker Venn. Leihfahrräder werden gestellt. *Esch 23, 48691 Vreden-Ammeloe, Tel. 025 64/39 75 31, www.bedandbreakfastammeloe.com, DZ ab 60 €*

PADDELN AUF DER BERKEL

Als wildromantisches Flüsschen plätschert die Berkel – oft in weiten Schleifen, manchmal auch kerzengerade – von Billerbeck über Coesfeld westwärts. Alte Bauernhöfe, schattige Auwälder, dichtes Schilf und sattgrünes Weideland säumen ihre Ufer. Für die Menschen im Münsterland ist der Fluss identitätsstiftend, für viele Tiere und Pflanzen unverzichtbarer Lebensraum. Als Tourist erkundet man den Wasserlauf am besten mit dem Fahrrad oder Kanu. Breiter wird die Berkel erst ab Vreden. Hier beginnen auch die Paddelabenteuer, die man vor Ort beim Fremdenverkehrsamt buchen kann. Angeboten werden Kanu-Schnuppertouren (2–3 Std.) und Ganztagestouren – inklusive Rücktransfer zum Startpunkt. Alle Ausflüge führen über die niederländische Grenze nach Gelderland, wo der Fluss viel später als beschiffbare Wasserstraße in die IJssel mündet. Zum Schutz seltener Arten – auch Eisvögel brüten am Berkelufer – sind einige Flussabschnitte im April und Mai für Boote tabu. Über Sperrungen informiert das Tourismusbüro in Vreden. Ausweichen kann man aber immer auf den Berkelradweg. *Buchung Kanutouren: Tourist Info Vreden, Kirchplatz 14, 48691 Vreden, Tel. 025 64/989 91 99, Mo 14–17, Di–Fr 10–13 und 14–17 Uhr, www.stadtmarketing-vreden.de*

DÜLMENER WILDPFERDEBAHN

Einst waren Wildpferde in ganz Westfalen verbreitet, dann wurden sie von der Zivilisation zurückgedrängt. Ein bis heute weitgehend wildes Pferdeleben genießen, können sie jedoch im Naturschutzgebiet Merfelder Bruch westlich von Dülmen. Das rund 400 Hektar große eingezäunte Reservat wurde 1847 von Herzog Alfred von Croÿ ins Leben gerufen. Seine Nachfahren vergrößerten es immer weiter. Ganz ohne menschliche Eingriffe kann und will man die Tiere aber auch hier nicht sich selbst und der Natur überlassen. In strengen Winter werden die Pferde mit Heu gefüttert. Und damit die Herde nicht unkontrolliert wächst, müssen junge Hengste alljährlich im Mai, immer am letzten Samstag des Monats, von Hand eingefangen werden. Das Spektakel mit anschließender Versteigerung lockt viel Publikum an. Wer friedlich grasende Tiere und herumtollende Fohlen beobachten möchte, sollte besser an anderen Tagen kommen. *Ca. 12 km westlich von Dülmen, Anfahrt via A31 oder A43 (siehe Webseite), März–Nov, Sa, So/Fei 10–18 Uhr, www.wildpferde.de*

Die Dülmener Wildpferde im Naturschutzgebiet Merfelder Bruch genießen ihre Freiheit ganz zwanglos.

ROCK 'N' POPMUSEUM

Gronau? Ja, genau. Da war doch was. Die deutsche Rockikone Udo Lindenberg ist hier geboren. Das erklärt natürlich, warum ausgerechnet in dieser Ecke Westfalens ein Museum für Popkultur entstanden ist. Die deutschlandweit einzigartige Dauerausstellung, die in der Kesselhalle einer ehemaligen Textilfabrik untergebracht ist, wurde als Zeitreise durch 100 Jahre internationale Popgeschichte konzipiert. Neben Bühnenkostümen, Requisiten und legendären Musikinstrumenten wird in vielen Themeninseln auch mosaikartig das Lebensgefühl beleuchtetet, das Hits und Stars in ihrer Schaffenszeit umgeben und begleitet hat. Rund herum leuchtet, flackert und groovt es natürlich auf Bildschirmen, Videoleinwänden, aus Boxen und an den interaktiven Multimediastationen. Klar, sonst wäre die Sache auch nur halb so spannend.
Udo-Lindenberg-Platz 1, 48599 Gronau, Tel. 025 62/814 80, Di–So 10–18 Uhr, www.rock-popmuseum.de

WASSERSCHLOSS LEMBECK

Im südlichen Münsterland, an der Grenze zum Ruhrgebiet, liegt das Wasserschloss Lemberg – das wohl schönste seiner Art in der Region. Die Gebäude der im 12. Jh. errichteten, zuletzt barock umgebauten Anlage verteilen sich auf mehrere Inseln, die über Brücken verbunden sind. Das Schlossmuseum im Haupthaus kann nur im Rahmen einer Führung besichtigt werden und gewährt Einblicke in die opulent im Stil des 17. und 18. Jh. ausgestatteten Räume. Den Schlosspark rundherum, mit vielen duftenden Rosen, kann man nach Lust und Laune auf eigene Faust erkunden.
Schloss 2, 46286 Dorsten (Lembeck), Tel. 023 69/71 67, Öffnungszeiten siehe Webseite, www.schlosslembeck.de

MÜNSTER

Ob sich Martje Saljé manchmal langweilt? Von der Turmspitze der Lambertikirche, dem Wahrzeichen Münsters, überblickt sie die Stadt und schultert ein Kupferhorn, durch das sie mittwochs bis montags – zwischen 21 Uhr und Mitternacht – zur halben und vollen Stunde bläst. Die Türmerin, eine der letzten ihrer Zunft, ist eine der vielen Highlights der westfälischen Hauptstadt. Ansehen sollte man sich den Prinzipalmarkt mit historischem Rathaus, das LWL-Museum für Kunst und Kultur (www.lwl.org) und den St.-Paulus-Dom. Vor der Kathedrale geht es übrigens zweimal pro Woche sehr weltlich zu: Münsters Wochenmarkt (Mi, Sa, 7–14 Uhr) ist ein Fest für alle Sinne!
Tourist Info: Syndikatplatz 3, 48143 Münster, Tel. 02 51/ 492 27 10, Mo–Fr 10–18, Sa 10–13 Uhr, www.stadt-muenster.de

26

SCHWEBEBAHN WUPPERTAL

51° 15′ 33″ NORD / 07° 12′ 40″ OST

Topmodern von A nach B: 2017 wurde die Wuppertaler Schwebebahn sogar mit dem Industrieforum Design Award ausgezeichnet. Auf ihrer rund 14 Kilometer langen Strecke macht sie an 20 Stationen Halt.

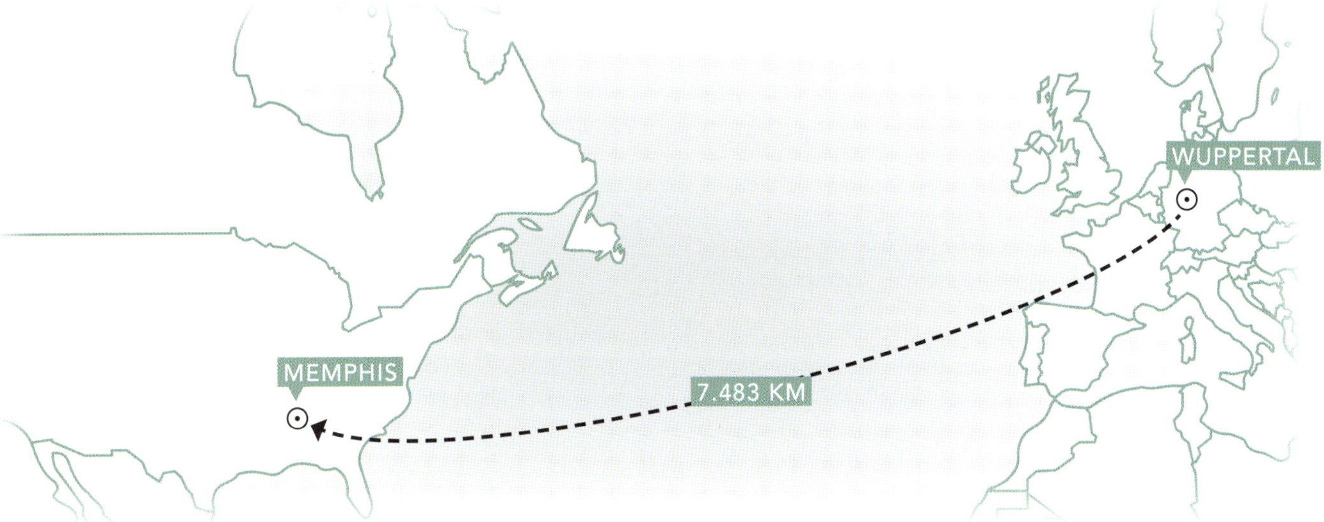

NEIN, dieser Text beginnt ausnahmsweise nicht mit Tuffis tragischem Sturz aus der Schwebebahn. Kennt doch schon jeder. Sie noch nicht – wirklich? Na gut. Tuffi, so hieß ein liebenswertes Elefantenkalb, das 1949 vom Traditionszirkus Althoff verpflichtet wurde. Dass der Dickhäuter, von Indien nach Deutschland verschifft, plötzlich im Rampenlicht der Manege stand, um dort tierische Tricks zum Besten zu geben, irritierte ihn nicht sonderlich. Jedenfalls war die junge Elefantendame so zutraulich, dass Zirkusdirektor Franz Althoff sie immer öfter durch Deutschlands Innenstädte bugsierte, um dort mit Bohei für seine Show zu werben. Je kurioser die PR-Auftritte, desto lauter klingelte die Zirkuskasse. So kam es, dass sich Tuffi am 21. Juli 1950 tatsächlich am Ticketschalter der Wuppertaler Schwebebahn wiederfand – umringt von Schaulustigen und Journalisten. Tapfer legte das Elefantenmädchen die Ohren an und presste sich in einen der wankenden Waggons. Anfangs schien alles gut. Doch als sich die Hochbahn mit gellendem Quietschen in die erste Kurve legte, verlor selbst Tuffi die Contenance. In Panik durchbrach der Elefant die Seitenwand der Kabine und stürzte in den Abgrund. Dass das Tier die Fallhöhe von zwölf Metern überlebte, grenzte an ein Wunder: Tuffi war in einem tieferen, schlammigen Abschnitt der Wupper gelandet und kam mit harmlosen Blessuren davon. Einheimische lieben dieses Happy End, lieben Tuffi, die bis heute auf Postkarten fröhlich mit dem Rüssel winkt. Vor allem aber lieben sie die Schwebebahn, das Wahrzeichen ihrer Stadt. Seit 1901 ist sie in Betrieb; Zehntausende nutzen sie bis heute täglich auf dem Weg zur Arbeit, zum Einkaufen oder zu Familie und Freunden. Ein Großteil der 13,8 Kilometer langen, von mächtigen Stahlstützen getragenen Strecke folgt der Wupper senkrecht über dem Flusslauf. Natürlich schweben die Züge nicht wirklich, sondern sind über Antriebsrollen an Schienen aufgehängt. Ganz ähnlich funktioniert die »Mud Island Monorail«, eine Attraktion der Stadt Memphis im US-Bundesstaat Tennessee. Seit 1982 verbindet die Hängebahn Downtown mit einem Freizeitpark jenseits des Mississippi. Dabei legt sie jedoch nur rund 520 Meter zurück und hat keine eigenen Motoren – sondern wird von schweren Stahlseilen gezogen.

www.schwebebahn.de

Mud Island Monorail, Memphis, Tennessee, USA
35° 08‘ 45.6“ Nord / 90° 03‘ 29“ West

BRILLER VILLENVIERTEL

Im Briller Viertel befinden sich die Herrschaftshäuser betuchter Fabrikanten – am Ölberg die engen Mietshäuser der Arbeiterfamilien: Prachtbauten und Proletarierunterkünfte werden nur durch eine Straße getrennt. Bei einem Rundgang durch die Eberfelder Nordstadt folgt man den Spuren der Industrialisierung. Über 245 denkmalgeschützte Villen zählt man im Südteil des Briller Viertels. Die Baustile reichen von Spät- und Neuklassizismus bis hin zu der Neugotik, Neurenaissance und Neubarock.
Führungen über Tourist Info: Kirchstr. 16, 42103 Wuppertal, Tel. 02 02/563 22 70, Mo–Fr 9–18, Sa 10–14 Uhr, www.wuppertal.de

SCHWIMMOPER

Der Name täuscht. Hier werden (leider) keine Opern aufgeführt, auch wenn die steil aufragenden Sitzreihen knapp 1600 Zuschauer spielend unterbringen und es das Äußere durchaus mit einem Konzerthaus aufnehmen könnte. Durchgängig hohe Fensterfronten lassen viel Licht in die geräumige Halle. Das konkav geschwungene Dach ist auch nach Abschluss der Renovierung erhalten geblieben. Schwimmen kann man hier natürlich auch, in der neu gestalteten Sauna schwitzen oder im Fitnessraum strampeln, um sich dann wieder auf einer der zwölf Schwimmbahnen abzukühlen.
Südstr. 29, 42103 Wuppertal, Mo, Di, Do, Fr 6.30–22, Mi 6.30–13, Sa 10–18, So 9–18 Uhr, www.wuppertal.de

HISTORISCHE STADTHALLE AM JOHANNISBERG

Außen hui! Innen hui, hui! Die Historische Stadthalle aus wilhelminischer Zeit wurde in den 1990er-Jahren erneut renoviert und dabei Stuckverzierungen, Decken- und Wandgemälde in Stand gesetzt. Der Bau beherbergt acht pompöse Säle. Der größte bietet Sitz- und Stehplätze für 3550 Besucher sowie einen Orchesterraum von 190 qm, in dem auch die größten Besetzungen untergebracht werden können. Nicht zu vergessen die ausgezeichnete Akustik, die – so die Fachmeinung – dem Vergleich mit den besten Konzerthäusern Europas gut standhält.
Johannisberg 40, 42103 Wuppertal, Mo–Fr 8–18 Uhr, www.stadthalle.de

Der 1838 erbaute Elisenturm im Botanischen Garten von Wuppertal war früher eine Sternwarte und wird heute als stimmungsvoller Trausaal genutzt.

BOTANISCHER GARTEN MIT ELISENTURM

Cyclamen, Iris, Paeonia, Scilla, Moraea, Babiana, Gladiolus – auch wer die lateinischen Namen nicht kennt, kann seine Freude an dieser Flora haben. Insgesamt 4000 Pflanzen werden hier gehegt und gepflegt, darunter 400, die zu den geschützten Arten zählen. 1890 zunächst als Schulgarten angelegt, wurde der Botanische Garten im Jahr 1919 auf das Gelände der Ellerschen Villa verlegt und rückte damit näher zum Elisenturm, der auf 220 m Höhe den Mittelpunkt des Parks bestimmt. Seinen Namen verdankt er der Gemahlin Friedrich Wilhelms IV. von Preußen.
Botanischer Garten Wuppertal: Elisenhöhe 1, 42107 Wuppertal, Tel. 02 02/563 42 06, Apr.–Sept. 7.30–19, Okt., März 7.30–18, Nov.–Febr. 7.30–16.30, Sa, So und an Feiertagen ab 9 Uhr geöffnet, www.botanischer-garten-wuppertal.de

TANZTHEATER PINA BAUSCH

Das Wuppertaler Tanztheater trägt ihre Handschrift und erlangte dank ihr internationales Renommee. Pina Bausch mischte Schauspiel und Pantomime, Gesang und Tanz und gilt Kritikern als Begründerin des Tanztheaters. Wim Wenders hat ihr eine wunderbare Dokumentation gewidmet, deren Vollendung im Jahr 2011 die Choreografin nicht mehr erlebte. Bausch starb 2009 im Alter von knapp 69 Jahren. Wer ihre Aura spüren möchte, besucht das Wuppertaler Tanztheater – das Ensemble tanzt und lebt ihre Philosophie fort.
Kurt-Drees-Straße 4, 42283 Wuppertal, www.pina-bausch.de

VON DER HEYDT MUSEUM

Dieses Museum trägt seit den 1960er-Jahren den Namen jener Bankiersfamilie, die zu den Hauptförderern der sehenswerten Sammlung gehört. Sie umfasst rund 3000 Gemälde, 400 Skulpturen sowie zehntausende Grafiken und Fotos auf Papier. Highlights des Hauses sind etliche herausragende Werke des Expressionismus aus dem 20. Jahrhundert, die von Vertretern der Brücke, der Neuen Künstlervereinigung München sowie den Mitgliedern des Blauen Reiters geschaffen wurde.
Turmhof 8, 42103 Wuppertal, Di–Mi, Fr 11–18, Do 11–20, Sa, So 11–18 Uhr, www.von-der-heydt-kunsthalle.de

BARMER ANLAGEN

Wuppertal ist stolz auf seine Grünflächen, die sich insgesamt über 445 Hektar erstrecken. Die Barmer Anlagen machen davon allein 100 Hektar aus – Wälder, Wiesen, Parks, und Teiche. Das Areal ist zwar in Privatbesitz, aber frei zugänglich: Ein wunderbarer Ort für ausgedehnte Spaziergänge und ein Ort der Denkmale. Wer alle 22 sehen möchte, benötigt etwa 2 Std. Die beste Aussicht genießt man vom Toelleturm.
Untere Lichtenplatzer Straße 84, 42289 Wuppertal, www.barmeranlage.de

RESTAURANTS

WAGNER AM MÄUERCHEN

Rustikal ist die Einrichtung: bleiverglaste Fenster, holzvertäfeltes Interieur. Deftig sind die Speisen: Blutwurst, Schlachtplatte, Eisbein. Seit 30 Jahren betreibt Thomas Jochum das Restaurant, wobei ihm die schonende Zubereitung ebenso am Herzen liegt wie die Frische der Waren. *Mäuerchen 4, 42103 Wuppertal, Tel. 02 02/449 10 12, Mo–Fr 11–23, Sa 11–21.30 Uhr, www.wagner-am-maeuerchen.de*

79° ESSEN UND TRINKEN

»Ohne Firlefanz« – das gilt hier für die Speisen wie für die hübsche, aber schnörkellose Einrichtung. Ambitioniert ist man »nur« in puncto Auswahl der Zutaten und kocht vorzugsweise das, was die Saison zu bieten hat. *Luisenstraße 61, 42103 Wuppertal, Tel. 02 02/ 27 09 70 70 (Reservierung ratsam), www.79grad.com*

ÜBERNACHTUNGEN

PARK VILLA

In der Park Villa trifft modernes Interieur mit stylishen Badezimmern auf ehrwürdiges Gemäuer und einen prachtvollen Garten. Die Schlaf- wie Tagungsräume sind sehr unterschiedlich und abwechslungsreich gestaltet: von schön cool bis schön plüschig. *Erich-Hoepner-Ring 5, 42369 Wuppertal, Tel. 02 02/ 28 33 54 00, www.parkvilla-wuppertal.de, DZ ab 130 €*

MCDREAMS HOTEL

Schlichtes Hotel, ca. 1,5 km vom Hauptbahnhof entfernt. Helle Räume mit großen Fenstern. Boxspringbetten verhelfen zu gesundem Schlaf. Frühstück gibt es nicht im Haus, aber – vergünstigt – u. a. im nahe gelegen Markant Bistro. *Friedrich-Ebert-Str. 131c, 42117 Wuppertal, Tel. 02 02/62 93 94 58-4, www.mcdreamshotels.de, DZ ab 48 €*

27

NEUER ZOLLHOF, DÜSSELDORF

51° 12′ 58″ NORD / 06° 45′ 28″ OST

HÄUSER KÖNNEN NICHT TANZEN – Bürogebäude schon gar nicht. Wäre ja auch verrückt! Wie sollten Buchhalter oder Ingenieure bitteschön konzentriert ihren Job erledigen, wenn ihr Arbeitsplatz regelmäßig einen flotten Foxtrott aufs Parkett legt? Was weder statisch machbar noch volkswirtschaftlich sinnvoll ist, verwirklichen einige Architekten zumindest gestalterisch. Einer von ihnen ist der 1929 in Kanada geboren US-Amerikaner Frank O. Gehry. Wie kein anderer Vertreter seiner Zunft schafft er es bereits seit den 1980er-Jahren, seinen Entwürfen Rhythmusgefühl und Musikalität einzuhauchen. Gehry gilt als Begründer des Dekonstruktivismus, einer Architekturströmung, die geometrische Strenge durch stürzende Linien und organische Formen ersetzt. Berühmt ist vor allem sein »Tanzendes Haus« (1996) in Prag, doch auch hierzulande kann man den »architektonischen Hüftschwung« des Amerikaners bestaunen. Ästhetisch herausragend ist neben dem Vitra-Designmuseum in Weil am Rhein und dem Gehry-Tower in Hannover vor allem der Neue Zollhof (1999) in Düsseldorf. Die insgesamt drei Gebäude sind Teil des Düsseldorfer MedienHafens, der sich über die Jahrzehnte vom Büroquartier zum Ausgehviertel mit unzähligen Bars und Restaurants gemausert hat. Besonders eindrucksvoll ist das nachts futuristisch beleuchte Architekturensemble zur blauen Stunde kurz nach Sonnenuntergang. Hobbyfotografen können das Areal im Rahmen einer zweistündigen Fototour erkunden, bei der auch spannende Fakten über das Viertel vermittelt werden.
www.medienhafen.de

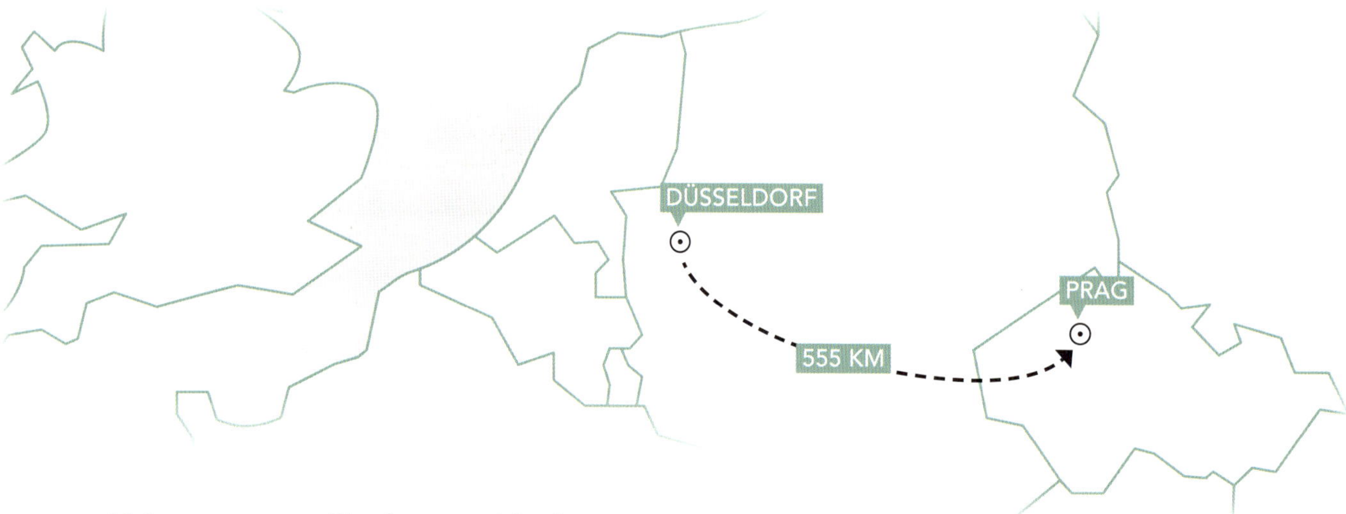

Rechts: Tanzendes Haus in Prag, Tschechien
50° 04‘ 31“ Nord / 14° 24‘ 51“ Ost

Unten: Auch im Düsseldorfer MedienHafen schwingen Gebäude des Star-Architekten Frank O. Gehry das Tanzbein.

Mit dem Baumaterial Stahl stellten die Schöpfer von Tiger & Turtle einen Bezug zur Industriegeschichte des Ortes her.

K20/21 – KUNSTSAMMLUNG NORDRHEIN-WESTFALEN

Im K20, dem stattlichen Granitbau von 1986 (2010 erweitert), lässt sich die größte Paul-Klee-Sammlung der Welt bewundern. Auch die Arbeiten von Matisse, Picasso, Pollock, Warhol, Beuys und vieler weiterer wichtiger Künstler begründen den Ruf des Museums, eines der sehenswerten Deutschlands zu sein. Das K21 ist in einem Gebäude aus dem 19. Jh. mit riesiger Glaskuppel untergebracht und ergänzt die umfangreiche Sammlung vor allem um Skulpturen und Video-Installationen.
Grabbepl. 5 (K20) bzw. Ständehausstr. 1 (K21), 40213 Düsseldorf, Di–Fr 10–18 Uhr, Sa/So 11–18 Uhr, jeden 1. Mi/Monat 10 bis 22 Uhr, www.kunstsammlung.de

ST. ANDREAS

Ein Juwel historischer Baukunst: Früh- und spätbarocker Stuck dominieren, doch die Spätgotik ist in der Emporenhalle noch deutlich sichtbar. Sehenswert ist auch das Mausoleum des Kurfürsten Jan Wellem.
Andreasstr. 27, 40213 Düsseldorf, Mo–Sa 7.30–18.30, So 8.30–19 Uhr, www.dominikaner-duesseldorf.de

EKŌ-HAUS DER JAPANISCHEN KULTUR

Mit einem Anteil von nur 1,1 Prozent an der Düsseldorfer Bevölkerung bilden die Japaner eine Minderheit, stellen jedoch mit über 6500 Mitgliedern die größte Japantown in Deutschland. Im Ekō-Haus trifft sich die Community, öffnet Besuchern aus aller Welt Traditionen und Bräuche. Zentraler Blickfang ist ein buddhistischer Tempel, umgeben von einem atemberaubenden Garten mit Flüsschen und Glockenturm. Zeremonien und Feierlichkeiten, Kunsthandwerk wie Ikebana und Kalligrafie kann man hier erleben und lernen. Mit Überziehsocken erkundet man eine scheinbar andere Welt und versteht, warum die nordrhein-westfälische Landeshauptstadt manchmal auch »Klein-Tokio am Rhein« genannt wird.
Brüggener Weg 6, 40547 Düsseldorf, Di–So 13–17 Uhr, www.eko-haus.de

MUSEUM INSEL HOMBROICH

Die Urkraft eines Ortes nutzen, um der Ausdruckskraft von Kunst Raum und Bedeutung zu geben – das war die Idee des Sammlers Karl-Heinrich Müller (1936 bis 2007). Besucher erwandern das Gelände und entdecken Häuser und

Skulpturen mit bedeutenden Werken. Neben einer beachtlichen fernöstlichen Sammlung findet man Crinth, Graubner, Matisse, Rembrandt und Klein. Die einzelnen Häuser öffnen immer wieder den Blick für die Natur der Umgebung und vermitteln ein Gefühl von Freiheit, Ruhe und Kraft. *Minkel 2, 41472 Neuss, Apr.–Sept. tgl. 10 bis 19 Uhr, Okt. 10–18, Nov.–März 10–17 Uhr, www.inselhombroich.de*

NEANDERTHAL-MUSEUM

Vor mehr als 160 Jahren wurde er ganz in der Nähe gefunden: der Neanderthaler. Und heute können wir ihn in einem der modernsten Museen Europas kennenlernen. Die Geschichten und Exponate erzählen von den Anfängen der Menschheit vor mehr als 4 Mio. Jahren. Es gibt witzige Mitmachaktionen (vorher anmelden!), etwa eine Taschenlampenführung.
Talstr. 300, 40822 Mettmann, Di–So 10–18 Uhr, www.neanderthal.de

TIGER & TURTLE

Landmarke, Kunstwerk, beeindruckendes Zeugnis der Flexibilität von Stahl: Das ist die einer Achterbahn nachempfundene Großskulptur Tiger & Turtle. Wer ihre Stufen erklimmt, wird mit einer grandiosen Aussicht und nachts mit einer erstaunlichen Beleuchtung belohnt. Die 2011 eröffnete Attraktion, geschaffen von Heike Mutter und Ulrich Genth, ist Tag und Nacht bei freiem Eintritt geöffnet.
Ehinger Str. 117, 47249 Duisburg, www.tigerandturtle.duisburg.de

LANDSCHAFTSPARK NORD

Das 1985 stillgelegte Thyssen-Hochofenwerk hat sich zu einem imponierenden Natur- und Kulturlandschaftspark gemausert. Die Zeitzeugen der alten Industrie sind von wild wuchernder Natur umgeben. Das rund um die Uhr geöffnete Hüttenwerk lässt sich erklettern und erwandern, in einem zum Tauchzentrum umgebauten Gasometer kann man in ungewohnter Umgebung abtauchen. Nachts wird das ganze Gelände von den Lichtinstallationen des britischen Künstlers Jonathan Park erleuchtet. Zahlreiche Musik- und Kulturveranstaltungen machen den Park über Duisburg hinaus zu einem beliebten Treffpunkt.
Emscherstr. 71, 47137 Duisburg, www.landschaftspark.de

RESTAURANTS

NAGAYA
Ausgezeichneter Japaner auf Topniveau: Yoshizumi Nagaya lernte bei einem Großmeister der traditionellen Küche und bei einem Star der modernen Küche. Mit Kreativität sowie raren und exklusiven Zutaten bringt er Hochgenuss auf den Teller. *Klosterstr. 42, 40211 Düsseldorf, Tel. 02 11/863 96 36, Di–Sa 12–14, 19–22 Uhr, www.nagaya.de*

IM FÜCHSCHEN
Rheinische Brauhauskultur plus hauseigene Metzgerei ergeben: eine gute deftige Küche. Das Alt wird seit 1848 gebraut und passt exzellent zur knusprigsten Haxe der Stadt, der Blutwurst oder den kleinen, feinen Bierhappen. Unbedingt Hunger mitbringen. *Ratinger Str. 28, 40213 Düsseldorf, Tel. 02 11/137 47 16, Mo–Do 9–1, Fr/Sa bis 2, So bis 24 Uhr, www.fuechschen.de*

ÜBERNACHTUNGEN

SIR & LADY ASTOR
Gemeinsam ist beiden Häusern eine gewisse Opulenz bei Tapeten und Stoffen. Im Sir Astor sind die Möbel eher dunkel gehalten, Lady Astor verzaubert mit heller Leichtigkeit. Sehr persönliche, charmante Atmosphäre. *Kurfürstenstr. 18, 40211 Düsseldorf, Tel. 02 11/93 60 90, www.sir-astor.de, DZ ab 71 €*

VILLA ACHENBACH
Idyllisches, märchenhaft wirkendes Haus in einer historischen Stadtvilla von 1907. Die Zimmer sind im viktorianischen Stil eingerichtet, dunkles Mahagoniholz dominiert. Das großartige Frühstücksbüfett wird im Wintergarten serviert. *Achenbachstr. 17, 40237 Düsseldorf, Tel. 02 11/66 90 90, www.villa-achenbach.de, DZ ab 100 €*

28

RHEINBRÜCKE EMMERICH

51° 49′ 45″ NORD / 06° 13′ 33″ OST

Nach Sonnenuntergang erstrahlen die rund 80 Meter hohen Pylone der Rheinbrücke Emmerich in spektakulärem Licht. Nicht nur die Form, auch der rote Anstrich des kolossalen Bauwerks erinnert an die Golden Gate Bridge in San Francisco.

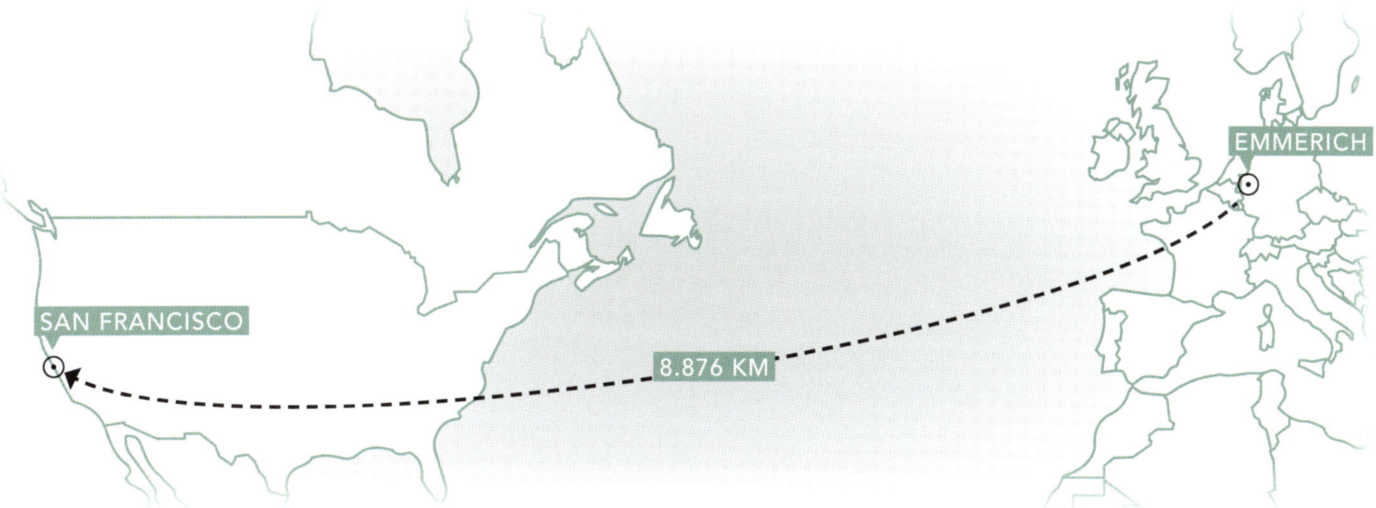

EIN MANN, EIN SPRUNG! Das war schon ein Hingucker, als sich Umweltminister Klaus Töpfer im Mai 1988 nahe Mainz im Neoprenanzug von einem Polizeiboot in die Fluten des Rheins stürzte. Trotz pinker Badekappe wirkte die Hechtrolle des damals 50-Jährigen zumindest im Fernsehen so schnittig wie der Einsatz eines Rettungstauchers. Dabei wollte der Politiker das Gegenteil beweisen: Dem Rhein geht es gut! Grund zur Sorge gab es aber durchaus noch. Jahrelang hatten Chemiekonzerne entlang des Flusslaufs ihre Abfälle bequem und ungefiltert in Deutschlands zweitlängstem Strom entsorgt; hinzu kamen Pestizide und andere Schadstoffe aus der Landwirtschaft. So musste Vater Rhein auf seiner langen Reise zur Nordsee tagtäglich einiges schlucken. »Taten statt Baden« kommentierten denn auch Umweltverbände die in ihren Augen scheinheilige Aktion des Ministers. Heute, 30 Jahre später, kann man hingegen guten Gewissens behaupten: Der Rhein ist zwar nicht rein, hat sich aber deutlich erholt. Und dadurch Erholungswert! Wer spektakuläre Architektur und zudem Kalifornien liebt, sollte den Fluss nahe der holländischen Grenze besuchen. Vor den Toren der Stadt Emmerich spannt sich seit 1965 die längste Hängebrücke Deutschlands von Ufer zu Ufer – die nicht umsonst »Golden Gate Bridge am Niederrhein« genannt wird. Zwar ist die Konstruktion mit einer Länge von 803 Metern deutlich kleiner als ihr Pendant in den USA; vor allem ihre rote Farbe verleitet jedoch zum »California Dreaming«. Und wie die Bucht von San Francisco ist schließlich auch der Niederrhein, der sich nur 150 Kilometer westlich bei Rotterdam in die Nordsee ergießt, ein Tor zur Welt. Mit Stil und Komfort kann man die Brücke aus einem der Strandkörbe an den Emmericher Rheinpromenaden bewundern. Baden darf man hier nicht, auch nicht mit Badekappe – aber entspannen und genießen. Vielleicht mit einer Blume im Haar?

www.niederrhein-tourismus.de

Golden Gate Bridge, San Francisco, Kalifornien, USA
37° 49‘ 03“ Nord / 122° 28‘ 42“ West

RESTAURANTS

RESTAURANT ART

Uwe Lemke und sein Team gehören laut »Feinschmecker« zu den 800 Besten in Deutschland – und das zu fairen Preisen. Karpfen mit geschmortem Apfel, Rinderfilet in Lebkuchenjus und weißes Espressoeis – einfach lecker. *Reeser Landstr. 188, 46487 Wesel, Tel. 02 81/975 75, Mo 12–14, Mi–Fr, So 12–14, ab 18, Sa ab 18 Uhr, www.restaurant-art.de*

ORANJE KOFFIEHUIS

Den vielleicht besten Kaffee der Niederlande – serviert mit einem Schlagsahne-Orangen-Likör – gibt es in diesem urgemütlichen Kaffeehaus, das seit 1870 besteht. Der offene Kamin und der charmante Service lassen die Zeit bei guten Getränken wie im Flug vergehen. *Arke Noachstraat 7, 6811 DN Arnhem, Niederlande, Tel. +31 26/351 40 81, Di/Mi 11–20, Do 11–22, Fr 10–23, Sa 10–22, So 12–20 Uhr*

ÜBERNACHTUNGEN

PARKHOTEL WASSERBURG ANHOLT

Romantik pur in herrlicher Natur verspricht das Parkhotel. Individuell gestaltete Zimmer, angenehmer Service, Wassergraben sowie Barock- und Irrgarten laden zur Entschleunigung ein. Die Küche ist sterneverdächtig! *Schloß 1, 46419 Isselburg, Tel. 028 74/45 90, www.schloss-anholt.de, DZ ab 150 €*

LANDHOTEL VOSHÖVEL

Günstig gelegen zwischen Golfplätzen, Radstrecken und Kulturstätten – etwa dem Römermuseum in Xanten – bietet das vielfach ausgezeichnete Landhotel liebevoll eingerichtete Zimmer, hervorragende Küche und einen riesigen Wellnessbereich. *Postweg 23, 46514 Schermbeck, Tel. 028 56/914 00, www.landhotel.de, DZ ab 220 €*

MUSEUM WASSERBURG ANHOLT

Ein Wehrbau aus dem 12. Jh. ist Ursprung der Wasserburg, eines der größten Wasserschlösser des Münsterlandes. Kernburg (1169), Vorburg (um 1700) und prächtige Außenanlagen nach Vorbild französischer Gartenkunst beeindrucken ihre Besucher. Seit 1966 zeigt das Museum u. a. Werke von Rembrandt, van Goyen, ter Borch sowie original erhaltenes Interieur.
Schloss 1, 46419 Isselburg-Anholt, Mai–Sep. tgl. 11–17, sonst nur So 13–17 Uhr, www.wasserburg-anholt.de

WILDPARK ISSELBURG

1892 wurde der faszinierende Biotopwildpark gegründet – auch wenn er damals noch nicht so hieß. Aus dem Sumpfgebiet entstand eine Insel, auf der heute das Schweizer Häuschen steht. Rund 50 Tierarten sind angesiedelt, Wölfe, Bären, Luchse und manchmal auch Wild-Nachwuchs können bei den Fütterungen beobachtet werden. Ein Erlebnis sind auch die Falkenshows. Wer mit Hund unterwegs ist: Vierbeiner dürfen leider nicht in den Wildpark.
Pferdehorster Str. 1, 46419 Isselburg, Mitte März–Okt. tgl. 9–18, Nov.–Anf. März Sa, So 10–16 Uhr, www.anholter-schweiz.de

Hat ihre Wirkung sicher nicht verfehlt: Verteidigung war der erste Zweck der mittelalterlichen Wasserburg Anholt.

Im Nationalpark De Hoge Veluwe arbeitet man an der Biodiversität. Das bedeutet, dass der Tierbestand hin und wieder dezimiert werden muss und dass es Wildbret zu kaufen gibt.

SALZTANGENTE VON BOCHOLT NACH GRONAU

Seit 2005 kann man die vom Künstler Franz Kohn entwickelte Radtour erkunden – ein ca. 80 km langer Skulpturenweg über einem ausgetrockneten Urmeer im Münsterland zwischen Gronau und Bocholt. Graue und blaue Stäbe weisen auf 200 Mio. Jahre alte Salzlagerstätten hin, Tafeln erläutern Erstaunliches über die unscheinbare Substanz. Eine ebenfalls vom Künstler entworfene Radwanderkarte erzählt Geschichte und Bedeutung des »Weißen Goldes« für das Münsterland.
www.salztangente.de

ARCHÄOLOGISCHER PARK XANTEN

Im vom Landschaftsverband Rheinland (LVR) unterhaltenen Archäologischen Park Xanten kommt man der Antike ganz nah. Wo sich einst die römische Stadt Colonia Ulpia Traiana befand, liegt heute Deutschlands größtes archäologisches Freilichtmuseum. Im Originalmaßstab wurden Wohngebäude und Tempel, ein Amphitheater und die Stadtmauer rekonstruiert. Das LVR-Römermuseum zeichnet die Geschichte der Römer in Xanten nach, vom Einmarsch der Legionäre bis zur Entstehung der zivilen Stadt. Hier werden Funde aus der Zeit präsentiert, darunter Waffen, Reste von Wandmalereien, Skulpturen und Grabsteine. Die multimediale Gestaltung begeistert nicht nur Kinder.
Wardter Straße, 46509 Xanten, März–Okt. tgl. 9–18, Nov. tgl. 9–17, Dez.–Feb. tgl. 9–16 Uhr, www.apx.lvr.de

DE HOGE VELUWE

Einst ein Jagdrevier, ist der niederländische Naturpark heute ein Paradies für Wanderer und Radler (kostenloser Fahrradverleih!). Satte Wald- und leuchtende Heideflächen wechseln sich ab mit kargem Sandmagerrasen und Moorseen. Und natürlich jede Menge Tiere: Rot- und Schwarzwild, Mufflons, Moorbläuling und Dutzende von Arten, die auf der Roten Liste stehen. Das Jachthuis Sint Hubertus und das Kröller-Müller-Museum bieten Architekur- und Kunstgenuss.
Eingänge in Otterlo, Schaarsbergen und Hoenderloo, Apr. 8–20, Mai/Aug. 8–21, Juni/Juli 8–22, Sept. 9–20, Okt. 9–19, Nov. bis März 9–18 Uhr, www.hogeveluwe.nl

KRÖLLER-MÜLLER-MUSEUM

Claude Monet, Pablo Picasso – aber vor allem fast 90 Gemälde des Meisters Vincent van Gogh – damit die zweitgrößte Van-Gogh-Sammlung der Welt – warten im Nationalpark De Hohe Veluwe auf Besucher. Außerdem ein riesiger Skulpturengarten mit über 160 Plastiken inmitten herrlicher Natur.
Houtkampweg 6, 6731 AW Otterlo, Di–So 10–17 Uhr, www.krollermuller.nl

DER SÜDEN

Lust auf Mallorca? In der Pfalz blühen die Mandelbäume mindestens genauso herrlich wie auf den Balearen. Und auch der Wein mundet hervorragend! Islandfans bekommen in Andernach feuchte Augen – denn der Geysir verpasst Besuchern gerne mal eine kalte Dusche. Noch spritziger ist die Münchner Eisbachwelle, die selbst Profisurfern aus Hawaii Respekt einflößt. Beim Kamelreiten im Mangfalltal wiederum sitzt man fest im Sattel und schaukelt sanft durchs bayerische Voralpenland.

Sachsen
40
39
Thüringen
Hessen
36
37
38
41
32
Rheinland-Pfalz
31
35
34
42
43
29
30
Saarland
33
45
44
46
Bayern
Baden-Württemberg
53
49
48
47
55
54
50
51
52

29

SAARSCHLEIFE BEI ORSCHOLZ

49° 30′ 04″ NORD / 06° 32′ 58″ OST

ES WERDEN JA WIRKLICH KURIOSE DINGE verkauft oder verlost. Abgelegene Inseln zum Beispiel oder sogar Ländereien auf dem Mond. Auch Norbert Krabbe, sympathischer Antiheld des TV-Films »Ein Mann, ein Fjord!« (2009) von Hape Kerkeling, fällt quasi über Nacht ein Stück Natur in den Schoß. Zuvor hatte der glücklose Familienvater, der Preisrätseln einfach nicht widerstehen kann, nur Nippes gewonnen. Bis eines Tages eine Urkunde im Briefkasten landet: Volltreffer! Allerdings kein »Ford«, wie seine Frau insgeheim gehofft hatte – ein Fjord! Nur allzu gerne würde Norbert seinem neuen Stück Norwegen einen Besuch abstatten. Doch woher das Geld für die Reise nehmen? Seine Tochter hat einen recht abenteuerlichen Plan ...

Preiswerter und entspannter für das Duo wäre freilich ein Ausflug ins nahe Orscholz gewesen. Auch hier erlebt man einen Hauch von Skandinavien: Die Pirouette, die die Saar in ihrem Durchbruchstal aufs Parkett legt, ist sogar noch spektakulärer als am berühmten Geirangerfjord! Nur durch ein Ausweichmanöver war es dem Fluss möglich, sich über Jahrmillionen einen Weg durch Fels und Stein zu bahnen. Heute gilt das verschlungene Naturphänomen als Wahrzeichen des Saarlands und ist zu fast jeder Tages- und Jahreszeit ein tolles Fotomotiv. Vor allem morgens und abends, wenn sich Nebelschleier oder zerzauste Wolken über die Landschaft legen, zeigt sich ein mystisches Licht- und Farbenspiel. Sehr reizvoll ist der Blick südwärts übers Tal vom neuen, 42 Meter hohen Aussichtsturm des Orscholzer Baumwipfelpfads. Und Norwegen? Liegt in der anderen Richtung. Macht nichts. Kerkelings Komödie und die Saarschleife sind schließlich der beste Beweis, dass sich Umwege lohnen!
www.urlaub.saarland

Rechts: Geirangerfjord, Norwegen
62° 05' 40" Nord / 07° 04' 50" Ost

Unten: Wankelmut? Nein, ohne kecke Kehre hätte die Saar bei Orscholz keinen Weg durch den Hunsrück gefunden. Den schönsten Blick auf die Saarschleife hat man von den Aussichtspunkten oberhalb des Flusses. Entlang der Ufer verlaufen aber auch Wander- und Fahrradwege.

RESTAURANTS

RESTAURANT NIEDMÜHLE

Ob im Gourmetrestaurant oder im Wintergarten, das Restaurant Niedmühle bietet gehobene Küche mit herzlichstem Service. Mit der Bliesgau-Linse zaubert Stefan Burbach wunderbare Spezialitäten. Man fragt sich, wo der Stern bleibt . *Niedtalstr. 13–14, 66780 Rehlingen-Siersburg, Tel. 068 35/674 50, Di–Fr, So 12–14, Di–So 18–22 Uhr, www.restaurant-niedmuehle.com*

LANDGASTHOF PAULUS

Ein zehn Tage lang eingelegter Sauerbraten, regionale, ökologisch erzeugte Zutaten und feine Wildkräuter verraten die Leidenschaft von Sigrune Essenpreis: Slow Food. Was für den einen ein Experiment ist, ist für den anderen schon lange das offene Geheimnis echter Gourmetküche. *Prälat-Faber-Str. 2, 66620 Nonnweiler, Tel. 068 73/910 11, Mi–So 12–22 Uhr, www.landgasthof-paulus.de*

ÜBERNACHTUNGEN

LANDHOTEL SAARSCHLEIFE

Hier kann man nicht nur »Opa Michis Mourtenspeis« kosten, sondern auch gut nächtigen. Das Haus im Luftkurort bietet ländlich-moderne Zimmer, ein schönes Spa und die perfekte Umgebung für beste Erholung. *Cloefstr. 44, 66693 Mettlach, Tel. 068 65/17 90, www.hotel-saarschleife.de, DZ ab 124 €*

ALTES PFARRHAUS BEAUMARAIS

Erst beherbergte die Villa von 1762 eine Baronin, dann die Pfarrersleut. Das Schmuckstück ist im Art-déco-Stil eingerichtet, gespeist wird z. B. auf roten Lederbänken. Zur Straßenseite kann es auch mal lauter werden. *Hauptstr. 2–4, 66740 Saarlouis, Tel. 068 31/63 83, www.altespfarrhaus.de, DZ ab 100 €*

BAUMWIPFELPFAD

1250 m windet sich ein einzigartiger Pfad durch Buchen, Eichen und Douglasien und mündet in ein kleines Architekturwunder: eine ca. 42 m hohe Holzkonstruktion, deren Halbkreisform die Saarschleife spiegelt und einen fantastischen Ausblick gewährt. Die vielen Lern- und Erlebnisstationen haben großen Unterhaltungswert. Man lernt den Wald und seine Lebensformen kennen, man kann auf einer Wackelbrücke und beim Rutschen Spaß haben. Für die ganze Familie!
Cloef-Atrium, 66693 Mettlach, Jan.–März, Nov., Dez. tgl. 9.30–16, Apr., Okt. bis 18, Mai–Sept. bis 19 Uhr, www.baumwipfelpfad-saarschleife.de

KERAMIK IN DER ALTEN ABTEI

Seit 1748 prägt Villeroy & Boch die Ess- und Tischkultur. Die Alte Abtei geht auf das 7. Jh. zurück und beherbergt heute die Hauptverwaltung der traditionsreichen Firma sowie ein Keramikmuseum – ein Erlebniszentrum mit prächtig gedeckten Tischen und Outlet-Store. Ebenfalls sehenswert: 1879 ließ die Familie Villeroy die neogotische, mit Fliesen ausgestattete Kapelle St. Joseph in Wallerfangen ab- und hier wieder aufbauen. Der Alte Turm im Park der Abtei – eigentlich eine Kapelle – ist das älteste Sakralgebäude der Region.
Saaruferstr. 1–3, 66693 Mettlach, Apr.–Okt. Mo–Fr 9–18, Sa, So 9.30–18, So10–17, Nov.–März Mo–Sa 10–17, So 14–17 Uhr, www.villeroy-boch.com/erlebniszentrum

GÄRTEN OHNE GRENZEN

Das Projekt mit ideenreichen Themengärten und restaurierten, historischen Grünanlagen aus verschiedensten Epochen erstreckt sich im Dreiländereck auf Luxemburg, Frankreich und die Bundesrepublik. Unweit der Saarschleife zeigen der Archäologiepark Römische Villa Borg in Perl sowie der Park der Vierjahreszeiten in Losheim am See – um nur zwei zu nennen – Gartenbaukunst in höchster Vollendung.
SeeGarten: Zum Stausee 198, 66679 Losheim, tgl. 11–17 Uhr, www.losheim-stausee.de; Archäologiepark Römische Villa Borg: Im Meeswald 1, 66706 Perl-Borg, Di–So 11 bis 16 Uhr, www.villa-borg.de; www.gaerten-ohne-grenzen.de

Einmal einen Wolf streicheln? Das lassen die scheuen Räuber im Wolfspark-Werner-Freund dann doch nur bei Profis zu.

WOLFSPARK WERNER FREUND

Der weltweit bekannte Wolfspark hat sich der Beobachtung und Verhaltensforschung von Wölfen und Wolfsrudeln verschrieben. Die Mitarbeiter bewegen sich nach intensivem Vertrauensaufbau frei unter den hoch entwickelten und sehr sozialen Raubtieren. An jedem ersten Sonntag im Monat findet um 16 Uhr eine kostenlose Führung statt.
Waldstr. 204, 66663 Merzig, tgl. 10–17 Uhr, jeden erste So im Monat kostenlose Führung, www.wolfspark-werner-freund.de

HISTORISCHES KUPFERBERGWERK

Über und unter Tage erlebt man hier ein Stück Bergwerksgeschichte. 1723 fand ein pflügender Bauer Kupfer am Weltersberg. In der daraufhin entstandenen Bergwerksanlage standen bis zu 300 Bergleute in Lohn und Brot. 1735 erfolgte die Stilllegung, ausgelöst u. a. durch Rechtsstreitigkeiten. Auf spannenden Exkursionen verfolgt man die Spuren der Bergmänner, erkundet eine rekonstruierte Kupferhütte und wird durch 600 m Stollengang und vier Schächte geführt– natürlich mit typischem Bergbauerhelm.
Piesbacherstr. 67, 66701 Beckingen, Fr–So 14–18, Führungen 14, 15, 16.30 Uhr, www.kupferbergwerk.saarland

DEUTSCHES ZEITUNGSMUSEUM

Es war einmal das unersetzliche Printprodukt. In Wadgassen wird ein guter Einblick in die Geschichte, Verbreitung und Bedeutung des Mediums Zeitung anhand von Originalabzügen und Exponaten vermittelt. Besucher können sich selbst als Drucker versuchen und alte Pressen und Druckmaschinen bewundern.
Am Abteihof 1, 66787 Wadgassen, Di–So 10–16 Uhr, www.deutscheszeitungsmuseum.de

SAARBURG

Umgeben von lichtdurchfluteten Wäldern und Weinbergen, durchflossen vom Leukbach strahlt der staatlich anerkannte Erholungsort pittoreske Romantik aus. Das Amüseum zeigt nicht nur wechselnde Kunstausstellungen, sondern klärt auch über traditionelle Saarburger Handwerksberufe wie Glockengießer, Gerber oder Schiffer auf. Der Wasserfall mitten im Städtchen stürzt sich 20 m zwischen Barockbauten und historischen Fischer- und Schifferhäusern hinab, um die Hackenberger Mühle anzutreiben.
Tourist Info: Graf-Siegfried-Str. 32, 54439 Saarburg, Tel. 065 81/99 59 80, Apr.–Okt. Mo–Fr 9–18, Nov.–März Mo–Fr 9–17 Uhr, www.saar-obermosel.de; Amüseum: Am Markt 29, 54439 Saarburg, So–Fr 9–18 Uhr, www.amueseum-saarburg.de

30

JAPANISCHER GARTEN, KAISERSLAUTERN

49° 26′ 52″ NORD / 07° 45′ 56″ OST

Der Japanische Garten in Kaiserslautern öffnete zeitgleich mit der Landesgartenschau im Jahr 2000 seine Pforten. Auf dem Gelände gibt es auch einen Imbiss, der authentisch-asiatische Mittagsgerichte anbietet.

WEITERGEHEN, oder doch lieber das Weite suchen? An fernöstlichen Zickzackbrücken scheiden sich angeblich die Geister – gute und böse. Letztere, das wird immer noch in vielen Texten behauptet, spuken bevorzugt auf geraden Pfaden. Wege, die wilde Haken schlagen, sind einfach nicht ihr Ding. Mag sein, dass auch die neue Zickzackbrücke, die sich als hölzerne Ziehharmonika über den oberen Teich des Japanischen Gartens in Kaiserslautern spannt, arglistige Gespenster ausbremst. Vermutlich steckt hinter der traditionellen Bauweise dieser in Asien »Yatsuhashi« genannten Brücken aber seit jeher ein ganz anderer spiritueller Trick: Denn wer nicht schnurstracks durchs Leben hetzt, so lehren es auch Shintō und Buddhismus, muss eben öfter innehalten und kann sich dabei in Ruhe umsehen. Im Hier und Jetzt schwelgen Besucher des Japanischen Gartens hinter jedem Baum und Busch. Mit einer Fläche von rund 13 500 m², die sich nördlich der Lauterer Innenstadt ausdehnt, zählt er zu den größten seiner Art in ganz Europa und gleicht einem landschaftlichen Gesamtkunstwerk, das sich aus einer Fülle von Einzelgemälden zusammensetzt; zwischen Schwarzkiefern, Amberbäumen, Azaleen und Kamelien überraschen sie mit immer neuen, sorgfältig mit Gartenschere und Harke komponierten Perspektiven. Highlight im oberen Teil der Anlage ist das verschwiegene Japanische Tee- und Gästehaus, das ursprünglich aus Tokio stammt, dort komplett zerlegt und dann in Deutschland originalgetreu wieder aufgebaut wurde. Als tosender Kontrast stürzt sich im unteren, östlichen Bereich ein künstlicher Wasserfall in die Tiefe. Auf dem Weg dorthin traumwandelt man durch Torii-Tore, vorbei an Bambuswäldern, Zengärten und Tümpeln, in denen exotische Koi-Karpfen leuchten. Doch japanische Kultur und Natur wird hier in Kaiserslautern nicht nur ausgestellt, sondern auch gelebt – bei den regelmäßigen Teezeremonien, bei Lesungen und Konzerten und natürlich beim Hanami-Fest im Frühling, wenn die Zierkirschen aufblühen und sich für wenige Tage in ihrer rosaroten Robe zeigen.
www.japanischergarten.de

Shinjuku Gyoen National Garden Tokio, Honshū, Japan
35° 41‘ 02“ Nord / 139° 46‘ 28“ Ost

RESTAURANTS

AYAME

Viel japanisches Flair spürt man hier auf der Zunge. Das Sushi ist superfrisch – und Okonomiyaki, Takoyaki und Miso-Suppe schmecken wie im fernen Ostasien. *Morlauterer Str. 1 (im Hotel Alcatraz), 67657 Kaiserslautern, Tel. 06 31/89 29 38 68, tgl. 12–14, 18–22 Uhr, www.ayame-restaurant.de*

OSKAR

Ebenso apart wie lecker: Im Oskar kommen Ochsenbäckchen, Rumpsteak und Jakobsmuscheln als pfiffige kulinarische Kunstwerke auf die Teller. Zubereitet wird alles aus frischen, saisonalen Zutaten. Speisen kann man im Sommer auch im hübschen Restaurantgarten. *Parkstr. 46, 67655 Kaiserslautern, Tel. 06 31/41 46 58 58, Mo, Do–Sa 18–23, So 17–22 Uhr, www.oskar-restaurant.de*

ÜBERNACHTUNGEN

SAKS URBAN DESIGN HOTEL

Moderner 4-Sterne-Komfort mit Design-Dekor. Alle Zimmer sind mit flauschigen Boxspringbetten ausgestattet. Im Rooftop-Spa kann man nicht nur saunieren, sondern auch einen herrlichen Blick über den Stiftsplatz und die Dächer der Stadt genießen. *Stiftsplatz 11, 67655 Kaiserslautern, Tel. 06 31/36 12 50, www.sakskaiserslautern.com, DZ ab 130 €*

ART HOTEL LAUTERBACH

Freundliches 3-Sterne-Hotel am nördlichen Altstadtrand. Alleinreisende können sich in gut geschnittenen Einzelzimmern einquartieren. Wer sich verwöhnen will und Platz braucht, bucht die erschwingliche Suite. Überdurchschnittlich gutes Frühstück! *Fruchthallstr. 15, 67655 Kaiserslautern, Tel. 06 31/36 24 00, www.art-hotel-kl.de, DZ ab 120 €*

MUSEUM PFALZGALERIE (MPK)

Matter schwarzer Stahl – in zwei kantige, streng geometrische Formen gegossen. Die beiden, ineinander verschränkten Elemente wirken wuchtig und federleicht zugleich. Erst seit wenigen Jahren ziert die Plastik »Berlin« des niederländischen Künstlers Lon Pennock die Fassade des Museums Pfalzgalerie (mpk). Doch der Blick schweift schnell wieder ab – denn links und rechts ragt ja noch so viel mehr Konkrete Kunst in den Himmel! Ein Spaziergang durch den Außenbereich des mpk wird jedenfalls auch Kulturmuffel begeistern. Das Haus zählt zu den ältesten und wichtigsten Museen der Pfalz. Im Innern warten rund 1000 m² Ausstellungsfläche, verteilt auf 16 Räume. Schwerpunkt sind hier Gemälde des 19. bis 21. Jh. – insbesondere aus dem deutschen Impressionismus. Berühmt ist das mpk aber auch für seine grafische Sammlung und die vielen, abwechslungsreichen Sonderausstellungen.
Museumsplatz 1, 67657 Kaiserslautern, Tel. 06 31/364 72 01, Di 11–20, Mi–So 10–17 Uhr, www.mpk.de

DINOS IN DER GARTENSCHAU

Kinder lieben sie – und auch Erwachsene raunen und staunen beim Anblick von Brontosaurus, Triceratops und anderem Urzeitgetier, das sich hier zwischen Liegewiesen, plätschernden Bächen und bunten Blumenbeeten tummelt. Schon seit vielen Jahren sind die über das Gelände verstreuten Dinos die Top-Attraktion der Kaiserslauterer Gartenschau. Zur Jahrtausendwende wurde auf dem Areal die erste Landesgartenschau in Rheinland-Pfalz ausgetragen. Heute ist es ein beliebter Freizeitpark mit jeder Menge Hinguckern, Sportangeboten, Gastronomie und thematischen Gärten zum Entspannen, Flanieren und Genießen.
Lauterstraße 51, 67659 Kaiserslautern, Tel. 06 31/71 00 70, März–Okt. tgl. 9–19 Uhr, www.gartenschau-kl.de

HUMBERGTURM

Wenn sich nach einer kühlen Nacht oben am Humberg (428 m) die letzten Nebelschwaden aus den Baumkronen lösen, aus denen ein schlanker Steinschaft mit spitzem Kupferhelm herausragt, hat das etwas Märchenhaftes. Vor allem am Wochenende ist der knapp 36 Meter hohe Humbergturm am südlichen Stadtrand ein populäres, grünes Ausflugsziel. Errichtet wurde er – im Stil des wil-

Nebelschwaden über dem Pfälzerwald – ein Paradies für Naturliebhaber.

helminischen Historismus – Ende des 19. Jh. nach Entwürfen des deutschen Architekten Ludwig Ritter von Stempel. Eine schmale Wendeltreppe mit 130 Stufen führt im Innern des Bauwerks hinauf zur Aussichtsplattform, von der man an klaren Tagen einen traumhaften Panoramablick genießt. Zum Turm und rundherum kann man etliche kurze und längere Wanderungen unternehmen. Karten und Wegbeschreibungen gibt es bei der Touristinformation und im Netz.

Tourist Info: Fruchthallstr. 14, 67655 Kaiserslautern, Tel. 06 31/365 23 17, www.kaiserslautern.de, www.humberg-kaiserslautern.de

DRAISINENFAHRT DURCHS GLANTAL

Wer das idyllische Pfälzer Bergland nordwestlich von Kaiserslautern im Sommer auf ganz besondere Art und Weise erkunden möchte, mietet sich eine Fahrrad-Draisine und zuckelt auf den stillgelegten Gleisen der alten Glantalbahn von Altenglan nach Staudernheim. Zwei müssen strampeln, zwei lümmeln ganz entspannt auf der Holzbank in der Mitte und genießen die vorbeiziehende Landschaft. Aber man kann sich ja abwechseln! Für größere Gruppen (bis sieben Personen) gibt es auch Fahrzeuge mit Elektrohilfsmotor. Der Schienenweg ist insgesamt 40 Kilometer lang und windet sich durch zahlreiche, malerische Dörfer, in denen man pausieren und einkehren kann. Auch Halbtagestouren ab bzw. zur Verleihstation Lauterecken auf halber Strecke sind möglich.

Buchung: Tourist Info Pfälzer Bergland, Bahnhofstr. 67, 66869 Kusel, Tel. 063 81/42 42 70, Verleih: April–Sept. 14–19, März/Okt. 14–18 Uhr, www.draisinentour.de

PFÄLZERWALD

Ich bin dann mal weg! Vor den Toren Kaiserslauterns, nur wenige Kilometer südlich der Stadt, erstreckt sich der Pfälzer Wald. Seine sanften Höhenzüge verschmelzen im Südwesten mit den französischen Vogesen. Gemeinsam formen beide Naturräume heute das grenzüberschreitende UNESCO-Biosphärenreservat Pfälzerwald-Nordvogesen – eines der größten zusammenhängenden Waldgebiete Mitteleuropas. Wer sich über das faszinierende Ökosystem und Ausflugsmöglichkeiten in der Region informieren möchte, besucht am besten das Haus der Nachhaltigkeit (www.hdn-pfalz.de) in Johanniskreuz bei Trippstadt. In Trippstadt selbst kann man die Wanderschuhe schnüren und zur wildromantischen Karlstalschlucht aufbrechen (www.trippstadt.de). Für die gemütliche Rundtour sollte man knapp zwei Stunden einplanen. Kein Proviant im Rucksack? Auf dem Weg lädt der Gasthof Klug'sche Mühle (www.klugsche-muehle.de; Mi, Fr–So) zur Mittagspause ein.

Zentrum Pfälzerwald Touristik, Hauptstr. 3a, 66849 Landstuhl, Tel. 063 71/ 130 00 12, www.zentrum-pfaelzerwald.de

31

CHAGALL-FENSTER IN MAINZ

49° 59′ 44″ NORD / 08° 16′ 07″ OST

IM BISTUM MAINZ gibt es bis heute keine Zweifel: Das mit den Fenstern hat damals nur geklappt, weil Gott im Himmel es so wollte. Und natürlich weil Monsignore Klaus Mayer einfach nicht lockerließ. Fast 50 Jahre ist es her, dass der Priester beherzt zum Füllfederhalter griff und Marc Chagall einen Brief schrieb. Mayers Wirkungsstätte, die gotische Stephanskirche am Willigisplatz, war im Zweiten Weltkrieg fast vollkommen zerstört worden. Der Wiederaufbau ging in den Nachkriegsjahren zwar gut voran, zog sich aber hin. So hatte man Anfang der 1970er-Jahre für die nur notdürftig gekitteten Maßwerkfenster des Gotteshauses immer noch keinen Ersatz gefunden. Ob Marc Chagall vielleicht …? Der französische Maler russisch-jüdischer Abstammung war jedenfalls Mayers Wunschkandidat: Neues Buntglas aus seiner Meisterhand, das wäre nicht nur erstklassige Kunst, sondern auch ein Symbol christlich-jüdischer Aussöhnung. Und was sagte Chagall dazu? Der war seinerzeit immerhin schon 86 und längst eine lebende Legende. Noch dazu musste er einst mitsamt Familie vor den Nazis fliehen. Den Auftrag aus Deutschland nahm er dennoch an, bat aber um Geduld. Drei Jahre zogen ins Land, bis er zaudernd die ersten Skizzen vorlegte. Später tauchte er mehrmals ab, und in Mainz wuchs die Nervosität. Doch Monsignore Mayer blieb am Ball, hakte beharrlich immer wieder nach und reiste sogar nach Südfrankreich, um den Maler anzuspornen. Sein Engagement wurde belohnt: Bis 1985 fertigte Chagall insgesamt neun riesige, mit biblischen Motiven verzierte Buntglasfenster für St. Stephan an. Seither durchfluten sie den Chor des Kirchenschiffs mit mystischem, tiefblauem Licht und begeistern jährlich Hunderttausende Besucher. Es sind die letzten und größten Kirchenfenster, die der Künstler in seinem Leben schuf – und die einzigen, die man hierzulande bestaunen kann. In Europa findet man ähnliche Chagall-Fenster in der Kathedrale im nordfranzösischen Reims oder im Fraumünster in Zürich.

www.bistummainz.de

Rechts: Kathedrale von Reims, Champagne, Frankreich
49° 15‘ 14“ Nord / 04° 02‘ 03“ Ost

Unten: Wer in Deutschland Chagall-Fenster bestaunen möchte, muss die Mainzer Stephanskirche besuchen. Dass die gläsernen Schmuckstücke heute hier leuchten, ist ein einmaliger Glücksfall, dem eine Zitterpartie vorausging.

Der Kirschgarten – pittoresker Mittelpunkt der Mainzer Altstadt.

UNTERWEGS IN DER ALTSTADT

Wohin zuerst in Mainz? Natürlich zum Kirschgarten! Der von rot-weißen Fachwerkhäusern gesäumte Platz ist die malerische Herzkammer und »gute Stube« der Mainzer Altstadt. Viele der prachtvollen Gebäude ragen hier bereits seit Jahrhunderten in den Himmel – ihre Eingangstüren sind oftmals mit kunstvollen Holzschnitzereien verziert. Beliebte Einkaufsmeile ist die nördlich angrenzende Augustinerstraße mit ihren Läden, Weinstuben, Cafés und Restaurants. Hält man sich links, erreicht man in wenigen Minuten via Heiliggrabgasse und Ballplatz den hübschen Schillerplatz, den neben einer Statue des deutschen Dichters auch der berühmte Mainzer Fastnachtsbrunnen (1967) ziert. Wir bleiben jedoch auf der Augustinerstraße, schlendern ein wenig der Vormittagssonne entgegen und werfen dann einen Blick in die Augustinerkirche (1768–1771) mit ihrer opulenten Rokokoausstattung. Noch weiter südlich – wir sind jetzt schon fast am Rheinufer – lohnt sich ein Abstecher im Museum für Antike Schifffahrt (web.rgzm.de) in der Neutorstraße. Highlight sind hier die sogenannten »Mainzer Römerschiffe«. Dabei handelt es sich um die Überreste spätrömischer Kriegsschiffe, die in der Umgebung in Rheinnähe ausgegraben wurden. Anhand der spektakulären Funde konnten zwei der Schiffe originalgetreu rekonstruiert werden.

Tourist Info: Rheinstr. 55 (im Brückenturm), 55116 Mainz, Tel. 061 31/24 28 88, Mo–Fr 9–17, Sa 10–16 Uhr (abweichende Zeiten Winter), www.mainz-tourismus.com

DOM ST. MARTIN

Wer im Zentrum unterwegs ist, nähert sich dem Mainzer Dom und Wahrzeichen am besten vom Liebfrauenplatz und genießt den unverbauten Blick auf den Ostchor – den ältesten Teil der ab 975 erbauten, im Kern romanischen Basilika, die im Laufe der Geschichte immer wieder zerstört und neu aufgebaut wurde. Wie ihre Pendants in Worms und Speyer wird die Kathedrale den rheinische Kaiserdomen zugerechnet, die im Mittelalter auch einflussreiche politische Machtzentren waren.

Markt 10, 55116 Mainz, Mo–Fr 9–18.30, Sa 9–16, So 12.45–15 und 16–18.30 Uhr, www.bistummainz.de

ZDF-MAINZELMÄNNCHEN

Gar nicht so einfach, Kindern in Zeiten von YouTube & Co. das Phänomen Mainzelmännchen zu erklären. So sind es denn auch vor allem ältere Semester, die schmunzeln müssen, wenn ihnen eine der seit vielen Jahrzehnten vertrauten ZDF-Trickfiguren auf einer Mainzer Fußgängerampel entgegenleuchtet. Den Verkehr regeln Anton, Berti, Conny, Det und seine Freunde an der Großen Bleiche am

Neubrunnenplatz sowie an der Rheinstraße gegenüber vom Rathaus. Und natürlich auf dem Lerchenberg südwestlich der Stadt. Hier kann man auch den Arbeitgeber der kleinen Stars, das ZDF-Sendezentrum, besuchen und den Fernsehmachern im Rahmen einer kostenlosen Führung bei der Arbeit zusehen. Ein besonderes Erlebnis während der Sommermonate sind die Generalproben des »ZDF-Fernsehgartens«, immer samstags. Am Folgetag wird die Sendung dann live vom Gelände übertragen. *ZDF Straße 1, 55100 Mainz-Lerchenberg, Führungen (ab 8 Jahre): Mai–Sept. Mo–Fr 9.30, 12, 15, Mo–Do auch 17.30 Uhr, Sa 13, 15.30 (Fernsehgarten), 17 Uhr, www.zdf.de*

GUTENBERG-MUSEUM

Ohne ihn würden Sie diesen Reiseführer vermutlich gar nicht in Händen halten! Johannes Gutenberg, Wegbereiter des modernen Buchdrucks, ist einer der berühmtesten Söhne der Stadt. Mitte des 15. Jh. perfektionierte der Mainzer Goldschmied eine Technik, mit der man Texte mithilfe vorgefertigter Metallbuchstaben zusammenstellen, auf Papier pressen und dann vergleichsweise schnell und günstig vervielfältigen konnte. Eine Revolution! Quasi über Nacht wurden Bücher europaweit zum Massenmedium und das in ihnen gespeicherte Wissen einer breiten Öffentlichkeit zugänglich. Prunkstücke des Mainzer Gutenberg-Museums sind zwei original Gutenberg-Bibeln – die ersten und kostbarsten Bücher der europäischen Druckgeschichte. Zudem kann man in einer nachgebauten Werkstatt sehen, wie zu Gutenbergs Zeiten mit historischer Drucktechnik gearbeitet wurde. In Sonderausstellungen werden die kulturgeschichtliche Bedeutung von Büchern sowie Themen rund um Text, Typografie und Buchkunst beleuchtet. *Liebfrauenplatz 5, 55116 Mainz, Di–Sa 9–17, So 11–17 Uhr, www.gutenberg-museum.de*

MAINZER RHEINUFER

Im Sommer zieht es die Mainzer an den Rhein. Besonders beliebt ist die Promenade am Adenauer Ufer – zwischen Zollhafen und Altstadt. Hier finden sich Liegewiesen, Spielplätze und Sportmöglichkeiten. »Füße im Sand, Cocktail in der Hand«, lautet das Motto am »Mainzstrand« gleich neben der Theodor-Heuss-Brücke. Vamos a la playa! *Mainzstrand, Mai–Sept. tgl. 11–2 Uhr (bei Regen geschl.), www.mainzstrand.de*

RESTAURANTS

WEINHAUS MICHEL

Gemütliches Traditionshaus in der Mainzer Altstadt. Zu erlesenen Weinen aus der Region wird gutbürgerliche Kost serviert. Im Sommer genießt man seinen »Schoppe« im Außenbereich direkt an der Fußgängerzone. *Jakobsbergstr., 55116 Mainz, Tel. 061 31/ 23 32 83, Mo–Sa ab 16 Uhr, www.michel-wein.de*

LA GALLERIE

Auf den Tellern wird angerichtet, was Mutter Erde hergibt. Küchenchef Christoph Rubel legt großen Wert auf frische, saisonale Zutaten, aus denen er dann kunstvolle, aber geradlinige Menüs zaubert. Feinschmecker werden begeistert sein und sollten unbedingt auch die Desserts probieren! *Gaustr. 29, 55116 Mainz, Tel. 061 31/696 94 14, Di–Sa, 11.30–14.30, 18–23 Uhr, www.lagallerie-mainz.de*

ÜBERNACHTUNGEN

ME AND ALL HOTEL

Fast schon ein Abenteuerspielplatz! Vor allem junge und junggebliebene Gäste fühlen sich in diesem Hotel, das skandinavische Gemütlichkeit mit viel flippigem Design und verspielten Extras mixt, wohl. In Bahnhofsnähe – die Altstadt ist aber schnell zu Fuß erreicht. *Binger Str. 23, 55131 Mainz, Tel. 06 131/ 89 44 60, mainz.meandallhotels.com, DZ ab 125 €*

HYATT REGENCY

Ein Logenplatz direkt am Rhein: Schon wegen der ausgezeichneten Lage lohnt sich die Übernachtung im Mainzer Hyatt Regency. Ausstattung und Flair des Hauses punkten mit mondäner, eher zurückhaltender Eleganz. Am besten Zimmer mit Flussblick buchen! *Templerstr. 6, 55116 Mainz, Tel. 061 31/ 73 12 34, www.hyatt.com, DZ ab 160 €*

32

GEYSIR VON ANDERNACH

50° 26′ 55″ NORD / 07° 22′ 31″ OST

Die 60 Meter hohe Geysir-Fontäne entsteht durch Kohlendioxid, das sich in einem Bohrloch mit Grundwasser vermischt, zunehmend unter Druck gerät und dann nach oben ausbricht.

DEN EIGENEN KINDERN ODER ENKELN erklärt man das mit dem Geysir am besten so: Das ist wie bei einer Sprudelflasche, die man vor dem Öffnen so richtig durchschüttelt. Dreht man dann den Deckel auf – zisch! – kommt es zum Druckausgleich inklusive Sauerei. Wer Physik noch nie mochte oder an den eigenen didaktischen Fähigkeiten zweifelt, sieht sich am besten gleich nach dem Ticketkauf im Geysir-Erlebniszentrum an den Rheinanlagen um, das die Funktionsweise der Wasserspeier mit allerlei Exponaten zum Anfassen und Ausprobieren spielerisch vermittelt. Und der echte Geysir? Den bekommen Besucher erst nach kurzer Bootstour auf der Rheinhalbinsel Namedyer Werth zu Gesicht. Dort schießt sein urgewaltiger Wasserstrahl im Zweistundentakt acht Minuten lang in den Himmel – ein 60 Meter hohes Spektakel, das dem »höchsten Kaltwassergeysir der Welt« sogar einen Eintrag im Guinnessbuch der Rekorde einbrachte. Im Unterschied zu heißen Geysiren in Island oder den USA ist die Megafontäne in Andernach allerdings kein reines Naturphänomen, sondern wurde vom Menschen entfesselt. Im Prinzip handelt es sich um ein 350 Meter tiefes Bohrloch. Anfang des 20. Jahrhunderts hatte man hier am Rheinufer in tiefen Gesteinsschichten Kohlendioxid entdeckt, das daraufhin angezapft und als Kohlensäure für Erfrischungsgetränke genutzt wurde. Erfrischend ist der Geysir bis heute, und je nach Windrichtung bekommen Touristen während des Ausbruchs eine ordentliche Dusche ab. Macht nichts, die Attraktion kann ohnehin nur während der wärmeren Monate besichtigt werden. Bei der Reiseplanung also unbedingt berücksichtigen: Im Winter steht man hier vor verschlossenen Türen. Und versuchen Sie mal, das Ihren Kindern zu erklären!

www.geysir-andernach.de

Strokkur-Geysir, Island
64° 18' 47" Nord / 20° 18' 03" West

Er sieht aus wie ein Pflanzenmarkt – und ist es auch. Der Garten des Klosters Maria Laach wird als Außenbereich der zugehörigen Gärtnerei genutzt.

KLOSTER MARIA LAACH

Die hochmittelalterliche Klosteranlage im Laacher Seetal (ca. 30 km nordwestlich von Koblenz) ist eines der am besten erhaltenen und schönsten romanischen Bauwerke Deutschlands. Sie wurde zwischen 1093 und 1216 erbaut, 1802 säkularisiert und wird seit 1892 von Benediktinermönchen bewohnt. Das Herzstück der Abteikirche ist die dreischiffige, doppelchörige Pfeilerbasilika mit zwei Querhäusern und sechs Türmen sowie unschätzbaren Kirchenschätzen. Aus weißem Lothringer Kalkstein, rotem Kyllssandstein und braun-gelbem Laacher Tuff erbaut, ist sie eine Augenweide. Die Vorhalle ist das sogenannte Paradies, ein nahezu quadratisches Atrium aus dem 13. Jh., das für Frieden, Gerechtigkeit und eine Welt ohne Leid und Tränen steht. Im Refektorium speisen die Mönche gemeinsam und stärken sich und ihre Gemeinschaft. Gruppen- oder individuelle Themenführungen lassen einen bereichernden Blick hinter die Klostermauern zu.

56653 Maria Laach, Kirche tgl. 5–20 Uhr, Klosterforum Apr.–Okt. Mo/So 13–17, Di–Sa 10–17, Nov.–März Mo–Sa 10.30–12, So 13–17 Uhr, www.maria-laach.de

RÖMERBERGWERK MEURIN

Vor mehr als 12 000 Jahren explodierte der Laacher Vulkan und gab eine mächtige Tuffschicht frei. Tausende Jahre später entwickelten die Römer hier ihr größtes Untertage-Abbaugebiet. Der mühevolle Steinabbau, die harte Arbeit in engen Gängen und die staubige Luft werden dem Besucher eindrücklich nahegebracht. Aber keine Sorge: Ein römischer Legionär sorgt bei der Begrüßung für eine heitere Einführung ins Thema, eine »Antike Technikwelt« lädt zum spielerischen Kennenlernen ein und zeigt, wie ein Kran genutzt wurde, wie die Römer kochten, schmiedeten und – spielten.

Nickenicher Str., 56630 Kretz, Mitte März–Okt. Di–So 9–17 Uhr, www.roemerbergwerk.de

KOBLENZ

»Kowelenz« gehört zu den fünf größten Städten in Rheinland-Pfalz und ist eine der ältesten Städte Deutschlands. Ihre Kulturdenkmäler stehen unter anderem auf der UNESCO-Welterbeliste. Gar nicht so leicht, dieser Stadt in ein paar Zeilen gerecht zu werden. Fangen wir mit dem 3,5 km langen Promenadenpark, den ursprünglichen Rheinanlagen, an. Er liegt am linken Ufer des Rheins und ist ein Werk Peter Lennés, der ihn zwischen 1856 und 1861 für Prinzessin Augusta gestaltete. Preußisches Regierungsgebäude, Pegelhaus, die Skulptur Affection, die Königshalle, der Salvetempel sind nur einige Sehenswürdigkeiten, die man beim Flanieren entdecken kann. Wo die Mosel in den Rhein mündet, siedelten sich die Römer an

und begründeten Koblenz. Mutter Mosel und Vater Rhein treffen sich am Deutschen Eck, das in seiner heutigen Form durch die Errichtung des Kaiser-Wilhelm-Denkmals entstand. Von der Festung Ehrenbreitstein aus hat man einen fantastischen Blick auf dieses Eck und kommt auch noch atemberaubend hin: mit der Seilbahn in 112 m Höhe über den Rhein. Wer durch die Geschichte der Stadt spazieren möchte, beginnt am Münzplatz und erkundet herrlich romantische Gassen.
Tourist Info: Zentralplatz 1, 56068 Koblenz, Tel. 0261/ 194 33, tgl. 10–18 Uhr, www.koblenz-touristik.de; Rheinanlagen: Kaiserin-Augusta-Anlagen, 56068 Koblenz

SCHLOSS STOLZENFELS

Als wichtigster Bau der Rheinromantik gilt das neogotische Schloss gegenüber der Lahnmündung. Wie ein kleiner Urlaub in Italien fühlt sich der Besuch an, nachdem man die Serpentinen, die traumhafte Schlucht und die Brücke passiert hat. Das Gesamtkunstwerk verzaubert mit Türmchen, Arkadenhalle, dem Palas mit Rittersaal und einer bunten Einrichtung, die auf die Sammelleidenschaft Friedrich Wilhelms IV. zurückgeht.
Schlossweg, 56075 Koblenz, Feb.–Anf. März, Nov. Sa/So 10–17, Mitte März–Okt. Di–So 10–18 Uhr, www.schloss-stolzenfels.de

BURG ELTZ

800 Jahre Kunst- und Kulturgeschichte, über 500 Preziosen in der Schatzkammer und eine unvergleichliche Architektur machen die Burg Eltz einmalig. Niemals verwüstet, niemals zerstört, ist sie Zeitzeugin seit dem Jahre 1150. Auf einem 70 m hohen Felsen, umgeben von einem wahren Naturparadies, mit acht bis zu 35 m hohen Wohntürmen, Erkern, Spitzen und Fachwerken, findet sich der Besucher in einer romantischen Traumwelt wieder. Auf den Führungen macht man Bekanntschaft mit Kuriositäten wie den Narrenköpfen, der Rose des Schweigens, dem Dukatenscheißer und dem Trinkspiel der Jagdgöttin Diana.
Burg Eltz 1, 56294 Wierschem, Apr.–Okt. tgl. 9.30–17.30 Uhr, www.burg-eltz.de

RESTAURANTS

RESTAURANT MÜLLER

Einen Katzensprung vom Rheinufer entfernt zaubert Küchenchef Thomas Kuberath in einer traumhaften Gründerzeitvilla ebenso traumhafte Speisen. Sein kreatives Team kocht mit regionalem Schwerpunkt und französischen oder mediterranen Akzenten. *Handwerkerstr. 39, 56070 Koblenz, Tel. 02 61/8 19 26, Do–Mo 12–14 und ab 18, Sa nur ab 18 Uhr, www.restaurant-mueller-koblenz.de*

GOURMET WAGNER

Delikatessen aus aller Welt, beste regionale Zutaten und ausgefallene Eigenkreationen machen den Besuch bei Wagner zu einem Erlebnis. Die Dégustationsmenüs in bestem Preis-Leistungs-Verhältnis sind berühmt. *Marktplatz 10, 56727 Mayen, Tel. 026 51/497 70, Mi–Sa ab 17.30, So ab 12 Uhr, www.gourmet-wagner.com*

ÜBERNACHTUNGEN

SEEHOTEL MARIA LAACH

Vis-à-vis vom Kloster in der wunderschönen Eifellandschaft genießt man in modernen Zimmern mit ein bisschen Glück den Blick auf den See oder den schönen Park. Im Restaurant Seespiegel wird Rind- und Schweinefleisch vom Klostergut Maria Laach serviert. *Am Laacher See, 56653 Maria Laach, Tel. 026 52/58 40, www.seehotel-maria-laach.de, DZ ab 120 €*

HOTEL AM HELMWARTSTURM

In der Nähe des Marktplatzes und der Stadtmauer wird man familiär begrüßt. Helle, moderne Zimmer; eleganter Frühstücksraum mit Fischgrätparkett und Kunst an der Wand. *Am Helmwartsturm 4–6, 56626 Andernach, Tel. 026 32/95 84 60, www.hotel-am-helmwartsturm.de, DZ ab 95 €*

33

MANDELBLÜTE IN DER SÜDPFALZ

49° 22′ 35″ NORD / 08° 09′ 09″ OST

KRIEGE, ARMUT, TREIBHAUSEFFEKT, STRESS: Das Leben auf unserem Planeten ist und bleibt leider kompliziert. Da tut es der Seele gut, ab und an eine rosarote Brille aufzusetzen und einfach alles Negative auszublenden. Mit einem Gläschen Rosé geht das freilich noch viel müheloser! Das weiß wohl niemand besser als die Bewohner der südlichen Pfalz – einem Landstrich, der seine Gäste nicht nur mit gutem Wein, sondern im Frühling auch mit pastellfarbenem Frohsinn begeistert. Denn im milden Klima, vom Pfälzerwald gegen Wind und Kälte abgeschirmt, gedeihen nicht nur Rebstöcke, sondern auch Mandelbäume hervorragend. Ihre Blüte beginnt meist Mitte März und dauert bis zu drei Wochen. Dann durchziehen weiße bis satt-rosarote Bordüren die Landschaft rund um Neustadt an der Weinstraße. Erkunden kann man das Naturschauspiel auf dem rund 76 km langen Pfälzer Mandelpfad, der sich von Bad Dürkheim, vorbei an kleinen Winzerdörfern, südwärts bis zur französischen Grenze zieht. Rundherum überschlagen sich die Fremdenverkehrsämter während der »Pfälzer Mandelwochen« regelrecht, um Touristen ein attraktives und vor allem farbechtes Rahmenprogramm zu bieten – vom Mandelblüten-Picknick bis zur rosaroten Weinverkostung. Sogar die Burgen und Schlösser der Gegend werden jetzt nachts mit blassroten Lichtkegeln angestrahlt. Ein feierlicher Glanzpunkt ist auch das alljährliche Gimmeldinger Mandelblütenfest. Wird dort der erste Mandelkuchen angeschnitten, ist das weiß-rosarote Spektakel auf der Baleareninsel Mallorca meist schon vorbei. Hier öffnen bereits Ende Januar die ersten Süßmandelbäume ihre Blüten; Mitte Februar erreicht das Frühlingsmärchen seinen Höhepunkt und klingt bis Mitte März wieder ab.
www.mandelbluete-pfalz.de

Rechts: Mandelblüte auf Mallorca, Balearen, Spanien
39° 25‘ 50“ Nord / 03° 02‘ 20“ Ost

Unten: An der Südlichen Weinstraße in der Pfalz schmücken Mandelbäume die Landschaft mit ihrer Blüte. Und wie auf Mallorca werden ihre Früchte auch hier zu regionalen Spezialitäten verarbeitet.

Im hübschen Zentrum von Neustadt an der Weinstraße dreht sich alles um entspannten Genuss.

NEUSTADT AN DER WEINSTRASSE

Willkommen am Mittelpunkt der Deutschen Weinstraße! Mit seinen neun Weindörfern ist Neustadt die zweitgrößte Stadt Deutschlands, die Weinbau betreibt. Erstmals 774 erwähnt, zeigt sich die Altstadt mit bau- und kulturhistorischen Schmuckstücken. So kann der Spaziergänger eines der steinernen Gebäude aus dem 13. Jh. und den Steinhäuser Hof besuchen, das älteste, gotische Bürgerhaus von 1276. Begehrte Anlaufstellen sind die Stiftskirche aus dem 14. Jh., der Elwetritschenbrunnen von Gernot Rumpf und Museen wie die Villa Böhm, das Otto-Dill-Museum und das Weinbaumuseum »Getreidekasten«. Denn natürlich spielt das Thema Wein eine zentrale Rolle. Hier wird die Weinkönigin gewählt, hier finden von März bis Oktober regelmäßig Weinfeste statt, hier erlebt man den größten Winzerfestzug Deutschlands. Und genießt vom Weißburgunder bis zum Rieslaner fantastische Weine.
Tourist Info: Hetzelplatz 1, 67433 Neustadt a. d. Weinstraße, Tel. 063 21/92 68 92, Apr.–Okt. Mo/Mi–Fr 9.30–18, Di/Sa 9.30–14, Nov.–März Mo/Mi–Fr 9.30–17, Di 9.30–14 Uhr, www.neustadt.eu

HAMBACHER SCHLOSS

Das Hambacher Fest von 1832, eines der wichtigsten Symbole der deutschen Demokratiebewegung, wurde hier ausgerichtet. In der Dauerausstellung kann man das Ereignis, seine Entstehungsgeschichte und Nachwirkungen kennenlernen. Wer gut zu Fuß ist, läuft vom Wanderparkplatz zu dem Europäischen Kulturerbe und freut sich an sattgrünen Rebenhügeln.
Schlossstr., 67434 Neustadt a. d. Weinstraße, Apr.–Okt. tgl. 10–18, Nov.–März 11–17 Uhr, www.hambacher-schloss.de

PÄLZER KESCHDEWEG

Keschde, das sind die Edelkastanien, die die Römer mitbrachten. Von den Pfälzern werden sie zu leckeren Speisen verarbeitet. Am Keschdeweg wachsen und reifen sie und verströmen ihren charakteristischen Duft. Wunderschöne Wander- und Rundwege.
www.keschdeweg.de

VILLA LUDWIGSHÖHE

Hoch über dem beschaulichen Örtchen Edenkoben an der Weinstraße, mit Blick auf die Pfalz und über die Rheinebene, bis hin in die Kurpfalz und das Badische, thront die von italienischer Baukunst inspirierte Villa Ludwigshöhe. 1846 ließ König Ludwig I. von Bayern den Grundstein legen. Zwischen dem Ende der Rebflächen und dem Beginn des Pfälzer Walds gelegen, ist sie von lieblicher Natur umgeben. Auch wenn seine Majestät wegen einer Liebelei mit der Tänzerin Lola Montez abdanken musste (1848), besuchte er seine toskanisch-römisch anmutende Villa alle zwei Jahre in den heißen Monaten. Ausflügler schätzen heute neben einmaliger Architektur und Natur die wechselnden Ausstellungen rund um das Werk des bayerischen Impressionisten Max Slevogt (1868–1932) sowie die Entdeckung hochkarätiger Keramikkunst aus dem 20. Jh. im historischen Kellergewölbe. *Villastr. 64, 67480 Edenkoben, Anf.-Okt. Di–So 10–18, Nov. Sa/So 10–17 Uhr, www.schloss-villa-ludwigshoehe.de*

DEUTSCHES SCHUHMUSEUM

Nicht nur Aficionados geraten hier in Verzückung. Denn man erhält erstaunliche Eindrücke, wie sich Fußbekleidung im Kontext zu Zeit- und Sozialgeschichte von den Anfängen der Schuhindustrie in Pirmasens um 1800 bis heute entwickelt hat. In der ehemaligen Schuhfabrik, 1929 im Bauhausstil errichtet, kann man Schustern beim Handwerk zusehen und auf vier Ebenen die Epochen des Schuhs durchleben. In einem speziellen Salon wird mit einem »Schucoskop« geprüft, ob neue Schuhe passen, hier verblüfft das größte Schuhpaar der Welt in Größe 248, und neben Boris Becker haben auch Angela Merkel und Joschka Fischer ein paar prominente Treter dagelassen. *Turnstr. 5, 76846 Hauenstein, März–Nov. tgl. 9.30–17, Dez.-Feb. Mo–Fr 13–16, Sa/So 10–16 Uhr, www.museum-hauenstein.de*

FAHRT MIT DEM KUCKUCKSBÄHNEL

Schon seit 1909 ist die 12,97 km lange Nebenbahn aktiv und wird seit 1984 von einer schmucken Museumsbahn befahren. Ab Bahnhof Neustadt (und im sehenswerten Eisenbahnmuseum) sitzen Besucher wie Zeitreisende in historischen Waggons und begegnen Zugpersonal in damals moderner Aufmachung. Wanderer zum Teufelsfelsen nutzen die Haltestelle Lambrecht. Wer weiterfährt – entlang des idyllischen Speyerbachs durch das reizende Elmsteiner Tal – bekommt an weiteren Haltestellen Gelegenheit, die Ruinen Erfenstein oder Spangenberg zu besuchen. Oder man dampft gleich durch zum Restaurant im alten Lokschuppen an der Endstation.
67404 Neustadt, Mai–Mitte Okt. So, Fahrplan unter www.eisenbahnmuseum-neustadt.de

RESTAURANTS

SCHEFFELHAUS

Das bekannte Giebelhaus serviert bodenständige Pfälzer Küche wie Rieslingschaumsuppe, knusprige Bratkartoffeln und den Scheffelteller (inkl. obligatorischem Saumagen) mit Blick auf einen der schönsten Marktplätze der Pfalz. *Marktplatz 4, 67433 Neustadt a. d. Weinstraße, Tel. 063 21/39 00 83, tgl. 11–22 Uhr, www.scheffelhaus.de*

LEOPOLD

Unter dem Kreuzgewölbe flackert der Kamin, an urigen Holztischen schmecken die Pfälzer Spezialitäten – hausgemachte Leberknödel, »Flääsch-knepp«, Brat- und Blutwurst – sowie die Weine des eigenen Guts richtig fein. *Weinstr. 10, 67146 Deidesheim, Tel. 063 26/966 88 88, Mo–Fr 12–14, ab 18 Uhr, Sa/So durchgehend, www.von-winning.de*

ÜBERNACHTUNGEN

VILLA DELANGE

1911 als Weingut erbaut, ist die denkmalgeschützte Villa eine echte Augenweide. Modern-traditionell und fürsorglich geführt. Gästen mit Lust auf einen Ausflug mit Vespa oder Fahrrad wird nicht nur mit einem gut gefüllten Picknickkorb geholfen. *Lindenbergstr. 30, 76829 Landau-Nußdorf, Tel. 063 41/ 67 67 40, www.villa-delange.com, DZ ab 90 €*

ALTE REBSCHULE

Hier erwartet den Gast lichtdurchflutetes Wohlfühlambiente. Ausgezeichnet als »Gastgeber des Jahres 2016«, begeistert das Haus mit seiner Weinberglage, einem außerordentlich guten Vitalbereich und Events rund um das Thema Wein. *Theresienstr. 200, 76835 Rhodt unter Rietburg, Tel. 063 23/ 704 40, www.alte-rebschule.de, DZ ab 107 €*

34

WALDSPIRALE IN DARMSTADT

49° 53′ 08″ NORD / 08° 39′ 21″ OST

GESTATTEN, Friedensreich Regentag Dunkelbunt Hundertwasser. Was für ein Name – passt doch auf keine Visitenkarte! Muss er auch nicht. Die unverwechselbare künstlerische Handschrift des Wiener Malers und Grafikers (1928–2000) spricht schließlich für sich, und auch Laien erkennen seine Werke meist schon auf den ersten Blick. Hundertwasser war das wichtig. Er wollte seine Weltsicht möglichst vielen Menschen nahebringen und ihnen dabei auch nahe sein. Museen schienen dafür nicht der richtige Ort. So widmete sich der Künstler ab den 1950er-Jahren zunehmend der Architektur. Das farbenfrohe Hundertwasserhaus (1985) in Wien ist zweifellos sein bekanntestes, aber nicht sein einziges Bauwerk: Kirchen, Bahnhöfe, Mietshäuser, ja sogar Müllverbrennungsanlagen und Thermalbäder, die von Friedensreich Hundertwasser entworfen oder zumindest mitgestaltet wurden, findet man über den ganzen Globus verstreut. Allein in Deutschland ist es ein gutes Dutzend. Eines der schönsten Exemplare ist die Darmstädter Waldspirale (2000), ein eindrucksvoller, in sich verschlungener Wohnkomplex nördlich der Innenstadt. Hier ist alles rund, bunt, schräg und einzigartig – jede Fassade, jedes Fenster und sogar jede Türklinke ist ein Unikat. Auf den Dachgärten wuchern Linden, Buchen und Ahornbäume, zwischendrin ragen goldene Zwiebeltürme kugelrund-glänzend in den Himmel. In den Etagen darunter haben über 100 Wohnungen Platz gefunden. Ob darin nur schillernde Persönlichkeiten leben? Am liebsten würde man klingeln und nachfragen. Bei den Bewohnern kommt das allerdings nicht so gut an.

www.darmstadt-tourismus.de,
www.hundertwasser.de

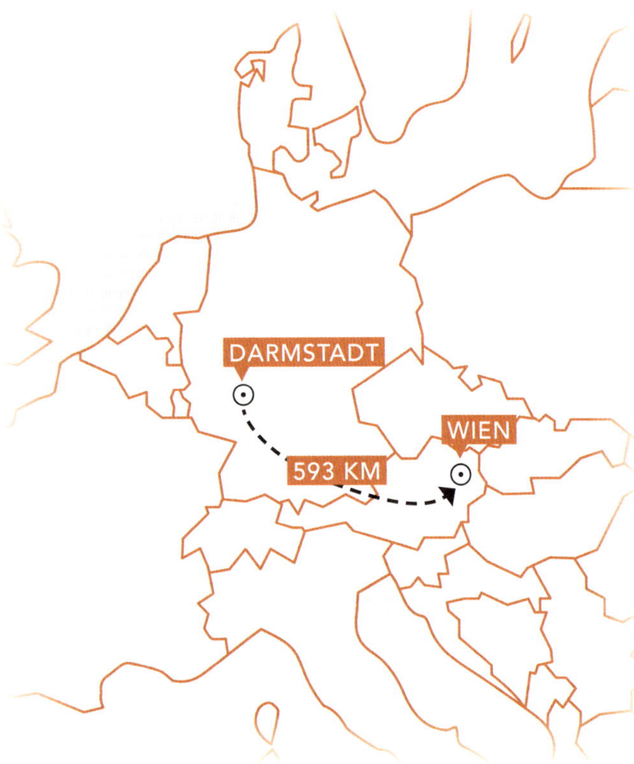

Rechts: Hundertwasserhaus in Wien, Österreich
48° 12' 27" Nord / 16° 23' 38" Ost

Unten: Architektur, Natur und Mensch im Einklang – das war Friedensreich Hundertwasser besonders wichtig. In der amorphen Darmstädter Waldspirale hat der Künstler sogar einige Innenräume gestaltet, was dann aber zu teuer und daher nicht in allen Wohnungen fortgesetzt wurde.

Verschiedene Kunstformen in der Gemäldegalerie des Hessischen Landesmuseums.

Zar Nikolaus II. heiratete Prinzessin Alix von Hessen-Darmstadt. Die Russische Kapelle ließ er bauen, um in der Heimat seiner Frau einen spirituellen Anlaufpunkt zu haben.

RESIDENZSCHLOSS

Katzenelnbogener Grafen erbauten im frühen 13. Jh. eine Wasserburg – nicht ahnend, dass Jahrhunderte später ein Residenzschloss daraus hervorgehen würde, das viele verschiedene Baustile vereint. So stehen die Bauten der Renaissance noch immer tapfer hinter der barocken Fassade. Mitten im Zentrum kommt man an dem Stadtschloss nicht vorbei und sollte auch hineingehen. Das Museum zeigt 14 nach Epochen ausgestattete Räume, die farbenfroh die Wohn- und Lebenskultur vom 16. bis ins frühe 20. Jh. präsentieren.
Marktplatz 15, 64283 Darmstadt, Fr–So 10 bis 17 Uhr, www.schlossmuseum-darmstadt.de

HESSISCHES LANDESMUSEUM

1820 übergab Großherzog Ludwig I. von Hessen-Darmstadt seine Kunst- und Naturaliensammlung an den Staat und legte damit den Grundstein für eines der heute ältesten Museen Deutschlands. Faszinierend die Sammlung großer Wirbeltierfossilien, zoologischer Präparationen und bedeutender Funde aus der Römerzeit.
Friedensplatz 1, 64283 Darmstadt, Di/Do/Fr 10–18, Mi bis 20, Sa/So 11–17 Uhr, www.hlmd.de

MATHILDENHÖHE

1833 wurde die großherzogliche Gartenanlage Mathildenhöhe, die höchste Erhebung der Innenstadt, zu einem Englischen Landschaftspark umgestaltet. Später kamen ein Wasserreservoir für die Bürger und die Russische Kapelle dazu. Großherzog Ernst Ludwig schließlich erdachte die Idee, Darmstadt zur Kulturhauptstadt Hessens zu entwickeln und Kunst mit Handwerk zu verbinden. Er gründete 1898 eine Künstlerkolonie und berief sieben Künstler und Architekten ihrer Arbeit nachzugehen. Der Architekt Olbrich wurde verpflichtet, die Bebauung zu betreuen, unter seiner Leitung entstanden eigenwillige Jugendstilbauten, in denen bis zur Auflösung 1918 insgesamt 23 Berufene lebten und arbeiteten, darunter Behrens, Bürck,

Bosselt, Christiansen, Gropius, Le Corbusier und Patriz. Ihren Beitrag kann man im Museum eindrucksvoll nachvollziehen. Sehenswert sind neben der Russischen Kapelle u. a. der Hochzeitsturm, Wahrzeichen Darmstadts, sowie der Schwanentempel und die Rosenhöhe. Im Platanenhain kann man die 1914 errichteten Reliefs und Plastiken des Bildhauers Bernhard Hoetger bewundern.
Museum Künstlerkolonie Mathildenhöhe: Olbrichweg 15, 64287 Darmstadt, Di–So 11–18 Uhr, www.mathildenhoehe.eu

RUSSISCHE KAPELLE

Russische Erde wurde importiert, um die Kapelle 1899 auf würdigem Boden errichten zu können. Das tief religiöse Herrscherpaar Zar Nikolaus II. und Zarin Alexandra (Prinzessin Alix von Hessen-Darmstadt) erbauten das Schmuckstück, um bei Familienbesuchen Gottesdienst feiern zu können. Mit ihren prunkvollen Zwiebelhauben aus Blattgold und ihren prächtigen Mosaiken schmückt die russische Kapelle die Künstlerkolonie Mathildenhöhe.
Nikolaiweg 18, 64287 Darmstadt, Di–Sa 10 bis 16, So 14–16 Uhr, www.darmstadt-church.de

GRUBE MESSEL

Begegnungs- und Austauschstätte, kein Museum – das ist das Selbstverständnis der Fossiliengrube Messel. Das geowissenschaftliche Archiv belegt 48 Mio. Jahre alten Ölschiefer in einem Maarvulkan. Hier wurden Zeitzeugen wie ein versteinerter Alligator und der Abdruck eines Urpferdchens gefunden. Die Rohstofflagerstätte sollte unglaublicherweise als Mülldeponie verwendet werden, was an massivem Bürgerwiderstand scheiterte. Aufgrund der einzigartigen Dokumentation der Evolution anhand von mehreren 10 000 Fossilien wurde Messel 1995 zum UNESCO-Weltnaturerbe erklärt. Geführte Spaziergänge und Grubenbesichtigungen bringen dem Besucher die besondere Bedeutung der Grube nahe, im Besucher- und Informationszentrum kann man die Erdschichten erleben und Evolution begreifen.
Roßdörfer Str. 108, 64409 Messel, tgl. 10–17 Uhr, www.grube-messel.de

RESTAURANTS

KAVALIERSBAU IM JAGDSCHLOSS KRANICHSTEIN

Ein Hauch von Luxus in Darmstadt: Latte macchiato von Kartoffeln und Trüffel, ganzer Loup de Mer am Tisch tranchiert und Desserts aus der eigenen Schlosspatisserie. *Kranichsteiner Str. 261, 64289 Darmstadt, Tel. 06 151/13 06 70, Di–Sa18–21.30, So 12–15 Uhr, www.hotel-jagdschloss-kranichstein.de*

LA LUCHA

Exotische Küche? Nein, eher Hausmannskost – aber eben so, wie sie in Peru auf den Teller kommt. Das La Lucha bietet Deftiges aus Südamerika, aber auch Burritos und leichte Snacks. Wechselnde Mittagskarte, schöner Außenbereich. *Schleiermacher Str. 10–12, 64283 Darmstadt, Tel. 061 51/359 40 77, Mo–Do 11–24, Fr/Sa 11–1, So 10–24 Uhr, www.lalucha.de*

ÜBERNACHTUNGEN

WELCOME HOTEL

Das kantige, etwas unterkühlte Design lässt erahnen: Hier tummeln sich viele Geschäftsreisende. Aber auch Kurzurlauber finden im Welcome Hotel eine komfortable Bleibe in bester Lage: Schloss, Mathildenhöhe und die Waldspirale sind zu Fuß gut erreichbar. *Karolinenplatz 4, 64289 Darmstadt, Tel. 061 51/391 40, www.welcome-hotels.com, DZ ab 80 €*

MOXY DARMSTADT

Verspieltes Designhotel am westlichen Stadtrand, das vor allem jüngere Gäste anspricht. Die Zimmer sind klein aber schick und gemütlich. Zum Bahnhof nur wenige Gehminuten, ins Zentrum gelangt man schnell mit Bus und Tram. *Georg-Ohm-Str. 1, 64295 Darmstadt, Tel. 061 51/66 70 90, www.moxy-hotels.marriott.com, DZ ab 100 €*

35

SKYLINE VON FRANKFURT AM MAIN

50° 06′ 39″ NORD / 08° 40′ 27″ OST

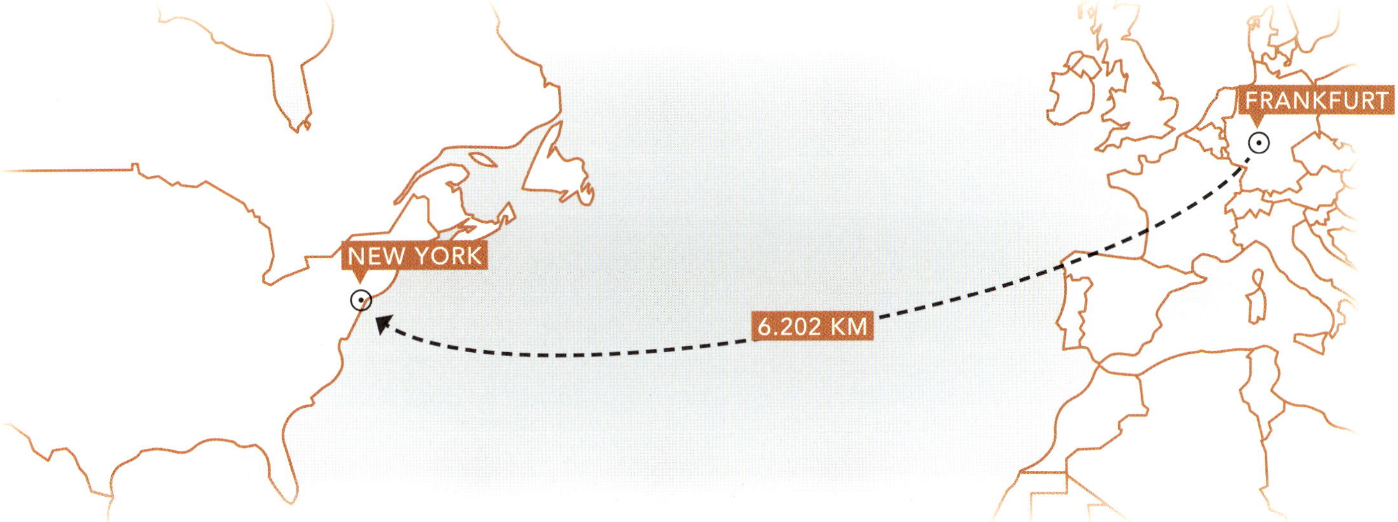

EGAL, ob New York City oder Frankfurt – in beiden Metropolen erkennt man recht schnell, wer nur zu Besuch gekommen ist oder hier lebt und arbeitet: Die einen starren immer wieder mit offenem Mund gebannt nach oben, während die anderen mit Scheuklappenblick durch die Häuserschluchten hetzen. Dass Erstere nicht selten mit Letzteren – oder, was sehr schmerzvoll sein kann, auch mit einer Straßenlaterne – zusammenprallen, ist eine andere Geschichte. Die Frankfurter akzeptieren das stoisch, und viele zeigen sogar Verständnis für die staunenden Besucher. Schließlich ist ihre Stadt die einzige der Republik, in der sich längeres Nachobengucken überhaupt lohnt! 14 echte Wolkenkratzer, also Gebäude mit einer Höhe von über 150 Metern, zählt die Frankfurter Innenstadt und belegt damit europaweit nach London und Paris den dritten Platz. Die meisten dieser Kolosse aus Glas und Stahl, wie etwa Commerzbank-Tower (259 Meter), Maintower (200 Meter), Taunusturm (170 Meter) oder die Zwillingstürme der Deutschen Bank (155 Meter) drängen sich im so berühmten wie begehrten Bankenviertel oder ragen, wie Messeturm (257 Meter), Trianon (186 Meter) und Silberturm (166 Meter), westlich des Stadtzentrums gen Himmel. Gemeinsam verschmelzen sie zum Wahrzeichen Frankfurts, der eindrucksvollsten Skyline, die man in Deutschland erleben kann. Vor allem nachts, wenn sich ihre Silhouette in ein strahlendes Lichtermeer verwandelt, fühlt sich die Stadt nach Manhattan an. Schade allerdings, dass in »Mainhattan« nur der Maintower Besuchern eine Aussichtsplattform bietet. Also Kopf hoch und staunen – hilft ja nichts.
www.frankfurt-tourismus.de

Links: Berlin, Hamburg, München, Köln? Fehlanzeige. Nur in Frankfurt gibt es Wolkenkratzer, die sich mit einer Höhe von über 150 Meter auch so nennen dürfen. Betrachtet man sie gemeinsam mit der Flößerbrücke, werden Erinnerungen an Manhattan wach.

Skyline von Manhattan, New York City, USA
40° 46‘ 00“ Nord / 73° 59‘ 00“ West

Warum das Frankfurter Rathaus »Römer« heißt, ist nicht abschließend geklärt. Die drei Treppengiebelfassaden haben es über die Jahrhunderte zum Wahrzeichen der Stadt gebracht.

KAISERDOM

Der Kaiserdom – einst Stiftskirche und niemals Bischofssitz – erlangte seine große Bedeutung als Wahl- und Krönungskirche der römisch-deutschen Kaiser. Von 1562 bis 1792 wurden zehn bedeutende Häupter hier gekrönt. Im 19. Jh. galt er als Symbol nationaler Einheit. Auch wenn die Bezeichnung Dom ein bisschen angeberisch ist, macht das Innere dem Namen doch alle Ehre. Gestühl und Grabplatten von ca. 1352, der Kreuzgang (auch Museum) und die Patrizierkapellen von ca. 1430 bis 1487 oder die Kreuzigungsgruppe aus dem Jahr 1509 sind herrschaftlich anzusehen.

Domplatz 1, 60311 Frankfurt, Apr.-Okt. tgl. 10–18, Nov.-März bis 17 Uhr, www.dom-frankfurt.de

RÖMER

Schon 1405 wurden die Häuser, die den Römer bilden, Amtssitz der Stadt. Ursprünglich nur aus drei Gebäuden bestehend, wuchs das Areal schnell zu einer ganzen Häuserzeile an. Im Zweiten Weltkrieg wurde die Altstadt zwar weitestgehend zerstört, doch mit viel Liebe und Hingabe an die Stadtgeschichte wurden die Alte Nikolaikirche und der Römer am Römerberg restauriert. Von Zerstörung verschont und seit ihrer Erbauung nahezu unverändert sind die Römer- und Schwanenhalle in dem prächtigen neogotischen Bau. Den Kaisersaal, in dem wichtige Empfänge stattfinden, schmücken Bildnisse und lebensgroße Figuren von Karl dem Großen bis Franz II. Und natürlich ziert den Römer der begehrteste Balkon des Landes, auf dem große Fußballsiege ausgiebig gefeiert werden.

Tourist Info: Römerberg 27, 60311 Frankfurt, Tel. 069/ 21 23 88 00, www.frankfurt.de

MUSEUM FÜR MODERNE KUNST

Wie der Name schon sagt: Hier erlebt man Gegenwartskunst – und zwar vom Feinsten. Über 5000 internationale Werke von 1960 bis heute geben Zeugnis moderner Wahrnehmung, Interpretation und Positionierung. Herausragende Künstler wie Marina Abramovic, Brian Eno, Eva von Platen oder Vanessa Beecroft erhalten hier im MMK 1, MMK 2 und MMK 3 Raum für Fotokunst, Gemälde, Bildhauerei und Installationen. 1991 wurden die postmodernen Tore des MMK eröffnet, das sich in dieser relativ kurzen Zeit zu einem der weltweit bedeutendsten Museen der Moderne gemausert hat.

Domstr. 10, 60311 Frankfurt, Di–So 10–18, Mi bis 20 Uhr, www.mmk-frankfurt.de

GOETHE-HAUS

In »Dichtung und Wahrheit« beschreibt Johann Wolfgang von Goethe seine Jugendjahre, die er in diesem repräsentativen viergeschossigen spätbarocken Bau verbrachte. Hier wurde er am 28. August 1749 geboren, hier lebte er mit Ausnahme der Studienjahre, bis er 1775 nach Weimar ging. Aufgrund der Zerstörung 1944 stammen nur wenige Einrichtungsgegenstände aus dieser Zeit, mit viel Kenntnisreichtum wurde die damalige Wohnkultur jedoch nachempfunden. Ein Rundgang vermittelt stimmungsvoll, wie die Familie Goethe gelebt haben muss. Doch der Dichterfürst war ja nicht allein mit seiner Kunst. Das integrierte Museum zeigt mit Füssli, von Arnim, Graff, Tischbein, Herder und Brentano die von Goethe so geschätzte Malerei seiner Zeit, »denn was wäre die Welt ohne Kunst«. *Großer Hirschgraben 23–25, 60311 Frankfurt, Mo–Sa 10–18, So bis 17.30 Uhr, www.goethehaus-frankfurt.de*

STÄDEL MUSEUM

700 Jahre Kunstgeschichte unter einem Dach! Das Städel Museum gilt als älteste und renommierteste Museumsstiftung in Deutschland. Nahezu lückenlos lässt sich Kunst vom frühen 14. Jh. über Renaissance, Barock und klassische Moderne bis in die unmittelbare Gegenwart verfolgen. Rund 3100 Gemälde, 660 Skulpturen, über 4600 Fotografien und über 100000 Zeichnungen und Grafiken laden die Besucher ein, die Epochen kennenzulernen. Wer bereits das Museum für Moderne Kunst besucht hat, kann man die Gegenwartsabteilung ja nur überfliegen. *Schaumainkai 63, 60596 Frankfurt, Di/Mi/Sa/So 10–18, Do/Fr 10–21 Uhr, www.staedelmuseum.de*

PALMENGARTEN

Dem Engagement der Bürger ist es zu verdanken, dass es diese grüne Oase gibt. Sie gründeten 1868 einen Verein, der die Eröffnung 1871 möglich machte. Fortan konnten die Frankfurter hier sporteln und ihre Freizeit genießen. Heute zählt der Palmengarten zu den größten botanischen Gärten der Republik. Die Anlage entführt Besucher in verschiedene Klimazonen mit vielen exotischen Pflanzen. Zudem gibt es eine sub-arktische Landschaft und zwei Wüsten. *Siesmayerstr. 63, 60323 Frankfurt, Feb.–Okt. 9–18, Nov.–Jan. bis16 Uhr, www.palmengarten.de*

RESTAURANTS

HEIMAT

In der kleinen Küche sitzt jeder Handgriff. Woher man das weiß? Weil man zuschauen kann. Eine ambitionierte kleine Karte mit beeindruckender Zutatenauswahl, perfekter Zubereitung und tollen Weinen lässt die Herzen von Genussmenschen höherschlagen. Schönes 50er-Jahre-Ambiente. *Berliner Str. 70, 60311 Frankfurt, Tel. 069/29 72 59 94, tgl. 18–1 Uhr, www.heimat-frankfurt.com*

ZUM GEMALTEN HAUS

In einer der ältesten, traditionellsten und weltweit bekannten Apfelweinwirtschaften wird seit 1936 das Schwätzchen bei Äppelwoi und uriger Atmosphäre gepflegt. Rippchen mit Kraut, Brezelbub, Leber- und Blutwürstchen, Handkäs mit Musik, »Grie Soß«: Danach ist zumindest der Magen ein echter Frankfurter. *Schweizer Str. 67, 60594 Frankfurt, Tel. 069/61 45 59, Do–So 10–24 Uhr, www.zumgemaltenhaus.de*

ÜBERNACHTUNGEN

THE PURE

Ein vitalisierendes Beleuchtungskonzept verspricht The Pure und gibt seinem Namen konsequent Sinn. Wer gerne stylish nächtigt und trotzdem mittendrin sein möchte, ist hier bestens aufgehoben. *Niddastr. 86, 60329 Frankfurt, Tel. 069/710 45 70, www.the-pure.de, DZ ab 100 €*

INNSIDE EUROTHEUM

Ab dem 22. Stock residieren Gäste, die Luxus, Minimalismus und das atemberaubende Panorama des Frankfurter Lichtermeers zu schätzen wissen. Nicht verpassen: die Cocktailbar 22nd Lounge. Mit Pianist. *Neue Mainzer Str. 66, 60311 Frankfurt, Tel. 01 80/212 17 23, www.melia.com, DZ ab 150 €*

36

HÜGELLAND DER RHÖN

50° 29′ 29″ NORD / 09° 55′ 16″ OST

DIE NATUR DES DARTMOOR NATIONAL PARK im Süden Englands ist von geheimnisvoller Schönheit, die auch viele Schriftsteller inspirierte – unter ihnen Simon Beckett oder Arthur Conan Doyle, Schöpfer des Meisterdetektivs Sherlock Holmes. Stille Moore und karge Wiesen prägen die gewellten Hochflächen, die in der Ferne den Horizont berühren. Zwischen Gras, Moos und Heidekraut ragen unzählige »Tors«, fahle, zerklüftete Türme aus Granit, empor. Manche von ihnen sind so mächtig und steil, dass man sie nur mit Helm und Seil bezwingen kann, andere so breit und flach, dass Wanderer darauf gerne ihre Picknickdecken ausbreiten. Obwohl knapp 1000 Kilometer entfernt, punktet die Rhön mit ganz ähnlichen Reizen. Auch hier, im Grenzgebiet von Hessen, Thüringen und Bayern, sind die Böden mager und das Klima ist rau. Oft steigen Nebelschwaden auf und bauchige Wolken bleiben zwischen den vielen Bergen hängen. Auf und um ihre Gipfel herum bohren sich kantige Basaltbrocken aus dem Grund, etwa am Pferdskopf oder auf dem kleineren Wachtküppel, die beide fantastische Aussichtspunkte markieren. Wer noch höher hinaus will und dafür bezahlt, kann auf der stolzesten Erhebung der Rhön, der 950 Meter hohen Wasserkuppe, in ein Segelflugzeug klettern und über allen Dingen schweben. Auch Paraglider profitieren hier im Sommer von der guten Thermik. Kühl und möglichst nass mögen es wiederum die Moore, die auch in der Rhön ein landschaftlich spannendes Kontrastprogramm bieten. Besonders ursprünglich und artenreich ist das Rote Moor nordöstlich von Gersfeld; ein verschlungener Holzbohlenpfad führt durch Feuchtwiesen und Sümpfe. Bei Nebel kann es hier schon mal gruselig werden. Aber keine Angst, bislang wurde der Hund der Baskervilles nur im Dartmoor gesichtet!

www.rhoen.de, www.fliegerschule-wasserkuppe.de

Rechts: Dartmoor, Devon, Großbritannien
50° 33‘ 59“ Nord / 04° 00‘ 00“ West

Unten: Vulkanisches Gestein, das wie hier auf dem Wachtküppel in Form von Basaltbrocken an der Oberfläche austritt, findet man überall in der Rhön. Ein Großteil der Mittelgebirgslandschaft steht als Biosphärenreservat unter besonderem Schutz der UNESCO.

RESTAURANTS

KLOSTERBRAUEREI KREUZBERG

Ob drinnen oder draußen im wunderschön gelegenen Klosterbiergarten – auf dem Kreuzberg schmecken Bier und Brotzeit deftig. Dafür sind die Preise moderat (dank Selbstbedienung!). *Kloster Kreuzberg, 97653 Bischofsheim, Tel. 097 72/912 40, tgl. 8–20 Uhr, www.kreuzbergbier.de*

HEIMAT

Die »Heimat« in Fulda ist klein, aber sehr behaglich – und zudem ein wahres Multitalent: morgens Café, mittags und abends Bistro und später gemütliche Bar. Auch in der Küche herrscht Vielfalt. Unbedingt probieren sollte man die rustikalen, hausgemachten Stullen. Für den großen Hunger gibt es Heimat-Tapas und saftige Burger. *Buttermarkt 2–6, 36037 Fulda, Tel. 06 61/95 27 35 97, Mo–Di 10–0, Mi–Sa 10–2, So/Fei 10–0 Uhr, www.heimat-fulda.de*

ÜBERNACHTUNGEN

GOLDENER KARPFEN

Zentral gelegen, verbergen sich hinter 300 Jahre alten Mauern ein Restaurant und ein Hotel mit unterschiedlich gestalteten Zimmern: mit Antiquitäten bestückt, klassisch modern oder mit zeitgenössischem Design von Rolf Sachs versehen. *Simpliziusbrunnen 1, 36037 Fulda, Tel. 06 61/868 00, www.hotel-goldener-karpfen.de, DZ ab 175 €*

LAUDENSACKS PARKHOTEL

20 helle Zimmer in einer Gründerzeitvilla, umgeben von einem gepflegten Garten. Luxuriöser Wellnessbereich mit Sauna und Whirlpool. Feinschmecker und Michelin empfehlen das hauseigene Restaurant. *Kurhausstr. 28, 97688 Bad Kissingen, Tel. 09 71/722 40, www.laudensacks-parkhotel.de, DZ ab 150 €*

POINT ALPHA

Point Alpha – einst das Camp der US-Army – ist ein Mahnmal gegen das Vergessen! Jahrzehntelang ging der Eiserne Vorhang mitten durch Deutschland und trennte damit auch die Rhön. An diesem Ort prägte die direkte Konfrontation der NATO mit den Warschauer-Pakt-Staaten den Alltag. Eine unbedachte Aktion hätte den dritten Weltkrieg auslösen können. Das Freilichtmuseum und das »Haus auf der Grenze« dokumentieren mit Baracken, Grenzanlagen und Beobachtungstürmen diese Zeit der jüngeren deutschen Geschichte. 14 Skulpturen von Ulrich Barnickel am »Weg der Hoffnung« markieren die 1,5 km Strecke der Grenzsoldaten, die für viele Flüchtlinge zum Todesstreifen wurde.

Platz der Deutschen Einheit 1, 36419 Geisa, März, Nov. tgl. 10–17, Apr.–Okt. 9–18, Dez.–Feb. Di–So 10–16.30 Uhr, www.pointalpha.com

RHÖN-DORF

Ein Kaufladen der besonderen Art: 2000 Produkte der Region werden hier liebevoll ausgestellt – in wandhohen Holzregalen, auf massiven Holztischen oder in stabilen Weinkisten aus Holz. Käse, Wurst, Brot und Marmelade kostet man am besten gleich vor Ort. Schnäpse nach traditionellen Rezepten, Honigseife, Honigbäder, Bienenwachskerzen und Nudeln in Form von Bienen eignen sich als Mitbringsel.

Hauptstr. 6, 36142 Tann, Mo–Fr 10–18, Sa 10–17, So 13–17 Uhr, www.rhoen-dorf.de

STADTSCHLOSS FULDA

Vom Fürst – für Fürsten. Auftraggeber war Fürstabt Adalbert, die Bewohner ebenfalls Fürstäbte oder Fürstbischöfe, die sich in diesem von Johann Dientzenhofer bis 1714 erbauten Schloss angemessen repräsentiert fühlten. Das Rokoko-Interieur glitzert und glänzt mit großen Spiegeln, teuren Tapeten und prunkvoll umrahmten Gemälden. Wer Fayence und Porzellan liebt, wird ebenfalls fündig. Zu pompös für das Leben im Hier und Jetzt? Vielleicht. Doch für besondere Anlässe darf der Rahmen schon herrschaftlich sein: Hochzeitspaare trauen sich gerne in diesen Sälen. Und auch die Stadt weiß die Räumlichkeiten zu schätzen und hat hier ihre Verwaltung untergebracht.

Stadtverwaltung, Raummuseum, Konzertlocation und Trausaal – das prächtige Stadtschloss Fulda aus dem 18. Jahrhundert wird für mehrere Zwecke genutzt.

Schloss: Schloßstr. 1, 36037 Fulda, Führung Apr.–Okt. Di–Do, Sa/So 10.30 u. 14, Fr 14, Nov.–März Di–So 14, Sa/So zusätzlich 10.30 Uhr, www.fulda.de; Dommuseum: Domplatz, 36037 Fulda, Apr.–Okt. Di–Sa 10–17.30, So 12.30–17.30, Nov.–März Di–Sa 10–12.30, 13.30–16, So 12.30–16 Uhr, www.bistum-fulda.de

WASSERKUPPE MIT SEGELFLUGMUSEUM

Nichts als Höhenflüge: Das Deutsche Segelflugmuseum nimmt für sich in Anspruch nur das zu präsentieren, was auf der Wasserkuppe (950 m) Fluggeschichte geschrieben hat. Beispielsweise der erste bemannte Raketenflug weltweit von Fritz Stammer in seinem »Ente« genannten Flieger. Wer selbst in die Luft gehen möchte: Auf dem höchsten Berg Hessens bieten sich zahlreiche Gelegenheiten für Segler, Gleitschirm- oder Drachenflieger.
Wasserkuppe 2, 36129 Gersfeld, Apr.–Okt. tgl. 9–17, Nov.–März tgl. 10–16.30 Uhr, www.segelflugmuseum.de

BIOSPHÄRENRESERVAT RHÖN

Die Hauptrollen sind im UNESCO-Biosphärenreservat Rhön klar verteilt: der Mensch und die Natur. Besonderheiten der Region werden gehegt und gepflegt: Tier- und Pflanzenarten gehören ebenso dazu wie Dialekte, Riten und Traditionen. Im Gegensatz zu einem Naturschutzgebiet, das möglichst unangetastet bleiben soll, setzt man hier auf naturnahe Landnutzung und naturnahe Technologien.
www.biosphaerenreservat-rhoen.de

FRÄNKISCHES FREILANDMUSEUM

Bauernhof, Kirche, Schule, Wirts- und Brauhaus – diese (Fachwerk-)Bauten machen einen typischen Weiler in Unterfranken aus. Im Garten gedeihen u. a. Quitten, Hopfen und Holunder. Und die einheimischen Nutztiere wie Gelbvieh, Rhönschaf oder Fränkische Landgans leben bestens integriert in der Nachbarschaft von Italiener-Hühnern und Pietrain-Schweinen. Heimatkunde ist langweilig? Nicht, wenn man sie mit dem Smartphone, Tablet oder bei einer GPS-Rallye erkunden kann.
Bahnhofstr. 19, 97650 Fladungen, Apr.–Anf. Nov. tgl. 9–18 Uhr, Apr., Okt. Mo geschl., www.freilandmuseum-fladungen.de

KISSSALIS THERME

Erst bewegen, dann entspannen. Dreimal täglich wird hier zum Wassersport animiert. Danach belohnt man sich in den wohltemperierten Innen- und Außenbecken, einem der neun Saunatypen oder in der Lounge, im Lese- oder Ruheraum.
Heiligenfelder Allee 16, 97688 Bad Kissingen, tgl. 9–22, Fr/Sa bis 24 Uhr, www.kisssalis.de

37

STERNENPARK RHÖN

50° 35′ 25″ NORD / 10° 16′ 11″ OST

ZAPFENSTREICH am Firmament. Die Sonne hat längst ihren blutroten Satinpyjama übergestreift, schnell die Zähne geputzt und dann die Nachttischlampe ausgeknipst. Und auf der Erde? In den Parks joggt und schwitzt man noch im Schein der LED-Laternen, in den Schaufenstern flackern nervös die Neonröhren und hoch über den Städten wabert eine milchige Kunstlichtglocke. Forscher haben herausgefunden, dass unsere Nächte immer heller und kürzer werden. Für die Natur – Insekten leiden übrigens besonders – und auch für Romantiker sind das schlechte Nachrichten. Denn wo kann man in Deutschland noch beseelt und ungestört den Sternenhimmel bestaunen? In der Rhön! Hier wird es nach Sonnenuntergang zappenduster. Das dünn besiedelte UNESCO-Biosphärenreservat schmückt sich seit einigen Jahren mit dem Prädikat »Internationaler Sternenpark«, das nach strengen Kriterien von der International Dark-Sky Association (IDA) verliehen wird. Die Auszeichnung lockt natürlich auch Touristen an. Für sie hat man mehrere Himmelsschauplätze aufgebaut und mit Wellenliegen, Sternenkarten und »Polarsternfinder« ausgestattet. Auch Nachtwanderungen werden angeboten. Profis zieht es vor allem hinauf zur Hohen Geba (750 m) im thüringischen Teil des Reservats, der als besonders dunkel gilt. Auf ihrem Gipfel wurden vier feste Plattformen installiert – sogar mit Steckdosen für anspruchsvolles astronomisches Gerät. In Magazinen wie »National Geographic« oder »Geo« wird die Rhön seither immer wieder als Mekka für Sternengucker gefeiert. Mit nächtlichem Zauber, wie man ihn eigentlich nur in den USA, Kanada oder Neuseeland erwartet, kann man also scheinbar mithalten. Als weltweit erstes Lichtschutzgebiet wurde übrigens das »Natural Bridges Monument« im US-Bundesstaat Utah prämiert. Auch hier sind die Nächte noch rabenschwarz – und die Milchstraße wirkt sogar mit bloßem Auge zum Greifen nah.

www.verein-sternenpark-rhoen.de
www.biosphaerenreservat-rhoen.de

Natural Bridges International Dark Sky Park, Utah, USA
37° 36‘ 37“ Nord / 109° 58‘ 37“ West

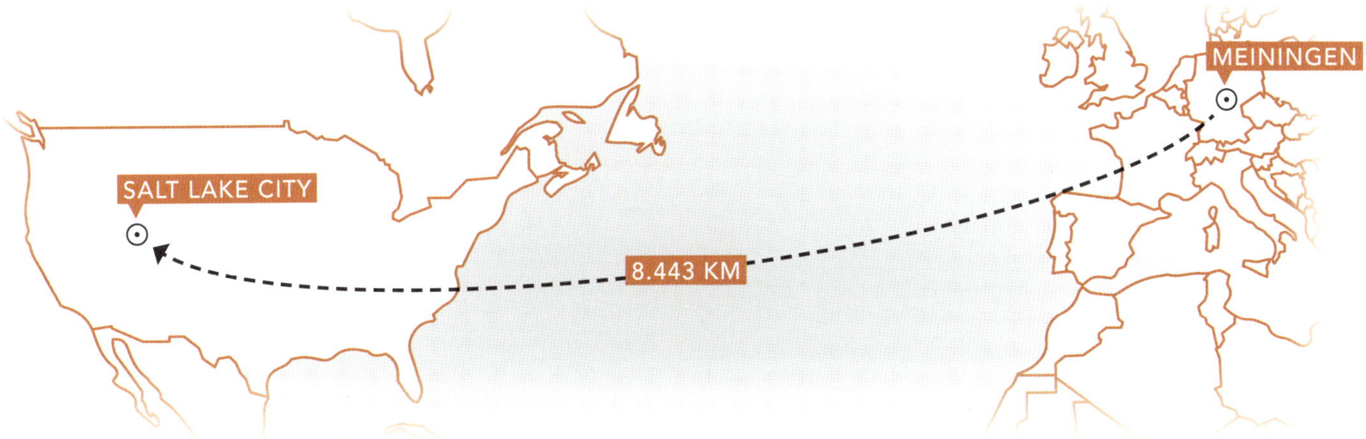

Unten: In der dünn besiedelten Rhön liegt das Mekka für Romantiker und Sternengucker. Insbesondere im thüringischen Teil des UNESCO-Biosphärenreservats ist die Nacht noch echte, ungetrübte Nacht. Damit das so bleibt, kämpfen viele Kommunen in der Region aktiv gegen Lichtverschmutzung an.

Schloss Elisabethenburg mitsamt der hier untergebrachten Museen und dem umliegenden Schlosspark sind die Top-Attraktionen der Stadt Meiningen.

MEININGEN

Schmuckes Fachwerk, Kopfsteinpflaster herrschaftliche Paläste und viel Grün prägen das Bild in und um Meiningen. Perfekter Ausgangspunkt für einen Bummel durchs Zentrum ist der Marktplatz. Dort beeindrucken die spitzen Doppeltürme von St. Marien. Die Hallenkirche ist das älteste Bauwerk der 982 erstmals urkundlich erwähnten, ursprünglich fränkischen Siedlung im Süden Thüringens. Die Stadt war lange Zeit Sitz der Herzöge von Sachsen-Meiningen. Ihre Residenz, das barocke Schloss Elisabethenburg, wurde Ende des 17. Jh. am Ufer der Werra errichtet. Die prunkvolle Anlage mitsamt der hier untergebrachten Ausstellungen der Meininger Museen (www.meiningermuseen.de) ist bis heute eine der Top-Attraktionen der Stadt. Gleiches gilt für das Meininger Staatstheater. Seine Erfolgsgeschichte verdankt die Bühne vor allem dem kunst- und kulturbegeisterten Herzog Georg II., der das Haus Ende des 19. Jh. mit viel Geld und Engagement professionalisierte und seine Schauspieltruppe in ganz Europa auf Tournee schickte. Gleich hinter dem traditionsreichen, klassizistischen Bau an der Bernhardstraße lädt der Meininger Englische Garten zum Flanieren, Faulenzen oder Federballspielen ein.
Tourist Info: Ernestinerstr. 2, 98617 Meiningen, Tel. 036 93/446 50, Mo–Fr 10–18, Sa/Fei 10–15 Uhr, www.meiningen.de

DERMBACH UND IBENGARTEN

Robin-Hood-Fans können sich die Reise nach England sparen, denn in der Rhön wird bis heute ein ähnlicher Volksheld verehrt. Rhönpaulus heißt der sagenumwobene Edelschurke, der in den Wäldern rund um Dermbach einst sein Unwesen trieb. Zugegeben, es waren eher Stibitzereien, mit denen sich der völlig verarmte Außenseiter Mitte des 18. Jh. über Wasser hielt. Beklaut wurden aber vor allem reiche Bauern – und seine Beute teilte Paulus mit den Bedürftigen. Seine Geschichte, die übrigens tragisch endete, wird im Heimatmuseum in Dermbach erzählt. Auf den Spuren des Rhönräubers kann man auch im Naturschutzgebiet Ibengarten bei Glattbach zwischen jahrhundertealten Einbäumen wandeln und wandern. Am Südrand finden sich die leider fast verschütteten Reste der Höhle, in der Rhönpaulus angeblich einst Unterschlupf suchte.
Museum Dermbach, Kirchberg 5, 36466 Dermbach, Tel. 03 69 64/862 86, Di– Fr 10–16, Sa 10–14 Uhr, www.dermbach.de

PROBSTEI ZELLA

Schon aus der Ferne sieht man die goldene Kirchturmspitze der Probstei, die am Ortsrand von Zella in den Himmel ragt – eingebettet in die sanft gewellte Hügellandschaft der Vorderen Rhön. Die aus einem Benediktinerkloster hervor-

gegangene, schlossartige Anlage wirkt zunächst schlicht, zählt aber dennoch zu den bedeutendsten barocken Bauwerken der Region. Ein Besuch lohnt sich aber auch, wenn man sich nicht für Kultur- und Kirchengeschichte interessiert. Es gibt einen hübschen Klostergarten und in der Probstei ist ein Informationszentrum des Biosphärenreservates Rhön mit kleinem Museum untergebracht.
Goethestr. 1, 36452 Zella (Rhön), Tel. 03 69 64/935 10, Di 10–12, Mi 13–16, Do 10–16, Fr–So 13–16 Uhr, www.propstei-zella.de

NOAHS SEGEL

Selbst zur Ferienzeit ist in der Thüringer Rhön nicht so viel los, wie etwas weiter nordöstlich am Rennsteig. Beim Wandern tritt man sich daher nicht auf die Füße. Herrliche Wege gibt es rund um die Hohe Geba bei Meiningen und weiter westlich am Ellenbogen (813 m). Avantgardistischer Blickfang auf seiner Kuppe ist der 21 Meter hohe Aussichtsturm »Noahs Segel«. Von der Plattform, die gegen einen kleinen Obolus bestiegen werden kann, genießt man einen grandiosen Panoramablick. Highlight für Kinder ist die Abenteuerrutsche, in der die Kleinen rasant wieder Richtung Boden sausen. Übrigens treffen sich auch hier oben auf dem Ellenbogen die Sternengucker zu nächtlichen astronomischen Spaziergängen. Termine und Treffpunkte findet man auf der Webseite des Vereins Sternenpark Rhön (www.verein-sternenpark-rhoen.de).
tgl. 9–16 Uhr, www.noahs-segel.de

BERNSHÄUSER KUTTE

Fast kreisrund ist die Bernshäuser Kutte östlich von Dermbach. Erkunden kann man den wildromantischen Natursee, der sich hinter einen grünen Wand aus dichten Bäumen versteckt, auf einem schmalen Trampelpfad. Kamera nicht vergessen – denn es öffnen sich immer wieder malerische Ausblicke auf die Wasseroberfläche. Besonders schön ist es hier im Herbst, wenn der Laubwald am Ufer in satten Rot- und Gelbtönen leuchtet. An der Zufahrt zum See gibt es einen Wanderparkplatz. Von dort kann man auch in die reizvolle, knapp 18 Kilometer lange Etappe 9 des Fernwanderwegs »Hochrhöner« einsteigen, die nordwärts nach Bad Salzungen führt.
36466 Bernshausen (Dermbach), zum Wanderparkplatz südlich Richtung Roßdorf fahren, www.rhoen.de

RESTAURANTS

LAVA JAVA

Pizza, Sandwiches, Suppen und frische Salate: Die Snacks und Gerichte sind nicht nur lecker, sondern auch gesund. Verarbeitet werden nur Bio-Zutaten aus der Region. Auch wer Lust auf Kaffee oder Chaitee hat, ist hier richtig. *Georgstr. 18, 98617 Meiningen, Tel. 036 93/873 43, Mo–Sa 10–20, So 14–20 (Nov–März So geschl.), www.lavajava.de*

HENNEBERGER HAUS

Behagliche Gaststätte in einem historischen Fachwerkhaus am nördlichen Meininger Altstadtrand. Die Küche ist etwas fleischlastig, aber auch Vegetarier werden fündig. Im schattige Biergarten ergattern auch Spontanbesucher meist ein freies Plätzchen. *Georgstr. 2, 98617 Meiningen, Tel. 036 93/50 89 90, Mo–Sa 11.30–14, 17–22 Uhr, So 11.30–14, 17–21 Uhr, www.henneberger-haus.de*

ÜBERNACHTUNGEN

ZUR GRÜNEN KUTTE

Wer im familiären Landhotel bei Dermbach Halbpension bucht, wird abends mit Drei-Gänge-Menü verwöhnt. Glampingfans und Hobbyastronomen können sich auch im »Sternenwagen« mit Glasdach einquartieren. *Hauptstr. 9, 36457 Bernshausen, Tel. 03 69 64/823 46, www.gruene-kutte.de, DZ ab 90€*

BIOHOTEL STURM

Genuss und Nachhaltigkeit – geht das zusammen? Im Biohotel Sturm kann man sich davon überzeugen. Das schicke Haus im Grünen bietet seinen Gästen klimaneutralen Komfort – inklusive Schwimmteich, Naschgarten und natürlich feiner Bio-Küche. *Ignaz-Reder-Str. 3, 97638 Mellrichstadt, Tel. 097 76/818 00, www.hotel-sturm.com, DZ ab 160€*

38

GÖLTZSCHTAL-BRÜCKE

50° 37′ 21″ NORD / 12° 14′ 38″ OST

Umrundet man die Göltzschtalbrücke zu Fuß, erlebt man das monumentale Bauwerk aus immer neuen, spannenden Blickwinkeln. Die größte Ziegelsteinbrücke der Welt wurde Mitte des 19. Jahrhunderts gebaut. Bis heute rollen auf ihr täglich Züge der zweispurigen Strecke zwischen Leipzig und Hof.

AAAH! Raunen und Applaus! Alle Beteiligten waren glücklich, als der Blick auf ihr »achtes Weltwunder« endlich wieder frei war. Über die Jahre hatten sich Bäume und Gestrüpp links und rechts der Göltzschtalbrücke wie ein kleiner Urwald ausgebreitet, etliche Pfeiler und Bögen waren kaum noch zu sehen. So rückte ein Trupp freiwilliger Helfer dem Dickicht mit Motorsägen und Baumscheren zu Leibe. Die gelungene Aktion feierte man auf der Aussichtsterrasse am Infopoint westlich von Mylau. Zwar regnete es in Strömen, doch selbst bei Schmuddelwetter strahlen die Ziegel der Göltzschtalbrücke in gedämpft-leuchtendem Rot. Stein für Stein wurde das heutige Wahrzeichen des Vogtlandes ab 1846 aufgebaut – in Handarbeit! Fast 2000 Männer packten mit an, schichteten 26 Millionen Backsteine zu einer 574 Meter langen und 78 Meter hohen, vierstöckigen Eisenbahnbrücke auf, die sich mit insgesamt 81 Bögen über das Göltzschtal spannt. Fünf kräftezehrende Jahre dauerte es bis zur Fertigstellung der bis dato immer noch größten Ziegelsteinbrücke der Welt; dabei verunglückten 31 Arbeiter.

Wie viele Menschen den Bau der Pont du Gard bei Nîmes in Südfrankreich mit ihrem Leben bezahlen mussten, ist nicht überliefert. Die Geschichte des 275 Meter langen und 49 Meter hohen Aquädukts reicht jedoch bis in die römische Antike zurück, und in den Steinbrüchen sowie beim Stapeln der Kalksteinquader schufteten auch unzählige Sklaven. Heute zählt das beliebte Baudenkmal zum UNESCO-Welterbe und wird jährlich von rund einer Million Besuchern regelrecht überrannt. Noch herrscht hier fantastische, baumfreie Sicht. Sollte das Grün an den Ufern des Gardon aber doch mal zu üppig sprießen: Im Vogtland weiß man, was zu tun ist – und freut sich über eine Einladung ins sonnige Südfrankreich!
www.vogtland-tourismus.de

Pont du Gard, Südfrankreich
43° 56' 50" Nord / 04° 32' 07" Ost

RESTAURANTS

ALTES HANDELSHAUS

Das barocke Handelshaus begeistert durch pompejianische Farben im Treppenhaus, mit einer geretteten Tapetendecke von 1870 und liebevoll restaurierten Räumen – und durch seine traditionelle Vogtland-Küche. Für Wochenendbesuche wird eine Reservierung empfohlen. *Straßberger Str. 17, 08527 Plauen, Tel. 037 41/14 96 99, Mo–Sa 11–23, So 11–16 Uhr, www.altes-handelshaus.de*

KELLERHAUS

Das »Keller Häußgen unterm Schloß« steht seit 1680 in den Ratsakten. In dem geschichtsträchtigen Gemäuer geht es bei Zwiebelkrüstchen mit vollmundigem Tempranillo oder Rinderroulade angenehm deftig zu. *Schlossberg 2, 09113 Chemnitz, Tel. 03 71/335 16 77, tgl. ab 11 Uhr, www.kellerhaus-chemnitz.de*

ÜBERNACHTUNGEN

HOTEL ALEXANDRA

Mitten in der Fußgängerzone empfängt das Hotel Gäste aus aller Welt in einem verschnörkelten Märchenschloss-Ambiente aus Jugendstildekor, klassischen italienischen Möbeln und verspielten Einzelelementen. Mit Restaurant, »Caféstübchen« und Bar. *Bahnhofstr. 17, 08523 Plauen, Tel. 037 41/719 51, www.hotel-alexandra-plauen.de, DZ ab 76 €*

IN DER MÜHLE

Über 200 Jahre klapperte die Mühle an der Pleiße. Teile der Innenausstattung wurden aus dem Holz alter Getreidespeicher gebaut. Ruhig im Wald gelegen, schläft man tief und fest in dem urigen Hotel. *Mühlenweg 1, 08412 Werdau, Tel. 037 61/18 88 80, www.hotel-indermuehle.de, DZ ab 59 €*

BURG MYLAU

Weit über das Vogtland zu sehen, steht die Burg Mylau – die am besten erhaltene mittelalterliche Burg der Region – seit etwa 1180 majestätisch auf einem Felssporn. Den typisch romanischen Wehrbau erkennt man an seinen zwei Vierecktürmen und dem rund 27 m hohen runden Bergfried mit bis zu 2,50 m dicken Mauern. Im Zuge der Vergrößerung (zwischen 1370 und 1420) im gotischen Stil kam die Vorburganlage hinzu. Das kulturhistorische Museum zeigt den zweitgrößten Bestand im sächsischen Vogtland. *Burg 1, 08499 Mylau, Di–Do, Sa/So 11–17 Uhr, www.burgmylau.de*

HAUS SCHULENBURG

Der Universalkünstler Henry van de Velde hat dieses Meisterwerk geplant und ausgestattet. Neben interessanten Ausstellungen (Bauhaus-Jahr 2019!) präsentiert das hervorragend sanierte Haus Architekturentwürfe, Stoffmuster, Buchgestaltungen u. v. m. des Erbauers. *Straße des Friedens 120, 07548 Gera, Apr.–Okt. Mo–Fr 10–17, Sa/So 14–17, Nov.–März Mo–Fr 10–16, Sa/So 14 bis 16.30 Uhr, www.haus-schulenburg-gera.de*

ZWICKAU

Die Automobil- und Robert-Schumann-Stadt hat in ihrer 900-jährigen Geschichte so einiges hervorgebracht. Dass August Horch hier die Marke Audi gründete und dass das »Schwarze Gold« der Steinkohle von großer Bedeutung war, wissen die meisten. Aber auch das Taschenbuch und die lebensrettende Sicherheitsgrubenlampe wurden hier erfunden, Max Pechstein und Gert Fröbe sind Söhne der Stadt, und auf dem Schumannplatz erklingt ein Glockenspiel aus Meißner Porzellan, gestiftet von Walter Becher. Es gibt viel zu entdecken in »Zwigge«. Am besten man startet am Marktplatz, wo das zentrale Wahrzeichen, das Gewandhaus (Bauzeit 1522–1525), steht. Das ehemalige Handelshaus mit Staffelgiebel und Elementen der Spätgotik und Renaissance gibt seit 1823 ein schmuckes Stadttheater ab. Das 2011 aufwendig sanierte Rathaus zeigt eine prächtige neogotische Fassade. In einer (vorher angemeldeten) Führung kann man auch Bürgersaal und Jakobskapelle besuchen. Der Zwickauer Dom prägt mit seinem 87 m hohen barocken Glockenturm das Zentrum und birgt sakrale Schätze wie

Die Kunstuhr am Alten Plauener Rathaus besitzt zwei Zifferblätter, eine Sonnenuhr und eine Kugel, die die Mondphasen anzeigt.

die Pietà von Peter Breuer und den sechsflügelige Wandaltar des Nürnberger Meisters Michael Wolgemut. Auch die Priesterhäuser und der Sachsenring sind einen Besuch wert. *Tourist Info: Hauptstr. 6, 08056 Zwickau, Tel. 03 75/271 32 40, Mo–Fr 9–18, Sa bis 16 Uhr, www.zwickautourist.de*

DRACHENHÖHLE

1928 wurde bei Steinbrucharbeiten eine ca. 15 m tiefe und 550 m lange Karbonatkarsthöhle entdeckt, in der man herrliche Tropfsteine, kristallklare Seen, ungewöhnliche Lehmformationen und bizarre Sintervorhänge entdecken kann. Lasershows und Höhlenkonzerte setzen noch eins drauf. *Am Höhlenberg 10, 08548 Syrau, Apr.–Okt. tgl. 9.30–17, Nov.–März tgl. 10–16 Uhr, www.syrau.de/drachenhoehle*

PLAUEN

Umrahmt von Hügeln und dem Tal der Weißen Elster liegt die Spitzenstadt Plauen. Die erste Stickmaschine stand hier schon 1858 und brachte den Menschen nach und nach, durch die industrielle Herstellung von Tüll- und Ätzspitze, Weltruhm und Reichtum. Im Spitzenmuseum und der Schaustickerei kann man diesen Zeiten nachspüren. Obwohl im Zweiten Weltkrieg zu 75 Prozent zerstört, gibt es viel Sehenswertes, z. B. die Friedensbrücke, die Alte Elsterbrücke und die Syratalbrücke. Mehrere Gedenktafeln und das 2010 errichtete Denkmal zur Friedlichen Revolution erinnern an den maßgeblichen Einfluss Plauens auf die deutsche Wiedervereinigung. Den Vater-und-Sohn-Geschichten des Karikaturisten Erich Ohsers, der seine Jugend in Plauen verbrachte, begegnet man vergnüglich in der Galerie e.o.plauen.
Tourist Info: Unterer Graben 1, 08523 Plauen, Tel. 037 41/ 291 10 27, www.plauen.de; Vogtlandmuseum: Nobelstr. 9–13, 08523 Plauen, Di–So 11–17 Uhr, www.plauen.de

DEUTSCH-DEUTSCHES MUSEUM MÖDLAREUTH

Nicht nur Berlin, auch Mödlareuth war ab 1966 durch eine Mauer getrennt, die erst am 9.12.1989 fiel. Denn das Dorf, seit dem 16. Jh. durch den Tannbach zwischen Bayern und Thüringen aufgeteilt, lag im Schutzstreifen, DDR-Grenztruppen ließen einen Eisernen Vorhang fallen. Als Mahnmal entstand das hochinteressante Museum rund um »Little Berlin«.
Mödlareuth 13, 95183 Töpen, März–Okt. Di–So 9–18, Nov.–Feb. Bis 17 Uhr, www.moedlareuth.de

39

SÄCHSISCHE SCHWEIZ

50° 57′ 44″ NORD / 14° 04′ 17″ OST

UHREN, KÄSE, SCHOKI, HEIDI: Produkte aus der Schweiz sind in der ganzen Welt beliebt. Einer der erfolgreichsten Exportschlager der Eidgenossen ist jedoch ihre Berglandschaft! So gibt es alleine in Deutschland über 100 Regionen, die die Schweiz im Namen tragen. Manche so winzig, dass kaum einer je von ihnen gehört hat. Oder waren Sie schon mal in der Rostocker Schweiz bei Kösterbeck unterwegs? Aus der Fülle vermeintlicher Doppelgänger ragt die Sächsische Schweiz buchstäblich heraus. Die markanten, bis zu 560 Meter hohen Felsformationen des Nationalparks, die aussehen, als hätte sie ein Riese in grauer Vorzeit mit einem Schnitzeisen aus dem Sandstein geschält, sind einzigartig und unverwechselbar. Warum also nicht einfach den Spieß umdrehen – und den Namen dieser Gegend als Gütesiegel in die Welt exportieren? Der Beiname »Sächsische Schweiz Chinas« etwa würde dem ohnehin schon atemberaubenden Zhangjiajie National Forest Park noch mehr Glanz verleihen. Auch hier, in der südchinesischen Provinz Hunan, ist über Jahrmillionen ein Wald aus archaischen Sandsteintürmen gewachsen, die mal zerklüftet, mal glatt und scharf wie Klingen aus dem Boden ragen. Hüben wie drüben erkundet man die Wunder der Natur am besten zu Fuß. Romantikern empfiehlt sich in der Sächsischen Schweiz der 112 Kilometer lange Malerweg, auf dem schon Caspar David Friedrich, Ludwig Richter und andere Künstler des 19. Jahrhunderts mit ihren Skizzenblöcken umherstreiften. In acht Tagesetappen führt die Rundtour zu den reizvollsten Orten und Aussichtspunkten des Nationalparks. Auch Gäste aus der fernen Volksrepublik sollten auf ihrer Reise von Berlin nach Bayern oder ins Allgäu einen Zwischenstopp in Sachsen einlegen. Denn hier kann man in Deutschland die Schweiz erleben – und vertrautes Asien noch dazu!
www.malerweg.de, www.saechsische-schweiz.de

Zhangjiajie National Forest Park, Hunan, China
29° 19‘ 39“ Nord / 110° 24‘ 58“ Ost

Die 305 Meter hohe Bastei ist stolzes Wahrzeichen des Nationalparks Sächsische Schweiz. Schlanke, oft spitze oder kegelförmige Felssäulen aus Sandstein prägen das Bild der Landschaft südöstlich von Dresden. Auch Kletterer finden hier ein ideales Revier, müssen jedoch strenge Umweltauflagen einhalten.

RESTAURANTS

BOOTSHAUS PIRNA

Die Macher des ehemaligen »IO« sind nach Westen gegangen – und zwar ungefähr einen Kilometer. Nun servieren sie Mediterranes in den Bootshallen des Pirnaer Rudervereins 1872. Warmes Ambiente, alte Holzfußböden, noch ältere Ruderfotografien an der Wand. Großartige Sonnenterrasse, lauschiger Biergarten. *An der Elbe 11, 01796 Pirna, Tel. 035 01/ 509 13 13, Mi–Sa ab 17 Uhr, Brunch So 10–14 Uhr, www.bootshaus-pirna.de*

ZIEGELSCHEUNE

Mit Sicht auf die Elbe werden Gallowayrind, Rotwild oder Gemüserisotto mit Kräutern serviert. Der kulinarische Kalender verrät z. B. Selbsträuchertage. *Elbweg 22, 01814 Bad Schandau, Tel. 03 50 28/804 37, März–Okt. tgl. ab 10, Nov.–Dez. Fr 18–22, Sa 11–22, So 11 bis 18 Uhr, www.ziegelscheune.de*

ÜBERNACHTUNGEN

BERGHOTEL BASTEI

Direkt auf dem Felsmassiv der weltbekannten Bastei liegt das Berghotel in absoluter Toplage. Im 4-Sterne-Haus kann man die fantastische Natur vom zweistöckigen Restaurant aus genießen oder nach einer Nacht in hübsch ausgestatteten Zimmern erwandern. *Bastei, 01847 Lohmen, Tel. 03 50 24/ 77 90, www.berghotel-bastei.de, DZ ab 100 €*

PANORAMAHOTEL WOLFSBERG

Caspar David Friedrich malte den unvergleichlichen Fernblick, den dieses Hotel zu bieten hat. Gemütlichen Zimmer, Panoramasauna und netter Service – alles eher gediegen. *Zum Wolfsberg 102, 01814 Reinhardtsdorf-Schöna, Tel. 03 50 28/85 99 00, www.panoramahotel-wolfsberg.de, DZ ab 90 €*

PIRNA

Malerisch sticht Pirna im Dresdner Elbtal hervor, umgeben von Schlössern, Weinbergen und dem Nationalpark Sächsische Schweiz. Sandstein ist das bestimmende Material der städtischen Wirtschaftsgeschichte, denn von hier wurden mächtige Blöcke in alle Welt verschifft. Der Markt wird von der Anfang des 16. Jh. errichteten Marienkirche mit ihrem beeindruckenden Säulengewölbe beherrscht. Staunend spaziert man vorbei an kunstvoll sanierten Bürgerhäusern und verträumten Innenhöfen. Die Gründerzeitbebauung Gartenstraße, das Teufelserkerhaus und das Stadtmuseum im ehemaligen Dominikanerkloster sind Zeugen einer entdeckenswerten Vergangenheit.
Tourist Info: Am Markt 7, 01796 Pirna, Tel. 035 01/55 64 46, Ostersa.-Okt. Mo–Fr 10–18, Sa–So 10–14, Nov.-Karfr. Mo–Fr 10–16, Sa–So 10-13 Uhr, www.pirna.de

BAROCKGARTEN GROSSSEDLITZ

Stolz – und das völlig zu Recht – wird dieser authentische, prächtige Barockgarten auch das »Sächsische Versailles« genannt. 1719 bis 1723 terrassenförmig angelegt, kann man heute zu den barocken Gebäuden Friedrichschlösschen, den Orangerien sowie zur Waldkaskade und zum Naturtheater flanieren. Weltruhm besitzt die elegante Fontänenanlage »Stille Musik« mit ihren musizierenden Putten.
Parkstr. 85, 01809 Heidenau, März–Okt. tgl. 10–18 Uhr, www.barockgarten-grosssedlitz.de

BURG STOLPEN

Das ungewöhnliche Leben der berühmtesten Mätresse Sachsens, Gräfin Cosel, fand 1765 nach 49 unfreiwilligen Jahren im Johannisturm auf Burg Stolpen ein Ende. Ihrem Schicksal kann man auf der ehemaligen Festung, erbaut auf der höchsten Erhebung des Stolpener Basalts, nachspüren. Auch die Wasserkunst (das damalige System zur Förderung, Hebung und Führung von Wasser) und die mittelalterliche Kräuterküche im Siebenspitzenturm sind spannende Anlaufpunkte. Originale Holzbalkenarchitektur und das Flair der Burghöfe entführen in die eigentümliche Stimmung um 1200.
Schloßstr. 10, 01833 Stolpen, Apr.–Okt. tgl. 10–18, Nov.–März Di–So 10–16 Uhr, www.burg-stolpen.org

1813 sprengte die französische Armee Teile der Burg Stolpen. König Johann von Sachsen ließ sie 1859 restaurieren. 15 Jahre später führte ein Schlosswärter die ersten Besucher herum.

MALERWEG

Wanderer und passionierte Spaziergänger werden sich freuen: Der 112 km lange, wildromantische Rundwanderweg führt durch das Elbsandsteingebirge, vorbei an Festungen, der Burg Hohenstein, der Felsenbühne, der Bastei und anderen landschaftlichen und historischen Attraktionen. Auf jeder der acht Etappen geben Schautafeln und Ausstellungen Auskunft darüber, wann Künstler wie Adrian Zingg, Anton Graff, Caspar David Friedrich, Ludwig Richter u. v. m. die atemberaubenden Panoramen in ihren Gemälden festhielten.
www.saechsische-schweiz.de/malerweg

BAD SCHANDAU UND TOSKANA THERME

Die Kurstadt im Herzen der Sächsischen Schweiz bietet zahlreiche Sehenswürdigkeiten. So lädt der Botanische Garten im Kirnitzschtal ein, die regionale Flora zu entdecken, und mit Dampfschiffen erlebt man aufregende Schleusenfahrten. Wer entschleunigen möchte, besucht die Toskana Therme. Zwischen Elbe und Kletterfelsen relaxt man in der Sauna, bei Unterwassermusik, in farbigem Wasser und bei Sprühnebelprojektionen, die vom Elbwind gestaltet werden.
Tourist Info: Markt 12, 01814 Bad Schandau, Tel. 03 50 22/ 900 30, Apr., Okt. tgl. 9–18, Mai–Sept. 9–20, Nov., Dez., März Mo–Fr 9–14, Jan., Feb. Mo/Di/Do/Fr 9–14 Uhr, www.bad-schandau.de;
Toskana Therme: Rudolf-Sendig-Str. 8a, 01814 Bad Schandau, So–Do 10–22, Fr/Sa 10–24 Uhr, www.toskanaworld.net

HISTORISCHER AUFZUG

Filigrane Technikschönheit: Spaziergänger fahren mit dem 52,26 m hohen Aufzug zu einer Plattform, die mit einer 27,80 m langen Brücke mit der Felswand verbunden ist. 1905 wurde das Bauwerk aus solidem Stahl eingeweiht und bietet eine sagenhafte Aussicht über das ganze Elbtal bis zum Tafelberg Lilienstein. Spazierwege führen u. a. zum Kurpark.
Rudolf-Sendig-Straße, Bad Schandau-Ostrau, Fahrzeiten: tgl. Apr./Okt. 9–18, Mai–Sept. 9–20, Nov.–März 9–17 Uhr, www.bad-schandau.de/personenaufzug-2

UHRENMUSEUM GLASHÜTTE

8000 Objekte aus 160 Jahren besitzt das Uhrenmuseum. Die wortwörtliche Reise durch die Zeit zeigt, was einst mit der Messung des Sonnenlaufs begann und uns heute morgens aus dem Schlaf klingelt.
Schillerstr. 3a, 01768 Glashütte, tgl. 10–17 Uhr, www.uhrenmuseum-glashuette.com

40

SEMPEROPER, DRESDEN

51° 03′ 16″ NORD / 13° 44′ 07″ OST

KURZ NACH 18 UHR am Neumarkt. Dresdens barocke Altstadt strahlt trotz Nieselregen – wie eigentlich immer und bei jedem Wetter. Und doch werfen an diesem Abend Trauer und Nachdenklichkeit ihre Schatten auf viele Gesichter. Zehntausende sind gekommen, um sich die Hand zu reichen und mit einer Menschenkette an die Gräuel des Zweiten Weltkriegs zu erinnern. 75 Jahre liegen die Luftangriffe der Briten zurück. Der verheerende Bombenhagel riss im Februar 1945 fast 25 000 Bürger in den Tod und legte Dresden in Schutt und Asche. Sich die Ausmaße dieser Katastrophe an Ort und Stelle bewusst zu machen, ist nicht so einfach. Denn man sieht davon nichts mehr. Das historische Zentrum mit all seinen Architekturschätzen wurde und wird bis heute mühevoll und so originalgetreu wie möglich nachgebildet. »Disneyland an der Elbe« unken Kritiker aus der Vorstadt, Besucher und Schöngeister wiederum frohlocken und staunen. Zu den eindrucksvollsten restaurierten Prachtbauten zählt neben der Frauenkirche vor allem die extravagante Semperoper. Sie ist in ihrer fast 200-jährigen Geschichte schon mehrmals aus Ruinen auferstanden. Bereits das erste, 1841 hier am Theaterplatz von Gottfried Semper im italienischen Renaissancestil errichtete Opernhaus fiel einem Feuer zum Opfer, wurde aber 1871–78 nach Entwürfen des Meisters neu aufgebaut. In der Bombenacht von 1945 brannte die Semperoper dann abermals lichterloh. Der späte Wiederaufbau ab 1977 war anfangs knifflige Detektivarbeit, denn die Originalpläne des Architekten waren verschollen. So studierten Fachleute monatelang alte Lieferscheine, Skizzen und Fotos, um dem ursprünglichen Semperstil in Form und Funktion möglichst nahezukommen. Vielleicht schielte man damals auch hinüber nach Österreich: Denn das berühmte Wiener Burgtheater an der Ringstraße ist der Dresdner Oper wie aus dem Gesicht geschnitten. Auch dieser bauchige Neorenaissancebau mit seinen typischen Seitenflügeln wurde ab 1874 nach Plänen Gottfried Sempers realisiert. Und auch »die Burg«, wie die Wiener ihren Kulturtempel nennen, wurde 1945 bombardiert und ging in Flammen auf. Die Restaurierung hatte man hier allerdings schon 1955 unter Dach und Fach.
www.semperoper.de

Rechts: Burgtheater, Wien, Österreich
48° 12‘ 37“ Nord / 16° 21‘ 40“ Ost

Unten: Kaum zu glauben, dass die Dresdner Semperoper im Laufe der Jahrhundert schon mehrmals in Schutt und Asche lag – zuletzt nach den Luftangriffen des Zweiten Weltkriegs. Der Wiederaufbau zog sich hin, doch das Ergebnis hätte Gottfried Semper entzückt. Auch das Interieur des Prachtbaus wurden übrigens großteils vom Meister selbst entworfen.

RESTAURANTS

ALTE MEISTER

Logenplatz in Herzen der Altstadt mit traumhafter Außenterrasse. Hier, am Seitenflügel des Zwingers, speist man mit Blick auf Semperoper, Hofkirche und den quirligen Theaterplatz. Tagsüber eher Bistro und Café, abends stilvolles Restaurant mit internationaler Küche. *Theaterplatz 1a, 01067 Dresden, Tel. 03 51/481 04 26, Mo–Do ab 17, Fr–So ab 12.00 Uhr, www.altemeister.net*

CAFÉ-RESTAURANT SAITE

Versteckter, familienfreundlicher Geheimtipp im Dresdner Hechtviertel. Auf den Teller kommt nur Bio – sehr lecker und liebevoll zubereitet. Beliebt ist der Sonntagsbrunch. Im Sommer regelmäßig Konzerte und andere Kulturevents im Garten. *Seitenstr. 4b, 01097 Dresden, Tel. 03 51/802 44 52, Mo–Fr 18–24, So 10–15 Uhr (Brunch), www.cafe-saite.de*

ÜBERNACHTUNGEN

HOTEL SUITESS

Das bezahlbare 5-Sterne-Haus liegt direkt am Neumarkt und versprüht viel historisches Flair. Vom Hotelrestaurant mit Dachterrasse ist die Kuppel der Frauenkirche zum Greifen nah! *An der Frauenkirche 13, 01067 Dresden, Tel. 03 51/41 72 70, www.suitess-hotel.com, DZ ab 125 €*

HYPERION AM SCHLOSS

Das Hyperion am Residenzschloss punktet mit einem perfekten Mix aus modern und gemütlich. Entspannen kann man nach einem anstrengenden Stadtbummel im Spa unter historischem Kellergewölbe. Achtung: Fast alle Zimmer haben ein offenes Bad. *Schlossstr. 16, 01067 Dresden, Tel. 03 51/50 12 00, www.h-hotels.com, DZ ab 110 €*

INNERE ALTSTADT

Nur einen Tag Zeit? Das ist fast zu wenig. Wer an den unzähligen Kunst- und Kulturschätzen der Dresdner Altstadt nicht nur vorbeilaufen, sondern sie besichtigen, genießen und sich dabei auch ein bisschen treiben lassen möchte, sollte mindestens ein Wochenende einplanen. Links der Elbe, rund um Theaterplatz und Neumarkt, gruppieren sich die meisten Attraktionen auf engstem Raum. Neben der Semperoper und der berühmten Dresdner Frauenkirche mit ihrem monumentalen Kuppeldach kann man hier auch die spätbarocke Hofkirche, das im Renaissancestil erbaute Residenzschloss und natürlich den Dresdner Zwinger (www.der-dresdner-zwinger.de) bestaunen. Alleine in diesem barocken Gesamtkunstwerk, das sich August der Starke Mitte des 18. Jh. als feudale Spielwiese und Statussymbol errichten lies, könnte man mehrere Urlaubstage verbringen. Von Weltrang ist die Porzellansammlung, in der kostbare Exponate aus China, Japan und Korea sowie sächsische Porzellankunst aus der Blütezeit der Manufaktur Meissen gezeigt werden. Von unschätzbarem Wert sind auch die Gemälde in der Galerie Alte Meister im nordöstlichen Seitenflügel des Zwingers – übrigens auch ein Semperbau. Publikumsliebling des kürzlich rundum sanierten Museums ist die »Sixtinische Madonna« (1512/13) von Raffael – eines der bedeutendsten Werke der italienischen Renaissance. Über die Augustusstraße gelangt man, vorbei an Stallhof und Fürstenzug, zum Neumarkt und von dort über die Münzgasse – wer Hunger oder Durst hat, ist hier genau richtig – zur Brühlschen Terrasse. Unterhalb des beliebten Dresdner Aussichtsbalkons legen die historischen Raddampfer der »Weißen Flotte« (www.saechsische-dampfschiffahrt.de) ab, mit denen man sogar bis in die Sächsische Schweiz schippern kann.

Tourist Info: Neumarkt 2 (QF-Passage), 01067 Dresden, Tel. 03 51/50 15 01, Mo–Fr 10–19, Sa 10–18, So 10–15 Uhr, www.dresden.de

ELBWIESEN MIT CANALETTO-BLICK

Den malerischsten Blick auf Dresden genießt man von den Elbwiesen rechts des Flusses. Am sogenannten Königsufer zwischen Augustus- und Marienbrücke war einst auch Canaletto (1697–1768) auf Motivjagd. Im Jahr 1748 verewigte der venezianische Künstler und Hofmaler des Kurfürsten Friedrich August II. die hier besonders schöne Per-

Pack' die Picknickdecke ein! Den schönsten Blick auf Dresdens Altstadt hat man von den Elbwiesen am Königsufer.

spektive auf die Altstadt in Öl. Das weltberühmte, vor einigen Jahren aufwendig restaurierte Gemälde kann in der Galerie Alte Meister im Zwinger bestaunt werden. Im Sommer sind die flachen Wiesen rund um den Canaletto-Blick, den vor Ort eine rote Staffelei aus Stahl markiert, beliebter Picknick-Treffpunkt. Richtung Norden gelangt man in die Innere Neustadt, deren Eingang das imposante goldene Reiterstandbild (1736) August des Starken am Neustädter Markt markiert.
Von der Brühlschen Terrasse via Augustbrücke zum rechten Elbufer, dann an den Stufen links halten, www.dresden.de

PFUNDS MOLKEREI

Ja, natürlich kann man hier auch einkaufen – sogar per Mausklick. Denn die Produkte der traditionsreichen Dresdner Pfunds Molkerei (1879) werden mittlerweile überallhin verschickt. Wer online shoppt, verpasst jedoch das Beste: den schönsten Milchladen der Welt! Decken, Wände, Säulen, Ladentheke – fast alle Flächen sind mit handbemalten Jugendstilfliesen aus dem Hause Villeroy & Boch verkleidet. Kein Wunder also, dass viele nur zum Fotografieren und Staunen kommen. Dann aber freilich selten widerstehen können. Denn Räucherkäse, Karamellcreme & Co. schmecken frisch gekauft eben doch besser, als aus dem Versandkarton.
Bautzner Str. 79, 01099 Dresden, Tel. 03 51/80 80 80, Mo–Sa 10–18, So/Fei 10– 15 Uhr, www.pfunds.de

ÄUSSERE NEUSTADT

Wer die Dresdner Szene und ein attraktives Nachtleben sucht, wird in der Äußeren Neustadt fündig. Hier, zwischen Graffitis und Gründerzeitbauten, herrscht kreatives Kiez-Flair. Einer der kulturellen Hotspots des Viertels ist der farbenfrohe Kunsthof an der Görlitzer Straße, wo etliche Ateliers, Cafés und spannende kleine Läden ihre Heimat gefunden haben.
Kunsthof-Passage, Görlitzer Str. 21–25, 01099 Dresden, www.kunsthof-dresden.de

BLAUES WUNDER

Das »Blaue Wunder« zählt zu den eindrucksvollsten Brücken Dresdens und gilt als jüngeres Wahrzeichen. Rund 5 Kilometer östlich der Altstadt überspannt der Bau die Elbe mit einer Stützweite von knapp 150 Metern und verbindet die Vororte Blasewitz und Löschwitz. Nach ihrer Fertigstellung 1893 galt die frei über dem Wasser hängende Eisenbrücke – geschützt durch Federgelenke mit ausgefeilter Schwingungsdämpfung – als Geniestreich. So verdankt sie ihren Namen nicht nur dem hellblauen Anstrich, sondern gleichzeitig der Leistung ihres Erbauers Claus Koepcke, die damals als Wunder gefeiert wurde. Zur Brücke gelangt man auch auf dem Elberadweg – oder erlebt sie bei einer Dampferfahrt flussaufwärts.
Löschwitzer Brücke, 01326 Dresden, www.elberadweg.de

41

INTERNATIONALES SAMBA-FESTIVAL IN COBURG

50° 16′ 00″ NORD / 10° 58′ 0″ OST

MANCHMAL ERSCHRICKT MAN REGELRECHT, wenn Menschen, die man gedanklich schon fein säuberlich einsortiert hatte, plötzlich wieder aus ihrer Schublade springen. Ein gutes Beispiel sind die Oberfranken. Multikulti? Ist nun wirklich nicht das Erste, das einem zu dieser Region einfällt, die ja vermeintlich nur für ihre rustikale Küche und Bodenständigkeit bekannt ist. Doch weit gefehlt. Denn in dieser Ecke Bayerns, die sich alles andere als bayerisch fühlt und vielleicht gerade deshalb gerne in die Ferne schweift, blickt man mit Vergnügen über den Tellerrand – und lädt dann die Fremde in die Heimat ein. Wie wunderbar so ein Kulturmix aussehen und vor allem klingen kann, erlebt man jedes Jahr Mitte Juli beim Internationalen Samba-Festival im oberfränkischen Coburg. Ein ganzes Wochenende lang wird die alte Residenzstadt von brasilianischer Lebensfreude und lateinamerikanischen Rhythmen regelrecht durchgeschüttelt: In allen Gassen heizen Bands aus der ganzen Welt die Stimmung an, Samba-Tänzerinnen und -Tänzer betören bis in die Nacht mit ihren glitzernden Kostümen, Federschmuck und viel nackter Haut. Und sollten die eigenen Hüftgelenke noch etwas Schmierstoff benötigen, hilft man eben mit Caipirinha nach. Höhepunkt des Spektakels ist der große Sambista-Umzug am Sonntag, bei dem Tausende Trommler und Tänzer zur Hauptbühne am Schlossplatz marschieren. Dass am allerersten Coburger Samba-Festival 1992 gerade einmal 20 Samba-Gruppen teilnahmen, mag man bei diesem Anblick kaum glauben. Was als exotisches Experiment begann, hat sich zu einem der schillerndsten Events in ganz Franken gemausert – das einfach in keine Schublade passt.

www.samba-festival.de

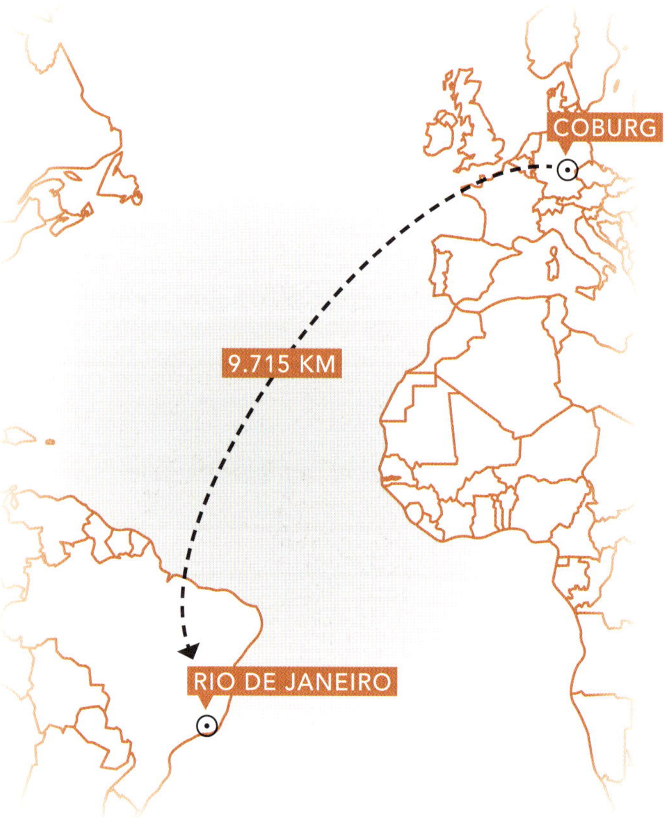

Rechts: Karneval in Rio de Janeiro, Brasilien
22° 54' 25" Süd / 43° 10' 23" West

Unten: Hier finden heiße Rhythmen vor historischer Kulisse statt. Jedes Jahr lockt das Internationale Samba-Festival in der Coburger Altstadt rund 200 000 Besucher an, die tanzen, feiern und dabei jede Menge südamerikanisches Flair genießen.

Rautenkranz, Bunter Löwe und Bärenbastei – so heißen drei der äußeren Befestigungsanlagen der Veste Coburg. Ein Ulmer Baumeister konstruierte diese Ergänzungen im 17. Jahrhundert.

COBURG

Coburg ist reich an Kirchen, zählt 20 Brücken über die Itz und ist stolz auf seine vielen Fachwerkhäuser. Darunter befinden sich denkmalgeschützte Bauten wie die Hahnenmühle von 1323 oder das dreigeschossige Münzmeisterhaus (1444). Anfang des 15. Jh. entstand das Rathaus der Stadt, das auch als Kaufhaus diente: Schustern, Tuchmachern und Kürschnern war der erste Stock, Bäckern und Metzgern das Erdgeschoss vorbehalten. Im 16. Jh. wurde das Rathaus um den neuen Renaissancebau mit hohen Giebeln und Schneckenornamenten erweitert.
Tourist Info: Herrngasse 4, 96450 Coburg, Tel. 09 561/ 89 80 00, Mo–Fr 9.30–17.30, Sa 10–14 Uhr, www.coburg-tourist.de

VESTE COBURG

Festungen dienten stets mindestens zwei Zwecken: die Bewohner in Sicherheit zu wiegen und Feinden Uneinnehmbarkeit zu signalisieren. Die Veste Coburg erfüllt(e) beides. Allein ihre Fläche von 135 mal 260 m macht sie zu einer der größten Burganlagen in Deutschland. Und die Aussicht von dort ist grandios. Auch Martin Luther suchte und fand hier im Jahr 1530 Asyl. Heute beschützt die Veste historische Kunstwerke, beispielsweise die Kupferstiche im Kabinett, kostbare venezianische Gläser oder historische Jagdwaffen.
Veste Coburg, 96450 Coburg, Apr.–Okt. tgl. 9.30–17, Nov.–März Di–So 13–16 Uhr, www.kunstsammlungen-coburg.de

EUROPÄISCHES MUSEUM FÜR MODERNES GLAS

Was man aus Glas alles fertigen kann! Elegantes und Kitschiges, Nutzwertiges und Dekoratives, Kleinteiliges und Übergroßes, Einfarbiges und Buntes, Skulpturen und Installationen ... in diesem Museum gehen einem die Augen über. Passend zu den kristallinen Werken wurde auch die Ausstellungshalle gestaltet. Bodentiefe Fenster, eine geschwungene Treppe und eine Galerie – natürlich beide aus Glas – schaffen einen dezenten Rahmen für die Exponate. Im Untergeschoss hat seit dem Jahr 2012 die Nachbardisziplin Einzug gehalten: 500 Keramikstücke von 250 internationalen Meistern komplettieren die Sammlung.
Rosenau 10, 96472 Rödental, Ende März bis Anf. Nov. tgl. 9.30–13, 13.30–17, Mitte Nov.–Mitte März Di–So 13–16 Uhr, www.kunstsammlungen-coburg.de

WILDPARK SCHLOSS TAMBACH

Auerochse und Adler, Fischotter und Frettchen, Muntiak und Mufflon, Waschbär und Wildkatze – mehr als 250 Tiere teilen sich 50 ha im historischen Schlosspark. Familien gefallen die Wildpark-Rallyes besonders gut.

Noch beliebter sind bei Kindern die Fütterungen, weil sie den Tieren dabei nah aufs Fell rücken dürfen.
Wildpark 3, 96479 Weitramsdorf, tgl. 8–18 Uhr, www.wildpark-tambach.de

DEUTSCHES KORBMUSEUM

Wer bei der Entstehung eines Korbs zuschauen möchte, sollte sich möglichst an einem Samstag zwischen 13.30 und 16.30 Uhr (April bis Okt.) im Korbmuseum einfinden. Die Meister ihres Fachs zeigen dann, wie man flicht, und erzählen Wissenswertes zu Material, Form und Farbe.
Bismarckstr. 4, 96247 Michelau, Apr.–Okt. Di–So 10–16.30, Nov.–März Di–Do 10–16.30, Fr 10–15 Uhr, www.gemeinde-michelau.de

OBERMAIN THERME

»Wie ein Tag am Meer« – mit diesem Slogan lockt die Obermain-Therme ihre Besucher. Doch ein Tag dürfte bei diesem Angebot kaum ausreichen. 3000 qm Wasserfläche verteilen sich auf 25 Innen- und Außenbecken, die aus- und einladende Saunalandschaft erstreckt sich auf 15 000 qm und elf Themensaunen, dazu kommen Wellness und Kosmetikbehandlungen, medizinische Massagen, Wärmetherapie, Inhalation, Kinesio-Taping bis hin zur Narbenentstörung. Für fast jedes Wehwehchen gibt es hier eine heilende Anwendung.
Am Kurpark 1, 96231 Bad Staffelstein, So–Mi 8–21, Do–Sa 8–23 Uhr, www.obermaintherme.de

AUFSTIEG AUF DEN STAFFELBERG

Familienfreundlich, aussichtsreich und kurzweilig ist die Wanderung auf diesen »Frankenberg«. Gestartet wird beim Friedhof der Stadt Bad Staffelstein. Es geht über 265 m nach oben und hernach wieder nach unten und dauert Hin- und Rückweg etwa 2,5 Stunden, inklusive eines Schlenkers zum Staffelberg-Felsen. Zwischendurch belohnt die Einkehr in der Staffelberg-Klause und ganz oben, in 539 m Höhe, die fantastische Weitsicht.
www.staffelberg.de

RESTAURANTS

KÜNSTLER-KLAUSE

Hier wird gutbürgerliche fränkische Küche aufgetischt: Ob Sauerbraten, Roulade, Schäufele oder knusprige Entenbrust – Coburger Klöße gehören als Beilage dazu. Das Ambiente mit dunklem Mobiliar und weißen Tischdecken ist ebenfalls gut und bürgerlich. *Theaterplatz 4a, 96450 Coburg, Tel. 095 61/907 05, tgl. 17.30–24, Sa/So 11.30–14 Uhr, www.kuenstler-klause.de*

KRÄUTERGARTEN

Frische Waren aus der Region gehören hier genauso zum Konzept wie die handverlesene Auswahl der Lieferanten und damit der Zutaten. Fränkisch das Essen, gemütlich mit Holzbänken das Interieur. Die Auswahl der Menüs: klein, aber fein. *Rosenauer Str. 30c, 96450 Coburg, Tel. 095 61/42 60 80, Di–Sa 17–24 Uhr, www.kraeutergarten-coburg.de*

ÜBERNACHTUNGEN

GOLDENE TRAUBE

Seit über 20 Jahren ein Familienbetrieb. Hier wohnt man klassisch oder modern und entspannt sich im großen Wellnessbereich. Für den Absacker bietet sich die Hotelbar nebst Vinothek an. Empfehlenswert auch das dazugehörige Restaurant Esszimmer (ein Michelin-Stern). *Am Viktoriabrunnen 2, 96450 Coburg, Tel. 095 61/87 60, www.goldenetraube.com, DZ ab 105 €*

DER GROSCH

Zum Europäischen Glasmuseum sind es 20 Min. zu Fuß, nach Coburg eine Viertelstunde mit dem Auto. Die 44 vor einigen Jahren renovierten Zimmer sind puristisch schick gestaltet – ein schöner Kontrast zur jahrhundertealten gleichnamigen Brauerei. *Oeslauer Str. 115, 96472 Rödental, Tel. 095 63/75 00, www.der-grosch.de, DZ ab 110 €*

42

KLEIN-VENEDIG, BAMBERG

49° 53′ 36″ NORD / 10° 53′ 03″ OST

KUNST ist oft dann am reizvollsten, wenn sie sich selbst nicht zu ernst nimmt, aber trotzdem zum Nachdenken anregt. So ist das auch bei Martin Parr, einem britischen Fotografen, der in seinen ironischen Arbeiten der Frage nachgeht: Was passiert, wenn sich die schönsten Orte der Welt in globale Vergnügungsparks verwandeln – weil einfach zu viele Menschen sie sehen wollen? Auf der Suche nach Anschauungsmaterial reiste Parr um den ganzen Globus und blieb dabei mehrmals in Venedig hängen. In der Lagunenstadt richtete er sein Objektiv schonungslos auf Touristen: Reisegruppen oder Pärchen, die vor Rialto- und Seufzerbrücke für die eigenen Erinnerungsfotos posieren – oft mit ausgestrecktem Selfie-Arm. Zum Glück geht es im oberfränkischen Bamberg noch eher beschaulich zu. Obwohl auch hier Kanäle, Brücken und viel Romantik locken! Manch einer reist sogar nur deshalb in die alte Kaiser- und Bischofsstadt, um in »Klein-Venedig«, wie die Bamberger ihr altes Fischerviertel liebevoll und stolz nennen, in Sehnsucht zu schwelgen. Zwar ist das Netz der Wasserstraßen überschaubar, die Regnitz umspült aber den kompletten unteren Altstadtkern und Wasser hat das Leben der Bamberger jahrhundertelang geprägt. Gegenüber vom Alten Rathaus kann man sogar in eine original venezianische Gondel steigen. Eine halbe, Dreiviertel- oder ganze Stunde dauert die Fahrt vorbei an malerischen Fachwerkhäusern, die sich dicht ans Ufer drängen. Wie in Venedig werden die langen, schwarzen Boote von stehenden Gondolieri im Streifenpulli mit Strohhut geschickt über das Wasser geführt. Ein beliebtes Fotomotiv! Ob sich Martin Parr hier wohl schon umgesehen hat? Nicht nötig. Noch nicht.
www.bamberg.info, www.gondel.info

Unten: Canal Grande, Venedig, Italien
45° 26‘ 12“ Nord / 12° 19‘ 59“ Ost

Die Kanäle der ehemaligen Fischersiedlung müssen sich die Bamberger Gondolieri mit Ausflugsbooten teilen. Aber die Männer mit Ringelpulli und Strohhut sind mittlerweile Profis. Schon 1992 wurde die erste »gondola« von der Lagune nach Oberfranken transportiert. Heute sind zwei Gondeln im Einsatz.

RESTAURANTS

SPEZIAL KELLER

So etwas Verrücktes wie Rauchbier gibt es nur – zweimal. Zumindest in Bamberg, wo es von den Brauereien Schlenkerla und Spezial hergestellt wird. Der »Spezi-Keller« punktet mit einer Gaststube mit Kachelofen und einem schattigen Biergarten samt Blick auf die Altstadt. *Sternwartstr. 8, 96049 Bamberg, Tel. 09 51/548 87, Di–Fr ab 15, Sa ab 12, So ab 10.30 Uhr, www.spezialkeller.de*

WEINHAUS MESSERSCHMITT

Schon seit 1832 wird im Messerschmitt vorzüglicher Wein ausgeschenkt. Im Elternhaus des Flugzeugpioniers werden frische Mainfische, heimische Wildgerichte und natürlich auch Bamberger Fassbier serviert. *Lange Str. 41, 96047 Bamberg, Tel. 09 51/297 80-0, Mo–Sa 12–14, Mo–Do und Sa 18–23 Uhr, www.hotel-messerschmitt.de*

ÜBERNACHTUNGEN

HOTEL TANDEM

Von modernen Zimmern oder dem kleinen Gästehaus (ohne TV) für Familien und Gruppen blickt der Gast auf die Regnitz oder den Michaelsberger Garten. Für Fahrradfreunde gibt es einen abschließbaren Keller, Mieträder und Radtourenkarten. *Untere Sandstr. 20, 96049 Bamberg, Tel. 09 51/ 51 93 58 55, www.tandem-hotel.de, DZ ab 90 €*

HOTEL WOHNBAR

Ein zwischen den Regnitzarmen gelegenes Jugendstilhaus mit wunderschönem Treppenhaus, dafür ohne Aufzug. Die Zimmer sind modern und hell eingerichtet. Gäste können die hoteleigenen Fahrräder ausleihen. *Stangsstr. 3, 96047 Bamberg, Tel. 09 51/ 50 99 88 44, www.wohnbar-bamberg.de, DZ ab 79 €*

BAMBERGER ALTSTADT

Es gibt viele schöne Altstädte in Deutschland, doch die Bamberger gehört – allein, weil sie im Zweiten Weltkrieg verschont blieb – zu den imposantesten. 2400 denkmalgeschützte Häuser aus Romanik, Gotik, Renaissance, Barock und Rokoko arrangieren sich zu einem einmaligen, über 1000 Jahre alten Gesamtkunstwerk. Das Alte Rathaus der Weltkulturerbestadt ist dabei ein echtes Kuriosum: Es steht auf einer mit Pfählen künstlich errichteten Insel in der Regnitz, ist über und über mit Fresken bemalt und wird vom Rottmeisterhäuschen geziert, das über dem Wasser zu schweben scheint. Tipp für den Altstadtbummel: Mit einem GPS-basierten »itour-Guide« kann man sich zu herrlichen Sehenswürdigkeiten geleiten und sie audiovisuell, inklusive O-Tönen aus dem täglichen Leben, erläutern lassen (Geräte mit App bei der Tourist Info, App fürs eigene Smartphone für iOs und Android).

Tourist Info: Geyerswörthstr. 5, 96047 Bamberg, Tel. 09 51/ 297 62 00, Mo–Fr 9–18, Sa 9.30–16, So 9.30–14.30 Uhr, www.bamberg.info

BAMBERGER DOM MIT DEM BAMBERGER REITER

Hoch über der Altstadt thront der Dom St. Peter und St. Georg mit seinen vier beeindruckenden Türmen als Stadtwahrzeichen. Schon 1002 wurden die Grundsteine gelegt, doch zwei Brände zwangen zu Neuaufbauten. Der letzte, 1237, wurde von einer Seite zur anderen durchgeführt, sodass die Türme im Osten romanischen, die im Westen gotischen Stils sind, was den Übergang dieser Epochen auf einmalige Weise bezeugt. Im Inneren imponieren u. a. das von Tilman Riemenschneider gestaltete Hochgrab des heiligen Kaiserpaars Kunigunde und Heinrich II., das Papstgrab Clemens II. und der Marienaltar von Veit Stoß. Auf einer Konsole am Nordpfeiler des Georgenchors zieht der mysteriöse »Bamberger Reiter« die Besucher an. Bis heute ist die Frage offen, wer diese fast lebensecht zu nennende, 2,33 m hohe Sandsteinskulptur schuf und wen sie eigentlich darstellen soll.

Domplatz 2, 96049 Bamberg, Apr.–Okt. Mo–Mi 9–18, Do/Fr 9.30–18, So 13–18, Apr. Sa 9–16.30, Mai–Okt. Sa 9–11.30, 13–16.30, Nov.–März Mo–Mi 9–17, Do/Fr 9.30–17, So 13–17 Uhr, www.bamberger-dom.de

Die Dreflügelanlage der Neuen Residenz war Sitz der Bamberger Fürstbischöfe. Sie bildet mit dem Dom ein Ensemble, das die politischen Machtverhältnisse der damaligen Zeit verdeutlicht.

NEUE RESIDENZ

Am eindrucksvollsten Platz Bambergs, dem Domplatz, steht die denkmalgeschützte mehrflügelige Neue Residenz. Ab 1602 hielten hier die Bamberger Fürstbischöfe Hof. Im Jahr 1919 war sie kurzzeitig Sitz des bayerischen Landtags, der die erste demokratische Verfassung verabschiedete. Über 40 Prunkräume (toll: der freskierte Kaisersaal) werden heute als Schauräume für wechselnde Kunstausstellungen genutzt. Die Barockgalerie und die Altdeutsche Galerie zeigen wichtige Werke der Bayerischen Staatsgemäldesammlungen.

Domplatz 8, 96049 Bamberg, Apr.–Sept. tgl. 9–18, Okt.–März 10–16 Uhr, www.schloesser.bayern.de

FRÄNKISCHES BRAUEREIMUSEUM

Warum geht man in Franken so gerne nicht in, sondern »auf den Keller«? Weil dort die schönsten Biergärten sind, die über den kühlen Kellergewölben, ehemaligen Lagerstätten des Gerstengetränks, der vielen Brauereien angelegt wurden. »A Seidla« (0,5 l Bier) aus einem Steinkrug gehört in Franken für die meisten zur Lebenskultur. Das Brauereimuseum bildet auf rund 900 qm und mit über 1400 Exponaten in authentischer Umgebung (ehemalige Benediktinerbrauerei) den gesamten Brauprozess ab: Sudhaus, Mälzerei, Gär-, Lager- und Eiskeller (aus dem 18. Jh.), Buttnerei, Filtration sowie Fass- und Flaschenabfüllung. Wer sich hier das Handwerk der Brauer, Mälzer und Büttner aneignet, bekommt ein Bier-Diplom.

Michelsberg 10f, 96049 Bamberg, Apr.–Okt. Mi–Fr 13–17, Sa/So 11–17 Uhr, www.brauereimuseum.de

E. T. A. HOFFMANN-HAUS

Studierter Jurist, gescheiterter Dirigent, Kulissenarbeiter, Musiklehrer, romantischer Literat, Komponist und Zeichner: Der schillernde Mehrfach- und oft Nebenbei-Künstler Ernst Theodor Amadeus Hoffmann lebte mit seiner Frau von 1808 bis 1813 am heutigen Schillerplatz auf zwei Etagen in einem nur 3,5 m breiten Häuschen. Nirgendwo sonst in Deutschland findet man eine Gedenkstätte, die ausschließlich ihm gewidmet ist. Seine Lebens- und Schaffensthemen werden in Texten, Bildern, Tonaufnahmen und Installationen präsentiert, das Ambiente spiegelt den Charakter seiner manchmal skurrilen und immer fantasievollen Persönlichkeit wider. Hier entstanden sein Alter Ego Johannes Kreisler, »Don Juan« und der erste Band der »Fantasiestücke in Callot's Manier«.

Schillerplatz 26, 96047 Bamberg, Mai–Okt. Di–So 13–17 Uhr, www.etahg.de/de/etahaus

43

ALTE MAINBRÜCKE, WÜRZBURG

49° 47′ 35″ NORD / 09° 55′ 34″ OST

»PLING!« Tauwasser tropft von den Gläsern aufs Kopfsteinpflaster der Alten Mainbrücke. In den Kelchen, die immer wieder lustvoll zusammenprallen, schimmert eiskalter Silvaner oder Rotling. Im Hintergrund ragen hoch über dem Fluss die Türme der Festung Marienberg in den Abendhimmel. Touristen, die das erste Mal hier sind, staunen und nippen noch etwas verschämt an ihren Getränken. Doch mit jedem Schluck hellt sich ihre Miene auf. Diese Aussicht – einfach unglaublich! »Brückenschoppen« nennen die Einheimischen ihr Lieblingslaster während der Sommermonate, bei dem sich ihr Würzburger Wahrzeichen in den schönsten Freilufttresen der Stadt verwandelt. Weine aus der Region und andere Aperitifs werden in den Lokalen am Flussufer ausgeschenkt. Der Andrang ist manchmal so groß, dass es für Radler und Fußgänger kein Durchkommen mehr gibt. Dann übertönen auch mal herzhafte fränkische Flüche Heiterkeit und Straßenmusik. Doch irgendwie wird man sich immer einig. Ob sich die Würzburger schon im Mittelalter auf der Alten Mainbrücke zum feucht-fröhlichen Plausch verabredeten, ist nicht überliefert. Sie existiert schon seit dem 12. Jh. und war damals der einzige Flussübergang weit und breit. Erst ab dem 15. Jh. wurde der romanische Vorgängerbau schrittweise durch eine stabilere, 185 Meter lange Steinbogenbrücke ersetzt. Dass sie der Prager Karlsbrücke (14. Jh.) heute so ähnlich sieht, ist insbesondere den zwölf barocken Heiligenfiguren zu verdanken, die seit dem 18. Jh. ihre Balustrade schmücken. Zusammen mit den nostalgischen Straßenlaternen und der Silhouette der angrenzenden Altstadt verschmelzen sie vor allem morgens und abends zu einer stimmungsvollen Postkartenansicht, wie man sie auch aus der Moldaumetropole kennt. Mit über 500 Metern Länge, 30 Brückenheiligen und ihren unzähligen Souvenirbuden hat natürlich auch die Karlsbrücke einige Asse im Ärmel. Doch wer hier einfach nur gemütlich verweilen und den Blick auf die Prager Burg genießen möchte, bleibt durstig – oder muss Wein und Gläser selbst mitbringen. Das klingt doch nach einem klaren Punktsieg für die Unterfranken, oder?

www.wuerzburg.de

Rechts: Karlsbrücke, Prag, Tschechien
50° 05‘ 11“ Nord / 14° 24‘ 43“ Ost

Unten: Auch morgens und menschenleer hat die Alte Mainbrücke in Würzburg ihre Reize. An Sommerabenden trifft man sich auf dem Wahrzeichen zum »Brückenschoppen« – dann sprudeln hier fränkischer Wein und Dialekt und die Brücke wird zur quirligen Freiluftbar.

RESTAURANTS

BACKÖFELE

Eine Würzburger Institution! Den alten Backofen, dem das Restaurant seinen Namen verdankt, kann man heute noch in der Gaststube bestaunen. Und zu essen? Gibt's vor allem Deftiges – köstlich zubereitet. Dazu Wein und Bier aus der Region. *Ursulinengasse 2, 97070 Würzburg, Tel: 09 31/590 59, tgl. ab 12 Uhr, www.backoefele.de*

CAFÉ FRED

Nicht nur das Frühstück mit Cappuccino, Croissants, Porridge oder Müsli munden hier. Im stylischen Café Fred gibt's auch Sandwiches, Salate, Suppen und viele andere gesunde Snacks. Und dank der kleinen, feinen Tageskarte kommt nie Langeweile auf. Unbedingt auch die hausgemachten Kuchen testen! *Herzogenstr. 4, 97070 Würzburg, Tel. 09 31/70 52 67 83, Mo–Sa 8–19, So 0–19 Uhr, www.cafefred.de*

ÜBERNACHTUNGEN

WÜRZBURGER HOF

Elegantes 4-Sterne-Altstadthotel in Bahnhofsnähe. Keine Angst, hier ist es erstaunlich ruhig. Jedes der 34 Zimmer hat sein ganz eigenes Flair – vor dem Reservieren nachfragen. Auch Einzel- und Familienzimmer sowie opulente Suiten sind im Angebot. *Barbarossaplatz 2, 97070 Würzburg, Tel. 09 31/538 14, www.hotel-wuerzburgerhof.de, DZ ab 140 €*

HOTEL REBSTOCK

Traditionshaus mit modernen, aber behaglich und individuell eingerichteten Zimmern. Im Hotelrestaurant KUNO 1448 gibt's Sterneküche. Beim Buchen beachten: Der neue recht klotzige Anbau hat nicht so viel Flair. *Neubaustraße 7, 97070 Würzburg, Tel. 09 31/309 30, www.rebstock.com, DZ ab 230 €*

WÜRZBURGER RESIDENZ

Das Schlange stehen am Kassenhäuschen lohnt sich! Die Würzburger Residenz ist UNESCO-Welterbe und zählt zu den bedeutendsten Barockschlössern Europas. Schöpfer all der opulenten Pracht war Mitte des 18. Jh. Baumeister Balthasar Neumann, der dem Projekt 24 Jahre seines Lebens widmete. Staunen kann man in und um die Anlage überall – in den üppigen verzierten Sälen oder im herrlichen Hofgarten. Highlight ist aber das Treppenhaus der Residenz, über dem sich ein riesiges, weltweit einzigartiges Deckenfresko (1752–1753) von Tiepolo aufspannt.
Residenzplatz, 97070 Würzburg, Tel. 09 31/35 51 70, April–Okt. tgl. 9–18, Nov.–März 10–16.30 Uhr, www.residenz-wuerzburg.de

FESTUNG MARIENBERG

Hoch oben über dem Main zieht die Festung Marienberg alle Blicke auf sich. Neben der Residenz ist sie das stolzeste Wahrzeichen Würzburgs. Die Anlage mitsamt der romanischen Marienkirche im Innenhof – übrigens das älteste Gotteshaus der Stadt – geht auf ein Kastell aus dem 9. Jh. zurück. Sie war Sitz der Würzburger Fürstbischöfe. Ab dem Spätmittelalter wuchs der Bau immer weiter und wurde im 17. Jh mit einem mächtigen Schutzwall befestigt. Gegen Fliegerbomben waren die Mauern freilich machtlos: In den letzten Wochen des Zweiten Weltkriegs wurde die Festung nahezu komplett zerstört und ihr Wiederaufbau erst in den 1990er-Jahren abgeschlossen. Heute beherbergt die Burg das sehenswerte Museum für Franken (www.museum-franken.de) mit kostbaren Kunstschätzen aus Stadt und Umland. Ansehen sollte man sich auch den hübschen Fürstengarten mit fantastischer Aussicht.
Festung Marienberg, 97082 Würzburg, Tel. 09 31/355 17 50, April–Sept. Di–So 9–18 Uhr, Okt.–März Di–So 10–16.30 Uhr, www.schloesser.bayern.de

RUND UM DEN MARKTPLATZ

Der Marktplatz ist auch in Würzburg ein guter Ausgangspunkt für den Altstadtbummel. Er gliedert sich in einen schmaleren oberen und einen weitläufigeren, fast quadratischen unteren Teil. Am Unteren Markt fällt sofort die rot-weiße Marienkapelle (1377–1480) ins Auge. Das Südportal zieren Sandsteinfiguren von Adam und Eva – es

Das Top-Model unter den Würzburger Attraktionen: Der Blick auf Festung Marienberg ist aus jeder Himmelsrichtung ein Genuss.

handelt sich aber um Kopien. Die kostbaren Originale können im Museum für Franken auf der Festung Marienberg bestaunt werden. Im Innern der Kirche liegt übrigens der berühmte Würzburger Barockbaumeister Balthasar Neumann begraben. Blickfang am Oberen Markt ist das Falkenhaus, dessen prächtige Rokokofassade von drei geschwungenen Giebeln gekrönt wird. Im Krieg wurde das Gebäude fast komplett zerstört. Dank vieler alter Fotografien gelang der Wiederaufbau jedoch originalgetreu. Heute sind im Falkenhaus die Stadtbibliothek und die Touristinformation untergebracht.
Tourist Info: Marktplatz 9 (im Falkenhaus), 97070 Würzburg, Tel. 09 31/37 23 98, Mo–Fr 10–18, Sa 10–15 Uhr, So/Fei 10–14 Uhr (abweichende Winterzeiten), www.wuerzburg.de

VEITSHÖCHHEIM

Im Winter sind in Veitshöchheim die Narren los! Der Ort ist fränkische Fastnachtshochburg. Und wenn sich hier einmal pro Jahr die Politikprominenz mit Perücken, Pappnasen und angeklebten Bärten zeigt, sorgt das natürlich in ganz Bayern für Gesprächsstoff. Doch im Sommer lohnt sich ein Besuch des kleinen, malerischen Städtchens noch viel mehr. Hauptattraktion ist neben der charmanten Altstadt das Ende des 17. Jh errichtete und im 18. Jh. von Balthasar Neumann erweiterte Schloss mit seinem prächtigen Rokokogarten. Hier verbrachten die Würzburger Fürstbischöfe einst die Sommermonate. Ein besonderes Erlebnis ist die Anreise nach Veitshöchheim mit dem Schiff über den Main ab Würzburg.
Tourist Info: Mainlände 1, 97209 Veitshöchheim, Tel. 09 31/78 09 00 25, Mo–Fr 10–18, Sa 10–13 Uhr, www.wuerzburgerland.de

DIE NEUE MITTE EUROPAS

Die Briten sind raus – und nichts ist mehr, wie es einmal war. Und wie so oft, wenn sich eine politische Gemengelage neu ordnet, gibt es Gewinner und Verlierer. Das gilt auch für den geografischen Mittelpunkt der Europäischen Union. So wurde Anfang 2020 auf einem Acker im kleinen Gadheim im Landkreis Würzburg mit Frankenwein, Bier und Blasmusik die EU-Flagge gehisst. In Westerngrund bei Aschaffenburg, zuvor sechs Jahre lang die Mitte Europas, rutschte die blau-gelbe Fahne auf Halbmast. Doch hier und dort hat man gemischte Gefühle: Viele hätten statt Brexit lieber ein neues Mitglied im Staatenverbund begrüßt. Ein bisschen freuen darf sich zumindest die Natur: Auf besagtem Gadheimer Acker, dem neuen Mittelpunkt Europas, soll zukünftig eine riesige Blumenwiese für Bienen und andere Insekten entstehen. Wer will, kann eine Patenschaft für einen kleinen Teil der Fläche übernehmen. Infos gibt es bei den Familien Goj und Keßler vor Ort.
Auf der B27 bei Veitshöchheim in nordöstliche Richtung (am Geisberg) Richtung Güntersleben abfahren

44

NEPAL-HIMALAYA-PARK, WIESENT

49° 01′ 15″ NORD / 12° 22′ 24″ OST

NAMASTÉ! Diese altindische Grußformel kennt man hierzulande vor allem aus Yoga- und Entspannungskursen. Üblicherweise verbindet man den Ausspruch mit einer kleinen Verbeugung, bei der die Handflächen aneinandergelegt und zur Mitte des Brustkorbs geführt werden. Erst dann geht's los mit dem Loslassen. Während die Kunst der Meditation darin besteht, an jedem noch so unbehaglichen Ort – in Städten sind das meist stickige Turnhallen oder Kellerräume – zur Ruhe zu kommen, macht das Ganze vor inspirierender Kulisse natürlich mehr Spaß. Daher ist es fast verwunderlich, dass man im Nepal Himalaya Park im oberpfälzischen Wiesent erst seit Kurzem auch Meditationsabende anbietet. Schließlich existiert das Kulturzentrum bereits seit 2003. Im Mittelpunkt der Anlage steht ein 22 Meter hohes Heiligtum, das die Architektur einer runden, buddhistischen Stupa mit der eines Hindutempels vereint – ein Symbol für das friedliche Miteinander der Religionen. Im Jahr 2000 wurde das exotische Bauwerk erstmals auf der Expo in Hannover präsentiert. Nach der Weltausstellung kaufte ein bayerischer Unternehmer den ausgedienten Länderpavillon Nepals und verschiffte ihn kurzerhand an die Donau. Rundherum entstand nach und nach ein reizvoller Park mit Teehaus, Zen-Garten, Buddha-Statuen und Tausenden Stauden und Sträuchern. Am schönsten ist es hier im Frühling und Frühsommer. Dann sollen auch wieder Meditationskurse stattfinden, unter den bunten Gebetsfahnen der Stupa, umgeben von der Stille des Himalayas – inmitten der Oberpfalz.
www.nepal-himalaya-pavillon.de

Links: Viele Götter unter einem Dach: Eine Hälfte der Wiesenter Tempelanlage ist einer buddhistischen Augen-Stupa nachempfunden, die andere einem Hindutempel im Pagodenstil. Anhänger beider Weltregionen leben in Nepal bislang friedlich zusammen und teilen sich auch häufig ihre heiligen Stätten.

Buddhistischer Tempel, Swayambhunath, Nepal
27° 42' 54" Nord / 85° 17' 24" Ost

Die überschwänglich verzierte Barockbibliothek im Kloster Metten ist ein verstecktes Juwel.

STRAUBING

Elf Tage halten Hartgesottene durch. So lange dauert das Gäubodenfest in Straubing. Das nach dem Münchner Oktober- und dem Nürnberger Herbst- und Frühlingsfest drittgrößte bayerische Volksfest beginnt immer freitags vor dem zweiten Augustwochenende. Den Festplatz am Hagen teilen sich Bierzelte, Buden und Fahrgeschäfte dann mit der Ostbayernschau, auf der hunderte Aussteller ihr buntes Sortiment präsentieren: von Haushaltswaren bis zu monströsen Traktoren und Mähdreschern. Oft darf man in die Führerhäuschen der Fahrzeuge klettern – sehr zur Freude der kleinen Messebesucher. Es gibt auch einen Streichelzoo. Wer wissen will, was die Römer vor rund 2000 Jahren an Straubing schätzten, besucht das Gäubodenmuseum (www.gaeubodenmuseum.de). Außerhalb der Festsaison lockt die Stadt mit der barocken Ursulinenkirche, der romanischen Basilika St. Peter, den spätgotischen Hallenkichen St. Jakob und Hl. Geist ... Zu viel der sakralen Bauten? Im Zentrum wartet der 68 Meter hohe Stadtturm auf seine Besteigung. Rundherum reihen sich bunte Patrizierhäuser aneinander, laden Wirtshäuser und Biergärten ganz profan zur genüsslichen Einkehr. Apropos Gaumenfreuden: Probieren sollte man unbedingt die Agnes-Bernauer-Torte der Staubiger Traditionskonditorei Krönner (www.kroenner.de). Die nussig-süße Sündenschnitte ist nach der Baderstochter und Geliebten des bayerischen Herzogs Albrecht III. (1401–1460) benannt. Von ihrem tragischen Schicksal erzählen alle vier Jahre die Agnes-Bernauer-Festspiele (www.agnes-bernauer-festspiele.de, nächster Termin 2023) im Innenhof des Straubinger Herzogschlosses.

Tourist Info: Fraunhoferstr. 27, 94315 Straubing, Tel. 094 21/94 46 91 99, Mo–Di, Mi, Fr 9–17, Do 9–18 Uhr, Sa 10–13 Uhr, www.straubing.de

DEGGENDORF

Tote Hose in Deggendorf? Die Zeiten sind vorbei! Denn seit sich die ehemalige Fachhochschule zum »Deggendorf Institute of Technology« (DIT) gemausert hat, tummeln sich hier über 7000 Studenten aus aller Welt. Die Frischzellenkur tut der alten Handelsstadt am Donauufer richtig gut – und spiegelt sich auch in vielen hippen Cafés, Kneipen und anderen Angeboten für junge Leute wider. Das neue, internationale Flair spürt man auch rund um Deggendorfs Schmuckkästchen, den weitläufigen Marktplatz, der vom spätgotischen Rathaus (1450) und der barocken Turmhaube (1722–1727) der Heilig-Grab-Kirche überragt wird. Ein versteckter Hingucker am nordwestlichen Altstadtrand ist der »Brunnen der Knödelwerferin«. Er erinnert an eine legendäre Bürgermeistergattin, die im 13. Jh. böhmische Angreifer in die Flucht schlug – mit dampfend-heißen Knödelgeschossen. Knödel verspeist man in

Deggendorf übrigens bis heute gerne. Daher werden sie hier in besonders vielen Variationen zubereitet.
Tourist Info: Pfleggasse 9, 94469 Deggendorf, Tel. 09 91/296 05 35, Mo–Fr 9–12, 13–17, Sa 10–12 Uhr, www.deggendorf.de

KLOSTER METTEN

Die Geschichte der Benediktinerabtei reicht bis ins 8. Jh. zurück – das Kloster zählt somit zu den ältesten in Bayern. Prunkstücke der Anlage sind die Abteikirche St. Michael mit kostbaren Fresken sowie die opulent ausgestattete Barockbibliothek, deren Bestand rund 200 000 Bände umfasst.
Kloster Metten, Abteistr. 3, 94526 Metten, Tel. 09 91/91 08 0, Bibliotheksführung: Di–Sa 10, 15, So 15 Uhr, www.kloster-metten.de

CHAM

Durch die Gassen schlendern und sich immer der Nase nach treiben lassen. Das klappt in Cham hervorragend. Beliebter Fotostopp ist das rote Biertor aus dem 14. Jh. Es wird von bauchigen Rundtürmen flankiert und ist als einziges Stadttor erhalten geblieben. Ihm zu Füßen schlängelt sich das Flüsschen Regen Richtung Donau. Mittags sollte man sich am Marktplatz einfinden. Immer um 12.05 Uhr erklingt vom Rathausturm die französische Nationalhymne. Die Melodie wurde 1792 zu Ehren von Nikolaus Graf von Luckner komponiert, seinerzeit Marschall im Dienste Frankreichs. Und was hat das mit Cham zu tun? Genau, Luckner ist hier zur Welt gekommen und aufgewachsen.
Tourist Info: Propsteistr. 46, 93413 Cham, Tel. 099 71/857 94 10, Mo–Fr 8–17, Sa 9.30–12 Uhr, www.cham-roding-urlaub.de

SCHWARZER REGEN

Links und rechts des »Schwarzen Regens«, zwischen Regen und Teisnach, ist die Natur so urwüchsig und schön, dass die Gegend oft mit Kanada verglichen wird. Also rein ins Kanu und los geht das Wasserabenteuer! Keine Angst, auch Einsteiger meistern diesen Flussabschnitt problemlos.
Hölzl Kanutouren, Oleumhütte 9a, 94209 Regen, Tel. 099 21 / 906 31 44, www.kanutouren-regen.de

RESTAURANTS

WIRTSHAUS ZUM GEISS

Die »Geiß« ist eines der ältesten Wirtshäuser der Gäubodenstadt. In der Küche ist man aber erfreulich weltoffen und verfeinert bayerische Klassiker auch mal mit Chutney, Sojasauce oder Cranberrycreme. Mit sehr stimmungsvollem Biergarten. *Theresienplatz 49, 94315 Straubing, Tel. 094 21/30 09 37, Di–So 11–14, 17–0 Uhr, www.zumgeiss-straubing.de*

GALLO NERO

Sympathischer Italiener am Rande der Chamer Altstadt. Vor allem Pasta wird hier großartig zubereitet. Gastwirt Alessandro Papaccino stammt ursprünglich aus Apulien – daher landen auch immer wieder feine, typisch süditalienische Zutaten im Kochtopf. *Spitalplatz 10, 93413 Cham, Tel. 099 71 / 769 739, Mo–Sa 11.30–14 und 17.30–23 Uhr, www.al-gallo-nero.de*

ÜBERNACHTUNGEN

BERGHOTEL MAIBRUNN

Hier trifft Hüttenromantik auf Design. Und diese Aussicht! Wer in die Natur des Bayerwalds eintauchen und gleichzeitig viel Komfort und Wellness genießen will, ist im Berghotel Maibrunn bestens aufgehoben. Große Zimmerauswahl – mit Waldblick buchen! *Maibrunn 1, 94379 St. Englmar, Tel. 099 65/ 85 00, www.berghotel-maibrunn.de, DZ ab 170 €*

HOTEL ASAM

Stilvolles, ruhiges 4-Sterne-Hotel unter dem Dach einer denkmalgeschützten Gründerzeitvilla. Die Straubinger Altstadt erreicht man zu Fuß in zehn Minuten. Besonders schön und noch erschwinglich sind die Superior-Zimmer mit Parkettboden im vierten Stock. *Wittelsbacherhöhe 1, 94315 Straubing, Tel. 094 21/ 78 86 80, www.hotelasam.de, DZ ab 105 €*

45

WALHALLA, DONAUSTAUF

49° 01′ 53″ NORD / 12° 13′ 27″ OST

Da staunt der Grieche, und manch Einheimischer wundert sich immer noch. Der Bräuberg ist die Akropolis von Donaustauf und die Walhalla, die auf ihm thront, der bayerische Parthenon. Allerdings wurde die Gedenkstätte – damals war monumentaler Klassizismus en vogue – erst Mitte des 19. Jh. errichtet.

FRÜHER musste man in der Walhalla Filzpantoffeln tragen. Und vermutlich wurde auch viel geflüstert. Heute stapfen die Besucher in Turnschuhen durch die lichtdurchflutete Ruhmeshalle auf dem Bräuberg bei Donaustauf – und nicht wenige wundern sich, was das Ganze eigentlich sein soll? Eine Frage, die auch so mancher Büste ins Gesicht geschrieben steht, die hier zwischen Barbarossa, Heinrich dem Löwen und viel glänzendem Marmor auf einem Sockel gelandet ist. Unter ihnen der Dichter Heinrich Heine, die Widerstandskämpferin Sophie Scholl und neuerdings auch die Künstlerin Käthe Kollwitz. Über 130 Büsten sind es mittlerweile; mit nur 13 weiblichen Figuren ist die Frauenquote aber ziemlich dürftig. Auch das ist ein Grund, warum die Walhalla aus der Zeit gefallen scheint. Vor 200 Jahren galt der monumentale Prachtbau freilich als Leuchtturmprojekt. Anfang des 19. Jh. beauftragte König Ludwig I. seinen Hofarchitekten Leo von Klenze mit der Planung eines Ehrentempels für die Helden »teutscher Zunge«. Die Gedenkstätte sollte dem deutschen Nationalstolz wieder beflügeln, der nach dem Zerfall des Heiligen Römischen Reiches darniederlag. Auf Wunsch seiner Majestät kopierte Klenze den Stil des Parthenon-Tempels auf der Akropolis in Athen. Wie ihr jahrtausendealtes Vorbild sollte auch die Walhalla weithin sichtbar auf einer Anhöhe thronen – dem Himmel so nah wie möglich. 1830 wurden dann oberhalb des Donautals nahe Regensburg die ersten Grundsteine verlegt, zwölf Jahre später erfolgte die feierliche Eröffnung der Ruhmeshalle. Gleich einziehen durften rund 100 Heldenbüsten, an denen Bildhauer bereits seit 1807 mit Meißel, Feile und Feuereifer gearbeitet hatten. Man kann, muss den blassen Gesellen aber nicht unbedingt die Ehre erweisen. Am eindrucksvollsten ist die Walhalla ohnehin von außen. Vor allem in den Morgenstunden, wenn über der Donau sich noch zart der Nebel kräuselt, genießt man von den Treppenstufen des Tempels einen traumhaften Ausblick über den Fluss. Und wenn dann am Nachmittag die Sonne vom weiß-blauen Himmel strahlt und die dorisch anmutenden Kalksteinsäulen ihre Schatten werfen – fühlt man sich tatsächlich ein bisschen wie im fernen Griechenland.
www.walhalla-regensburg.de

Akropolis, Athen, Griechenland
37° 58‘ 18“ Nord / 23° 43‘ 36“ Ost

RESTAURANTS

GRIECHE AM HERZOGHOF

So ein Ausflug hinauf zur Akropolis macht natürlich hungrig. Landestypisch kann man sich beim Griechen am Alten Kornmarkt in Regensburg stärken. Neben Klassikern vom Grill und aus dem Backofen findet sich auch Bayerisches wie Forelle oder Wild auf der Karte. *Alter Kornmarkt 1, 93047 Regensburg, Tel. 09 41/599 93 03, Mi–Mo 17.30–23, Sa, So/Fei auch 11.30–14 Uhr, www.dergrieche-regensburg.de*

WELTENBURGER AM DOM

Fleisch, Wild, Ente und Würstl dominieren die Speisekarte, so wie es sich für ein echtes Wirtshaus gehört. Dazu passt das Weltenburger Bier. Und zum Dessert »Apfelkiachln« oder einer Crème Brûlée. *Domplatz 3, 93047 Regensburg, Tel. 09 41/586 14 60, Di–So 11–23 Uhr, www.weltenburger-am-dom.de*

ÜBERNACHTUNGEN

ORPHÉE

Es lebe der Unterschied – die Zimmer im Orphée haben jedes einen anderen Charakter, sind aber immer hochwertig eingerichtet: Stuckdecken, Kristallüster, barocke Betten. Das dazugehörige Bistro verbindet französisches Flair mit mediterraner Küche. *Untere Bachgasse 8, 93047 Regensburg, Tel. 09 41/ 59 60 20, www.hotel-orphee.de, DZ ab 150 €*

BOHEMIAN HOTEL

Zwölf individuell gestaltete Zimmer zählt dieses sehr zentrumsnah gelegene Haus. Hier mixt man gekonnt dunkle Holzdecken und -dielen, antikes Mobiliar und bodenlange schwere Vorhänge mit modern ausgestatteten Bädern. *Gesandtenstr. 12, 93047 Regensburg, Tel. 09 41/280 74 60, www.bohemian-hotel.de. DZ ab 119 €*

REGENSBURG

Geldmangel macht sich manchmal bezahlt. Zumindest, wenn dadurch Altes erhalten bleibt. Den Regensburgern fehlten die Mittel, ihre Stadt zu erneuern – und dafür wurden sie belohnt: 2006 zeichnete die Unseco die Hauptstadt des Regierungsbezirks Oberpfalz für ihr jahrhundertealtes Erscheinungsbild aus. Doch die Historie der Stadt geht noch viel weiter zurück. Erste Siedlungsspuren reichen bis 5000 Jahre v. Chr. Die Kelten ließen sich hier 400 v. Chr. nieder. Und auch die Römer wussten die strategisch gute Lage an der Donau zu schätzen und gründeten im 1. Jh. nach Chr. die Castra Regina, ein Militärkastell. Den besten Blick auf die Altstadt hat man von der 310 m langen Steinernen Brücke (12. Jh.) mit ihren 16 Bögen. Sie gilt als älteste erhaltene Brücke Deutschlands. Aus dem 13. Jh. stammt ein weiteres Wahrzeichen: der Regensburger Dom mit seinen Zwillingstürmen, der wie sein großer Bruder in Köln zu den klassischen gotischen Kathedralen Europas zählt. Ganz neu am Donauufer ist das Haus der Bayerischen Geschichte (www.museum.bayern), das mit seiner recht klotzigen und etwas düsteren Architektur nicht bei allen Regensburgern Begeisterung auslöste. Doch das Museum ist sehr sehenswert. Es beleuchtet vor allem die jüngere Geschichte des Freistaats. Bestaunen kann man daher auch kuriose Exponate, wie die Originallederhose von Oskar Maria Graf oder den Prunkschlitten des Märchenkönigs Ludwig.
Tourist Info: Rathausplatz 4, 93047 Regensburg, Tel. 09 41/ 507 44 10, Mo–Fr 10–18, Sa/So/Fei 10–16 Uhr, tourismus.regensburg.de

DONAUDURCHBRUCH

Der Donaudurchbruch bei Kelheim ist eine von 80 Meter hohen Felswänden eingerahmte Engstelle. Hier misst der Fluss nur 110 Meter Breite und 20 Meter Tiefe. Die eindrucksvollen Kalksteinbrocken rundherum regten zu fantasievollen Namen an: Die drei feindlichen Brüder, Zwei Sich-Küssende, Napoleons Reisekoffer (diesen habe der Kaiser, so will es die Legende, bei seinem Rückzug hier vergessen). An Napoleon erinnert auch die Befreiungshalle auf dem Michelsberg oberhalb der Stadt Kelheim – sie ist Andenken an die Schlachten (1813–1815), in denen er bezwungen wurde. In der spitzesten Flussschleife des Durchbruchs liegt Kloster Weltenburg (www.kloster-weltenburg.de) mit seiner barocken Abteikirche und dem

Regensburg ist moderne Stadt und begehbares Museum gleichzeitig. Es punktet mit einem hervorragend erhaltenen historischen Zentrum, das zum UNESCO-Welterbe zählt.

einladenden Biergarten. Rundherum kann man herrliche Wanderungen mit Flussblick unternehmen.
Befreiungshalle Kelheim: Befreiungshallestr. 3, 93309 Kelheim, tgl. April–Okt. 9–18, Nov.–März 10–16 Uhr, www.tourismus-landkreis-kelheim.de

SCHWANDORF

Diese Stadt ist das perfekte Ausflugsziel für glutheiße Sommertage. Abkühlen und zugleich staunen kann man bei einer Führung durchs Schwandorfer Felsenkeller-Labyrinth (www.felsenkeller-labyrinth.de). In den über 130 Kellerräumen wurden früher kalt gereifte, untergärige Biere hergestellt, aber auch Eis und verderbliche Nahrungsmittel eingelagert. Wer sich lieber unter freiem Himmel erfrischt: Rund um Schwandorf locken Klausensee, Steinberger See und weitere Badeoptionen.
Tourist Info: Kirchengasse 1, 92421 Schwandorf, Tel. 094 31/ 455 50, Mo–Fr 9–18, Sa 9–13 Uhr, www.schwandorf.de

KALLMÜNZ

Kein Wunder, dass sich Künstler in Kallmünz wohlfühlen. Der kleine Markt nördlich von Regensburg ist bildschön. Hier, am Zusammenfluss von Naab und Vils, waren im Sommer 1903 auch der Maler Wassily Kandinsky und seine damalige Schülerin Gabriele Münter unterwegs. Oft mit Skizzenblock, Staffelei und Pinselköcher unterm Arm, vermutlich aber auch Hand in Hand. Denn in Kallmünz funkte es zwischen den beiden, und sie verließen die Oberpfalz als verlobtes Paar. Die reizvollste Aussicht auf die Häuserzeile des alten, von Jurafelsen überragten Ortskerns hat man vom Ostufer der Naab. Über den Fluss gelangt man über die Steinerne Brücke, die sich seit Jahrhunderten in drei Bögen Richtung Marktplatz spannt. Hoch über Kallmünz ragt die Ruine einer mittelalterlichen Burg in den Himmel. Der Aufstieg lohnt – der Panoramablick ist grandios!
Tourist Info: Marktplatz 1, 93183 Kallmünz, Tel. 094 73/ 717 99 99, Mo, Mi, Fr 9–12, 13.30–16 Uhr, So/Fei 13.30–16 Uhr, www.kallmuenz.de

NATURPARK ALTMÜHLTAL

Im Süden der Fränkischen Alb erstrecken sich die Jurahöhen und Wacholderheiden des Naturparks Altmühltal. Die Altmühl, die der großteils geschützten Kulturlandschaft ihren Namen gab, mündet bei Kelheim in die Donau. Von hier ist es nicht weit nach Riedenburg. Highlight sind neben der Altstadt die Falken auf Schloss Rosenburg (www.falkenhof-rosenburg.de). Ihre Kunststücke kann man bei einer Flugschau erleben. Wer lieber selbst Höhenluft schnuppert, steigt bei Riedenburg in den Altmühltal-Panoramaweg ein und flussaufwärts auf den Aussichtspunkt am Teufelsfelsen.
Infozentrum Naturpark Altmühltal, Notre Dame 1, 85072 Eichstätt, Tel. 084 21/ 987 60, Mo–Fr 9–17, Sa/So/Fei 10–17 (abweichende Winterzeiten), www.naturpark-altmuehltal.de

46

SCHLITTENHUNDE-RENNEN, HAIDMÜHLE

48° 49′ 36″ NORD / 13° 46′ 31″ OST

John und seine Frau Mary sind mit Wohnmobil und Anhänger aus Schottland angereist. Matteo kommt aus Italien, Camille geht für Frankreich ins Rennen. Ob auch ihre Huskys, Malamutes und Samojedes verschiedene Sprachen sprechen? Es wufft, kläfft, heult und hechelt aus allen Ecken des Camps. »Pure Vorfreude«, erklärt Camille. Denn Schlittenhunde sind echte Arbeitstiere und lieben ihren Job!

»Musher« nennt man die Schlittenführer im Fachjargon, und jedes Jahr zieht es Hunderte ihrer Zunft aus aller Welt ins kleine Haidmühle im Bayerischen Wald. Im Februar und März werden hier nicht nur landesweite, sondern regelmäßig auch hochkarätige internationale Schlittenhunderennen ausgetragen. Für die Teams die antreten, aber auch für die Zuschauer aus der Umgebung, sind sie das Highlight des Winters. Nicht zuletzt, weil rund um die sportlichen Events immer Volksfeststimmung herrscht. Wer es aufs Siegertreppchen schafft, wird in mehreren Wettbewerben auf kürzeren Sprint- und langen Ausdauerstrecken ermittelt. Und welches Gespann hat die Hundenase vorn? Neben Taktik und Training hängt das auch von der Rasse ab: Sibirische Huskys sind kleiner und flinker, halten aber nicht so lange durch. Die stämmigen Malamutes punkten vor allem mit Kraft. Sie kommen ursprünglich aus Alaska und können viele Stunden ein Vielfaches ihres eigenen Körpergewichts ziehen. Vom Leistungsvermögen der Tiere profitierten einst auch die indigenen Völker der Polarregionen. Sie waren die Musher erster Stunde und haben den Hundeschlitten vermutlich im 19. Jh. erfunden. Später wurden die Schlitten durch Schneemobile und Flugzeuge ersetzt – und sind heute vor allem eine beliebte Touristenattraktion. In Europa findet man besonders im Norden Skandinaviens viele Musher-Camps. Sie bedienen die Sehnsucht gestresster Großstädter nach Abenteuern und unberührter Wildnis. *www.bayerischer-wald.de; www.sc-haidmuehle.de*

Rechts: Lappland, Finnland
68° 22‘ 00“ Nord / 23° 37‘ 00“ Ost

Unten: Musher und Schlittenhunde legen sich bei den Europameisterschaften in Haidmühle mächtig ins Zeug. Aber – damit kein Missverständnis aufkommt: Die Tiere, vor allem der Leithund ganz vorne, müssen bei diesem Wintersport die strapaziöse Hauptarbeit leisten!

RESTAURANTS

BERGGASTHOF DREISSESSEL

Beliebte Ausflugsgaststätte auf über 1300 Metern Höhe. Serviert werden gutbürgerliche Kost, Kaffee, Kuchen und Kaiserschmarren. Publikumsmagnet ist hier oben aber die traumhafte Sonnenterrasse mit fantastischem Fernblick. *Dreisesselhaus 1, 94089 Neureichenau, Tel. 085 56/350, tgl. 9–17 Uhr, www.dreisessel.com*

BRAVES MÄDCHEN

Saftige Burger und Steaks vom spanischen Holzkohlengrill sind die Spezialitäten des »Braven Mädchens« direkt am Donauufer in der Passauer Altstadt. Das lebensfrohe Lokal hat aber auch Pizza und Gemüse im Angebot. Vom schönen Außendeck blickt man an Sonnentagen direkt auf den Fluss. *Höllgasse 24, 94032 Passau, Tel. 0851/96 66 85 41, tgl. ab 17 Uhr, www.bravesmaedchen.de*

ÜBERNACHTUNGEN

REISCHLHOF

Luxusherberge für Genießer und Wellnessfans mit riesigem Spa- und Sportangebot. In den Zimmern sorgt ein Mix aus Holz und Design für Behaglichkeit. Eine Skatingloipe startet vor der Tür, Alpinskifahrer toben sich im nahen Skigebiet Hochficht aus. *Sperlbrunn 7, 94110 Wegscheid (Bayerischer Wald), Tel. 085 92/939 01 00, www.reischlhof.de, DZ ab 280 €*

SAMMERHOF

Familiär geführter Ferienbauernhof östlich von Freyung – mit Kühen, Ziegen und Ponys. Die Apartments und Chalets sind mit allem Komfort ausgestattet. Im Winter täglich Pferdeschlittenfahrten. *Winkelbrunn 24, 94078 Freyung, Tel. 085 51/14 87, www.sammerhof.de, Appartments ab 140 € /Tag*

PASSAU

Alle guten Dinge sind drei – in Passau sowieso! Denn die Stadt liegt im Dreiländereck. Mit Donau, Inn und Ilz vereinen sich drei Flüsse, in drei Farbschattierungen aus drei Himmelsrichtungen vor der Altstadt, deren barocke Pracht mit einer schmalen Halbinsel vorliebnehmen muss. Überragt wird sie von den Türmen des Doms St. Stephan, dem Passauer Wahrzeichen. Ja genau, es sind drei Stück. Der Dom und sein antiker Vorgängerbau, das römische Kastell »Batavis«, waren einst Keimzelle der ersten Siedlung. 739 wurde Passau Bischofssitz und mauserte sich dank der günstigen Lage zur blühenden Handelsmetropole. Bis heute kann man hier gut shoppen und bummeln – und das mit viel Flair. Seinen südländischen Charme erhielt Passau, nachdem es bei verheerenden Bränden im 17. Jh. fast vollständig zerstört wurde. Beim Wiederaufbau packten dann italienische Vollblutbaumeister mit an; auch der Dom wurde barock runderneuert. Neben der Kathedrale mit riesiger Domorgel zählen die Neue Residenz gleich nebenan, die Veste Oberhaus, das Fürstbischöfliche Opernhaus und das Glasmuseum zu den Passauer Top-Attraktionen.
Tourist Info: Rathausplatz 2, 94032 Passau, Tel. 08 51/95 59 80, Okt.–Ostern: Mo–Do 9–12.15, 12.45–17, Fr 9–12.15, 12.45–16, Sa 10.30–15.30 Uhr, www.passau.de

HUSKYWORKSHOP IN FRAUENAU

Gar nicht so einfach – aber auch kein Hexenwerk, wenn man Tiere mag und etwas Geduld und Kondition mitbringt: Wer lernen möchte, wie man als echter »Musher« mit Schlitten und Hundegespann durch die Winterlandschaft flitzt, kann bei Thomas Gut und seinen zwei- und vierbeinigen Kollegen von der »Waldschrat's Adventure Company« in die Lehre gehen. Angeboten werden Schnupperkurse übers Wochenende, aber auch einwöchige Intensivkurse. Übernachten inklusive Verpflegung kann man direkt vor Ort auf dem Huskyhof.
Flanitzmühle 9, 94258 Frauenau, Tel. 099 26/731, Kurse von Okt. bis April, www.waldschrat-adventure.de

NATURERLEBNIS AM DREISESSEL

Dank grandioser Aussicht und uriger Einkehrmöglichkeit oben am Berg ist am Dreisessel (1333 m) südlich von Haidmühle auch im Winter einiges los. Rodelfans schultern tap-

Der Bayerische Wald ist ein Dorado für Langläufer. Besonders attraktiv ist die rund 150 Kilometer lange Bayerwaldloipe.

fer ihren Schlitten und stapfen zu Fuß ab Frauenberg Richtung Gipfel (ca. 1,5 Std.). Auch bergab geht's wieder auf dem gewalzten Winterwanderweg – diesmal aber in rasantem Tempo und mit ordentlich Adrenalin im Blut. Wer entschleunigen möchte, schnallt sich Schneeschuhe unter die Sohlen. Geführte, rund dreistündige Touren ins Dreiländereck starten am Dreisesselhaus (www.dreisessel.com).
Tourist Info: Dreisesselstr. 12, 94145 Haidmühle, Tel. 085 56/ 972 63 20, www.haidmuehle.eu

BAUMWIPFELPFAD NEUSCHÖNAU

Zur kalten Jahreszeit, wenn rundherum die Fichten und Buchen dicke weiße Mützen und Mäntel aus Schnee tragen, fühlt man sich auf dem Baumwipfelpfad in Neuschönau wie in einer Märchenwelt. Der 1300 Meter lange Holzsteg, der sich hoch über dem Waldboden durch die Baumkronen schwingt, startet am Parkplatz des Tierfreigeländes im Nationalparkzentrum Lusen. Highlight im wortwörtlichen Sinne ist der 44 Meter hohe Baumturm am Ende des Stegs. Er ragt wie ein riesiges, hölzernes Osterei über den Ästen empor; eine 500 Meter lange Rampe schraubt sich in weiten Kurven hinauf zu obersten Aussichtsplattform. An klaren Wintertagen kann man von hier bis zu den Alpen blicken. Im benachbarten Hans-Eisenmann-Haus erfährt man alles über die einzigartige Tier- und Pflanzenwelt des Bayerischen Walds. Hier gibt es auch ein kleines Café.
Nationalparkzentrum Lusen, Böhmstr. 39, 94556 Neuschönau, Tel. 085 58/ 961 50, tgl. 9–17 Uhr (9. Nov.– 25. Dez. geschl.), www.nationalpark-bayerischer-wald.bayern.de

BAYERWALDLOIPE

Rauschende Bäche, schneebedeckte Höhenzüge, kristallklare Bergluft: Die 150 Kilometer lange Bayerwaldloipe zählt zu den reizvollsten Skifernwanderwegen Deutschlands. Sie beginnt am Großen Arber (1455 m) und führt von hier durch die unberührte Natur des Bayerischen Walds südostwärts bis ins Dreiländereck an der Grenze zu Tschechien und Oberösterreich. Die insgesamt neun Etappen sind fast ausschließlich für klassische Langläufer präpariert. Links und rechts warten aber auch etliche schweißtreibende Rundkurse für Skatingfans. Wer will, kann in Haidmühle in die Bayerwaldloipe einsteigen und von hier elf Genusskilometer bis nach Neureichenau gleiten. Da die gesamte Strecke aber nur in südöstlicher Richtung ausgeschildert ist (Markierung: Schneeflocke), empfiehlt es sich für längere Touren weiter im Norden zu starten. Zurück zum Ausgangspunkt gelangt man im Linienbus mit dem günstigen Bayerwaldticket (www.bayerwald-ticket.com) – oder mit dem Taxi.
Tourist Info: Wolfkerstr. 3, 94078 Freyung, Tel. 085 51/571 14, Schneetelefon: 085 53/891 91 65, www.bayerischer-wald.de

47

SCHLOSS HERRENCHIEMSEE

47° 51′ 37″ NORD / 12° 24′ 01″ OST

»ORIGINAL UND FÄLSCHUNG« heißt eine erfreulich zeitlose Rubrik, die auf den hinteren Seiten einiger Illustrierten und TV-Zeitschriften bis heute überlebt. Darin werden Ratefüchse ermuntert, in zwei scheinbar identischen Bildern winzige Abweichungen aufzuspüren.

Beim Augenarzt im Wartezimmer ist das schon einmal eine tolle Übung, um sich auf den anstehenden Sehtest vorzubereiten! Wer will, kann dieses Spiel aber auch in natura spielen. Das »Neue Schloss« auf der Herreninsel im Chiemsee, zu der von Prien aus ganzjährig Linienschiffe übersetzen, ist dafür ein hervorragender Ort. Zum Vergleichen und Staunen sollte man allerdings einen Frankreich-Reiseführer mitbringen. Denn sein letzter fulminanter Wohntraum, den sich Märchenkönig Ludwig II. hier Ende des 19. Jahrhunderts mit viel Geld und Aufwand erfüllen ließ, ist nahezu ein Faksimile des berühmten Château de Versailles bei Paris. Ein dreistes Plagiat? Keineswegs. Vielmehr eine Hommage an Sonnenkönig Ludwig XIV., den der bayerische Regent und Exzentriker Zeit seines Lebens abgöttisch verehrte. Übrigens ähneln sich nicht nur die Frontfassaden beider Prunkbauten auf verblüffende Weise, sondern auch viele der verschwenderisch ausgestatteten Innenräume. So ist der Spiegelsaal des »Bayerischen Versailles«, der sogar noch etwas weitläufiger als das Original angelegt wurde, kaum von seinem pompösen Vorbild zu unterscheiden. Doch der ganze funkelnde Zauber fand ein jähes Ende, als Ludwig II. kurz vor seinem Tod das Geld für derartige Opulenz ausging: Nur 20 der von ihm geplanten 70 Zimmer wurden fertiggestellt.
www.herrenchiemsee.de,
www.chiemsee-schifffahrt.de

Rechts: Château de Versailles bei Paris, Frankreich
48° 48‘ 16“ Nord / 02° 07‘ 15“ Ost

Unten: Der Spiegelsaal des Neuen Schlosses unterscheidet sich kaum von seinem französischen Vorbild. Der Märchenpalast gehört zu den Top-Attraktionen Bayerns und zählt jährlich fast eine halbe Million Besucher.

Von den 300 Einwohnern der Fraueninsel sind rund 30 Klosterschwestern.

Kein Autoverkehr stört die Fußgänger und Cafébesucher am Max-Josefs-Platz im Zentrum von Rosenheim.

PRIEN

Der Luft- und einzige Kneippkurort Oberbayerns wurde um 1158 gegründet und ist Dreh- und Angelpunkt für alle, die mit dem Schiff zu den Chiemseer Inseln übersetzen möchten. Die »Perle am Chiemsee« lockt u. a. mit dem bekannten Priener Hut, Chiemgauer Trachten und typischem Interieur im Heimatmuseum. Wunderbare Fresken findet man in der Pfarrkirche Mariä Himmelfahrt, Austoben klappt im Kletterwald, und wenn der See zu kalt ist, springt man ins Erlebnisbad.
Tourist Info: Alte Rathausstr. 11, 83209 Prien am Chiemsee, Tel. 080 51/690 50, Mai–Sept. Mo–Fr 8.30–18, Sa 8.30–16, Okt.–Apr. Mo–Fr 8.30–17 Uhr, www.tourismus.prien.de

FRAUENINSEL

Klein, aber fein. In höchstens einer halben Stunde spaziert man um das Inselkleinod. Die Attraktion ist das Benediktinerinnenkloster, anno 782 gegründet. Es besitzt romanische, gotische und barocke Anteile sowie wunderschöne Fresken. Wahrzeichen ist der frei stehende Glockenturm aus dem 12. Jh., der von einer barocken Zwiebelhaube behütet wird. Auch die Flora der autofreien Fraueninsel ist sehr sehens- und erlebenswert. Unglaublich romantisch, wenn auch sehr gut besucht, ist der Inselchristkindlmarkt im Advent.
Gemeinde Chiemsee, Führungen: Tel. 080 54/322, www.fraueninsel-fuehrungen.de;
Schifffahrt: ab Seestr. 108, 83209 Prien am Chiemsee, www.chiemsee-schifffahrt.de

RÖMERMUSEUM »BEDAIUM«

Die Bewohner einer keltisch-römischen Siedlung verehrten einst den Wassergott Bedaius, Namensgeber ihres Ortes, der 50 n. Chr. dort entstand, wo sich heute Seebruck befindet. Zahlreiche Grabungen brachten wahre Römerschätze hervor, sodass man 500 Exponate wie Münzen, Keramik, Glas, Schmuck und Metallgeräte bewundern kann. Für Radler und Wanderer ist auch der

23 km lange Rundweg zu den frühgeschichtlichen Bodendenkmälern und Fundstätten spannend.
Römerstr. 3, 83358 Seebruck, Di–Do 10 bis 12, 14–16, Fr 10–12, Sa 14–16 Uhr, bis Anfang März geschl., www.roemermuseum-bedaium.byseum.de

NATURERLEBNISTOUREN AM CHIEMSEE

Bei geführten Naturbeobachtungen rund um den Chiemsee erlangt man wertvolle Einblicke in die fragilen Systeme von Natur und Tourismus, Umwelt und Klima. Das Stichwort ist behutsame und umweltverträgliche Nutzung. So können z. B. Schilfzonen vom Kanu erlebt oder Silberreiher, Krickente und Biber an der Prienmündung spazierend kennengelernt werden. Ohne erhobenen Zeigefinger, dafür mit Spaß und Aha-Effekt.
www.chiemseeagenda.de, www.terminwand.de

ROSENHEIM

An Inn und Mangfall gelegen, ist die pastellfarbene Bilderbuchstadt mit ihren schmucken Arkaden und Zwiebeltürmen eine stimmungsvolle Mischung aus Alpentradition und südländischer Lebensart. Das Mittertor aus dem 14. Jh., die Gründerzeitfassaden, etliche Kirchen und zahlreiche Museen laden zum Besuch ein. Kultur wird großgeschrieben. Den Spuren der »Rosenheim Cops« – einer Serie, die hier seit dem Jahr 2002 gedreht wird – kann man natürlich auch folgen.
Tourist Info: Hammerweg 1, 83022 Rosenheim, Tel. 080 31/365 90 61, Di–Fr 10–13, 14–17, Sa 10–14 Uhr, www.touristinfo-rosenheim.de

SALINENSTADT TRAUNSTEIN

Viele Jahrhunderte spielte Salz eine entscheidende Rolle in Traunstein. 1619 wurde die erste Soleleitung (ab Reichenhall) aus der Taufe gehoben und kurbelte die Wirtschaft kräftig an. Die Salinenkapelle und Salinenhäuser rund um den Karl-Theodor-Platz zeugen davon. Tipp: 2019 kann man das weiße Gold im gerade entstehenden Salinenpark gebührend feiern.
Tourist Info: Stadtplatz 39, 83278 Traunstein, Tel. 08 61/655 00, Mo–Fr 8–17, Sa 10 bis 12 Uhr, www.traunstein.de

RESTAURANTS

SCHLOSSWIRTSCHAFT HERRENCHIEMSEE

Im barocken Augustiner-Chorherrenstift freut sich der Gast an der Aussicht und typischen Chiemgau-Gerichten wie Bierkutschergulasch, Kaspressknödel mit Bergkäse oder Chiemseerenkenfilet. *Schloßhotel 5, 83209 Herrenchiemsee, Tel. 080 51/962 76 70, Ende Mai–Ende Sept. Mo–Fr 10–18.15, Sa 10–20, So 10–18.15, Ende Sept.–Ende Mai tgl. 10–17.15 Uhr, www.schlosswirtschaft-herrenchiemsee.de*

KLOSTERWIRT

500 Jahre Tradition trifft auf Postkartenidylle und »gstandene« bayerische Küche. Auf Regionalität wird Wert gelegt, so beliefern die Inselfischer den Wirt für seine Fischgerichte. Auch Brotzeithungrige lassen es sich gerne schmecken. *Frauenchiemsee 50, 83256 Chiemsee, Tel. 080 54/77 65, tgl. ab 9 Uhr, www.klosterwirt-fraueninsel.de*

ÜBERNACHTUNGEN

INSELHOTEL ZUR LINDE

Tradition und Flair: Der Maler Max Haushofer verliebte sich um 1830 in die Wirtstochter der »Linde« und in die Landschaft am Chiemsee. Er blieb, und fortan folgten ihm immer mehr Künstler, wie Erich Kästner der dort an seinem »Doppelten Lottchen« schrieb. *Haus 1, 83256 Chiemsee, Tel. 080 54/903 66, www.linde-frauenchiemsee.de, DZ ab 133 €*

BAYERISCHER HOF

Hier kann man sich sogar den Zimmerstil aussuchen, von modern-urban bis Alpenchic. Highlights sind die Sauna mit Ausblick und die Gaststube »Zum Sterzer«, die seit 1652 besteht. *Bernauer Str. 3, 83209 Prien am Chiemsee, Tel. 080 51/60 30, www.bayerischerhof-prien.de, DZ ab 90 €*

48

KAMELREITEN IM MANGFALLTAL

47° 55' 30" NORD / 11° 47' 14" OST

»SCHAU MAL DA, ein Dromedar!«, freut sich der Laie und zeigt auf ein Trampeltier. »Du Hirsch«, echauffiert sich der Fachmann und belehrt ihn eines Besseren. Fairerweise muss man hier gleich einhaken und klarstellen, dass das mit den Kamelen wirklich ein wenig verwirrend ist. Wer bis zwei zählen kann, hat aber schon die erste Hürde genommen: Das Dromedar hat nämlich nur einen Höcker und ist vor allem in Nordafrika, auf der arabischen Halbinsel und in Teilen Vorderasiens verbreitet. Trampeltiere wiederum schleppen gleich zwei dicke Buckel auf dem Rücken mit sich herum – können darin aber auch die doppelte Menge an Fett speichern. Zudem sieht ihr Fell zur kalten Jahreszeit wie ein zotteliger Pelzmantel aus, denn ursprünglich stammen die Tiere aus Zentralasien, wo es im Winter oft bitterkalt wird. Und »Kamele«? So nennt sich die Säugetierfamilie, der sowohl Dromedare als auch Trampeltiere zugerechnet werden. Lamas und Alpakas aber ebenso! Wäre ja sonst auch zu einfach gewesen. Doch wen kümmert all das, wenn man locker vom Höcker auf einem knuffigen Wüstenschiff durchs Mangfalltal schaukelt. Angeboten werden die rund anderthalbstündigen Touren vom Kamelhof in Grub nordöstlich von Holzkirchen. Besucher werden hier natürlich mit einem herzlichen »Servus Aleikum!« begrüßt. Dann geht's auf schmalen Pfaden über Stock und Stein durch Wiesen und Wälder – Tier an Tier, wie in einer echten Karawane. Seit über 25 Jahre gibt es den exotischen Kamelhof jetzt schon. Doch noch immer staunen die Kühe auf den Nachbarweiden nicht schlecht, wenn Ali, Hassan, Karim und seine Trampeltier-Kollegen mal wieder mit ihren Fahrgästen an ihnen vorbeistapfen. Die weiten, vom Hochgebirge gesäumten Steppen der Mongolei muss man sich beim Ausritt in Gedanken ausmalen, oder – noch besser – man genießt einfach die umwerfende oberbayerische Alpenkulisse.
www.bayern-kamele.de

Kameltrekking in der Mongolei
47° 55' 00" Nord / 106° 55' 00" Ost

Rund 25 Trampeltiere haben in Grub bei Holzkirchen ein neues Zuhause gefunden. In ihrem früheren Leben mussten viele der zotteligen Kamele im Zirkus arbeiten und freuen sich jetzt über frische Bergluft und ihre Passagiere, die ihnen beim Ausritt durchs Mangfalltal die Mähne kraulen.

Ein ganz besonderes Fest am Schliersee: Der Alt-Schlierseer Kirchtag mit traditioneller Plättenfahrt Anfang August.

LOKSCHUPPEN ROSENHEIM

Dinosaurier, Wikinger, Mumien und Bajuwaren – der Rosenheimer Lokschuppen am Rande der Altstadt sorgt immer wieder mit spektakulären Ausstellungen für Furore. Die Themen aus den Bereichen Geschichte, Natur und Völkerkunde wirken auf den Plakaten zwar oft recht reißerisch, sind aber immer spannend und auch wissenschaftlich anspruchsvoll aufbereitet. Und manchmal, so im Falle der Urzeitechsen, sind die Exponate so riesig, dass sie in langen Brummi-Konvois nach Rosenheim rollen. Das Museum begeistert jedenfalls Jung und Alt: Mittlerweile verkauft der Lokschuppen jährlich weit über 200 000 Tickets, und das Publikum kommt aus ganz Deutschland. Das Ausstellungsgebäude wurde vor kurzem modernisiert und erweitert; auch die Gastronomie ist neu. Hübsche Souvenirs gibt's im Museumsshop.
Hammerweg 1, 83022 Rosenheim, Tel. 080 31/365 90 36, Mo–Fr 9–18, Sa, So/Fei 10–18 Uhr (Öffnungszeiten können je nach Ausstellung variieren), www.lokschuppen.de

SEESAUNA TEGERNSEE

Am feinen Tegernsee wird selbst das Schwitzen zum mondänen Erlebnis. Besonders elegant und entspannt bringt man seinen Kreislauf in der Monte Mare Seesauna am Ostufer auf Touren. Highlight des Wellnesstempels ist das Saunaschiff »Irmingard« – hier schmort und schaukelt man bei 90 °C sanft im Rhythmus der Wellen und genießt dabei einen traumhaften Blick übers Wasser und auf die umliegenden Gipfel des Mangfallgebirges.
Hauptstr. 63, 83684 Tegernsee, Tel. 080 22/187 47 70, Mo–Do 10–23, Fr/Sa 10–0, So 10–21 Uhr, www.monte-mare.de/tegernsee

SCHLIERSEE, AHOI!

Hier ist Bayern so richtig Bayern – wie man es aus der Bier-, Milch- und Käsereklame kennt. Mit nur 2 km² Fläche ist der Schliersee zwar deutlich kleiner als andere Seeberühmtheiten im Freistaat, das macht ihn aber insbesondere für Ausflügler und Langschläfer attraktiv: In knapp zwei Stunden hat man den Seerundweg zu Fuß abgelaufen – mit dem Rad strampelt man sogar nur 30 Minuten. Touristischer Hotspot ist das Dorf Schliersee am Nordufer, das vom spitzen Turm der barocken Sixtuskirche überragt wird. Im engen Ortskern geht es fast immer wuselig zu. Mehr Bewegungsfreiheit genießt man am und auf dem Wasser: Tret-, Ruder- und Elektroboote werden an der Westseite des Kurparks verliehen. Am östlichen Ende der Uferpromenade legen größere Schiffe (www.schlierseeschifffahrt.de) ab. Ein tolles Erlebnis ist der Landgang auf der winzigen Schlierseeinsel Wörth (www.insel-schliersee.de). Immer sonntags wird hier zum Brunch mit See- und Bergblick eingeladen.
Tourist Info: Perfallstr. 4, 83727 Schliersee, Tel. 080 26/606 50, Mo–Fr 8.30–18, Sa, So/Fei 9–13 Uhr, www.schliersee.de

WANDERN IN FISCHBACHAU

»Leitzachtaler Bergblicke« haben hiesige Touristiker die 13 Kilometer lange Rundtour getauft, die nördlich von Fischbachau in weitem Bogen erst oberhalb der Leitzach und dann mitten durchs Flusstal verläuft. Der perfekt ausgeschilderte Premiumwanderweg zählt zu den reiz- und genussvollsten der Gegend und kann auch von Anfängern oder Familien – vorausgesetzt alle bringen ein wenig Kondition und Trittsicherheit mit – gut bewältigt werden. Start ist am Kirchplatz gleich neben der Touristeninformation. Vom südöstlichen Ortsrand windet sich ein schmaler Pfad – vorbei an der Wallfahrtskapelle Maria Himmelfahrt in Birkenstein – hinauf zum Berggasthof Schwaigeralm, der mit sonniger Terrasse zur ersten Pause einlädt. Weiter geht es über sanft gewellte Almwiesen nordwärts nach Greisbach. Hier überquert man die Landstraße und wandert nach Westen Richtung Fluss. Die letzte Etappe – direkt an der rauschenden Leitzach entlang, vorbei an grasenden Kühen und Moorwiesen – ist die schönste der ganzen Route und bietet traumhafte Alpenblicke. Zurück in Fischbachau kann man sich im Klosterstüberl stärken (www.klosterstueberl.com, Mi Ruhetag). Für die Wanderung sollte man vier bis fünf Stunden einplanen und möglichst früh morgens oder am Nachmittag aufbrechen.
Tourist Info: Kirchplatz 10, 83730 Fischbachau, Tel. 080 28/876, www.fischbachau.de

MANGFALL-RADWEG

In die rund 40 Kilometer lange Fortführung des Mangfall-Radwegs kann man schon ab München einsteigen. Das hat durchaus seinen Reiz; zum echten Flussradweg mausert sich die Strecke aber erst ab Bruckmühl. Von hier geht es 20 Kilometer am Wasser entlang bis nach Rosenheim. Dabei kommen sich Radler und Autos kaum noch in die Quere. Stattdessen genießt man die funkelnde Mangfall und kann vielerorts die Picknickdecke ausbreiten oder sogar baden. Bevor es losgeht, lohnt sich ein Stopp im Tierkundemuseum Bruckmühl, das in einem Pfahlbau am Flussufer untergebracht ist. Hier beginnt auch der schönste Abschnitt des Radwegs.
Tier- und Naturkundemuseum Bruckmühl, Bahnhofstr. 30, 83052 Bruckmühl, Tel. 080 62/43 23, Mi, Sa, So 14–16, im Sommer 14–17 Uhr, www.naturerlebnis-bruckmuehl.de

RESTAURANTS

FREIHAUS BRENNER

Haute Cuisine hoch über dem Tegernsee: Schon wegen der traumhaften Terrasse und Aussicht lohnt sich die Anreise. Doch meist bleibt der Blick auf den Tellern hängen, denn die raffinierten Schmankerl sind auch optisch eine kleine Sensation.
Freihaus 4, 83707 Bad Wiessee, Tel. 080 22/865 60, Do–Mo 11–23 Uhr, www.freihaus-brenner.de

RESTAURANT HERRENHAUS

Das Herrenhaus in Wasserburg überzeugt mit viel Flair und ambitionierter, mediterran angehauchter Küche. À-la-carte bestellt man von der kleinen Wochenkarte. Genießer lockt das mehrgängige Abendmenü. *Herrengasse 17, 83512 Wasserburg am Inn, Tel. 080 71/597 11 70, Di–Sa 12– 14, ab 18 Uhr, www.restaurant-herrenhaus.de*

ÜBERNACHTUNGEN

DAS TEGERNSEE

Im Tegernsee logiert man wie ein König – und wird rundum fürstlich verwöhnt. Das kostet, aber die Lage des Hauses ist unbezahlbar schön. Wasser und Berge kann man übrigens auch vom Pool und Sonnendeck des luxuriösen Hotel-Spas sehen und genießen. *Neureuthstr. 23, 83684 Tegernsee, Tel. 080 22/18 20, www.dastegernsee.de, DZ ab 255 €*

HOTEL LINDNER

Wohlfühladresse am pittoresken Stadtplatz mitten in Bad Aibling. Die Zimmer sind großzügig und unaufdringlich-elegant eingerichtet. Das Frühstück lässt keine Wünsche offen – im gemütlichen Hotelrestaurant genießt man auch alpenländische Bioküche. *Marienplatz 5, 83043 Bad Aibling, Tel. 080 61/906 30, www.das-lindner.com, DZ ab 135 €*

49

SURFEN AUF DER EISBACHWELLE, MÜNCHEN

48° 08′ 36″ NORD / 11° 35′ 15″ OST

AUF HAWAII GIBT ES JA BEKANNTLICH KEIN BIER. Bereits 1963 machte der Pianist und Schlagerstar Paul Kuhn auf dieses Dilemma aufmerksam, natürlich im Dreivierteltakt. Er wolle ja prinzipiell und gerne heiraten, heißt es im Text seines Ohrwurms. Aber Flitterwochen auf Hawaii? Das komme nun wirklich nicht in Frage: Zu weit, zu heiß – und nur »Hulahula« reiche schließlich nicht aus, um seinen Durst zu löschen. Eine Argumentation, die bis heute insbesondere allen Münchnern einleuchtet. Hier bleibt man ohnehin am liebsten Single. Und wenn es um bierselige Gastlichkeit geht, übertrumpft die Heimat jedes noch so exotische Reiseziel. Dass sich jedoch ausgerechnet die bayerische Landeshauptstadt zum regelrechten Dorado für Wellenreiter entpuppt hat, machte sogar den US-Popstar und leidenschaftlichen Surfer Jack Johnson neugierig. So stürzte sich der gebürtige Hawaiianer selbst auf seinem Brett in die Münchener Eisbachwelle, verlor aber in den reißenden Fluten schon nach wenigen Sekunden die Balance. Johnson nahm's mit Humor; der Kanal hat eben ordentlich Wumms. Von der Isar gespeist, verläuft er großteils unterirdisch und tritt erstmals am Englischen Garten zutage, wo er sich an einer Steinstufe zur furiosen stehenden Welle auftürmt. Früher war es strengstens verboten, hier zu surfen. Mittlerweile hat die Stadt aber für einigermaßen klare Verhältnisse und Regeln gesorgt – was die Eisbachwelle freilich noch attraktiver macht. Von der Brücke an der Prinzregentenstraße kann man den Wasserakrobaten am besten zusehen. Und ein kühles Bier gibt's bei Fräulein Grüneis, einem Kiosk nicht weit von hier!
www.eisbachwelle.de, www.fraeulein-grueneis.de

Wellenreiter auf Oahu, Hawaii, USA
21° 18‘ 32“ Nord / 157° 49‘ 34“ West

Wer hat's erfunden? Die Bayern – zumindest das Flusssurfen. Was in den 1980er-Jahren eigentlich verboten war, ist heute in München fast schon Volkssport. Mittlerweile ist der Andrang am Eisbach so groß, dass die Stadt sogar über den Bau einer zweiten Welle flussabwärts nachdenkt.

In der Innenstadt trifft Spätgotik auf Neogotik. Die Münchner Frauenkirche wurde im 15. Jahrhundert gebaut, das neue Rathaus 400 Jahre später.

MARIENPLATZ

Hier schlägt das Herz der Metropole, hier kreuzen sich die Hauptachsen der Landeshauptstadt. Schon im Mittelalter fanden am Marienplatz die wichtigsten Ereignisse statt: von Ritterfestspielen über Kaiserempfänge, von Fürstenhochzeiten und Volksfesten bis hin zu öffentlichen Hinrichtungen. Heute rollen am Mittelpunkt der Altstadt zum Glück keine Köpfe mehr, doch noch immer ist er Schauplatz für Brot und Spiele. Ob politische Demonstrationen, fast jeckes Faschingstreiben, bejubelte Meisterfußballer, Paradies für Shoppingfreunde und Flaneure, romantischer Christkindlmarkt, poppiger Christopher Street Day oder Open-Air-Konzerte: Der Marienplatz ist bunt und voller Leben. Und voller historischer Attraktionen. In der Mitte wacht die Mariensäule (um 1593), altes und neues Rathaus flankieren den Platz, letzteres spielt mehrmals täglich ein weltberühmtes Glockenspiel, von Japanern heiß geliebt. Der Alte Peter, älteste Kirche Münchens, bietet einen spektakulären Ausblick.
Tourist Info: Marienplatz 8, 80331 München, Tel. 089/ 23 39 65 00, Mo–Fr 9.30–19.30, Sa 9–16, So 10–14 Uhr, www.muenchen.de

FRAUENKIRCHE

2004 haben es die Bürger entschieden: Kein Gebäude im Stadtgebiet darf höher sein als der »Dom Zu Unserer Lieben Frau«. Und so ragt das unverwechselbare Wahrzeichen mit seinen etwas mehr als 98 m hohen Türmen, gekrönt von den sog. Welschen Hauben, stolz über die Altstadt. Im Inneren des spätgotischen Backsteinbaus (1468–1488 von Jörg von Halspach erbaut) findet man das Scheingrab von Ludwig IV., genannt der Bayer, die Krypta zahlreicher Wittelsbacher, viele historische Kapellen, Apostel- und Prophetenfiguren und Heiligenstatuetten. Dennoch ist die Gestaltung eher schlicht gehalten, es dominieren die weißen Pfeiler und die Gewölberippen in hellem Stein. Tipp: Der Südturm ist begehbar, wird aber seit geraumer Zeit saniert. Wer hinaufsteigen möchte, sollte sich vorab informieren.
Frauenplatz 1, 80331 München, tgl. 7.30–20 Uhr, www.muenchner-dom.de

RESIDENZ

Die ältesten Teile des größten Innenstadtschlosses Deutschlands gehen auf das Jahr 1385 zurück. Heute eines der bedeutendsten Raumkunstmuseen Europas, wurde es von den Wittelsbachern zunächst als Wehrburg errichtet, später zum Stadtpalast ausgebaut. Im Zweiten Weltkrieg fast vollständig zerstört, strahlen Prunksäle, Höfe und Gärten heu-

te in wunderbarem, wenn auch nicht ganz originalgetreuem Glanz. Die Goldschmiedekunst-Sammlung der Schatzkammer ist eine der kostbarsten der Welt, das Antiquarium, eines der größten Renaissancegewölbe Europas, ist reich ausgemalt, um nur zwei Kostbarkeiten zu nennen. Übrigens: Wer den Löwen vor der Residenz die Schnauzen reibt, dessen Wünsche werden erfüllt. Ganz sicher.
Residenzstr. 1, 80333 München, tgl. 10–17, April–Mitte Okt. tgl. 9–18 Uhr, www.residenz-muenchen.de

VIKTUALIENMARKT

Auf dem weltberühmten Markt bieten Marktfrauen und -männer in fest errichteten Buden inmitten von Kunst und bayerischer Lebenskultur einheimische und exotische Schmankerln an. Die sechs Brunnendenkmäler sind Volkssängern und Volksschauspielern wie Liesl Karlstadt und Karl Valentin gewidmet. Im großen Biergarten tummeln sich Touristen und Einheimische. Seit 1807 ist der Platz ein ein kulinarischer Magnet.
Viktualienmarkt, www.viktualienmarkt.de, www.viktualienmarkt-muenchen.de

KUNSTAREAL UND PINAKOTHEKEN

5000 Jahre Kulturgeschichte auf 500 mal 500 m: Das ist das Kunstareal. Museen und Hochschulen verbinden sich zu einer einmaligen Mischung aus Kunst, Kultur und Wissen. Seit 200 Jahren wächst und wächst das Areal mit inzwischen fußläufig erreichbaren 18 Museen und Ausstellungshäusern, über 40 Galerien, sechs international angesehenen Hochschulen und zahlreichen Kulturinstitutionen. Umgeben von trendigen Straßencafés, Restaurants und denkmalgeschützten Gärten geben historische Prachtbauten, An- und Neubauten international renommierter Architekten und zeitgenössische Anwesen – wie das bunte Museum Brandhorst und das atemberaubende Lenbachhaus – Kunst und Kultur Raum und Bedeutung. Zu den wichtigsten Kunstsammlungen gehören die 1836 eröffnete Alte Pinakothek, die Neue Pinakothek (1853) und die Pinakothek der Moderne (2002). Die Alte Pinakothek widmet sich europäischer Malerei vom Mittelalter bis zum Rokoko, die Neue beginnt, wo die Alte aufhört, und die Moderne präsentiert Kunst des 20. und 21. Jh. Unbedingt sehenswert.
Barer Straße, Theresienstraße, Briennerstraße, München, www.kunstareal.de, www.pinakotheken.de

RESTAURANTS

DAS ESSZIMMER

Spitzenrestaurant mit zwei Michelin-Sternen. Wunderbar gemütlich blickt man in dem rundum verglasten Restaurant in der BMW-Welt auf edle Karossen und wird mit süperben Speisen und Weinen verwöhnt. Extra: der Chauffeurservice für die kostenlose Heimfahrt im Münchner Stadtgebiet. *Am Olympiapark 1, 80809 München, Tel. 089/358 99 18 14, Di–Sa ab 19 Uhr, www.esszimmer-muenchen.de*

HIRSCHGARTEN

Unweit von Schloss Nymphenburg labt sich der Gast in Bayerns größtem Biergarten (8000 Plätze) unter Kastanienbäumen an Brotzeiten und süffigen Augustiner-Bieren. Restaurant ganzjährig geöffnet. *Hirschgarten 1, 80639 München, Tel. 089/17 99 91 19, Restaurant tgl. 10–24 Uhr, Biergarten tgl. 11.30–24 Uhr, www.hirschgarten.de*

ÜBERNACHTUNGEN

BLAUER BOCK

Im Angerviertel hat sich der Blaue Bock in einem der ältesten Häuser der Stadt eingerichtet. Nach einer Nacht in einem modernen Zimmer und einem wunderbaren Kaffee zum Frühstück kann man ganz entspannt über den Viktualienmarkt schlendern. *Sebastiansplatz 9, 80331 München, Tel. 089/ 23 17 80, www.hotelblauerbock.de, DZ ab 160 €*

LAIMER HOF

Schön am Nymphenburger Schloss gelegen, ist die denkmalgeschützte Hotelvilla schon von außen ein Augenschmaus. Innen warten eine familiäre Atmosphäre abseits von Massenabfertigung und stilvoll möblierte Zimmer. *Laimer Str. 40, 80639 München, Tel. 089/178 03 80, www.laimerhof.de, DZ ab 65€*

50

EIBSEE, ZUGSPITZREGION

47° 27′ 28″ NORD / 10° 58′ 23″ OST

Der Eibsee zählt zu den schönsten und charmantesten Seen Oberbayerns. Auch wenn Reiseführer oft das Gegenteil behaupten: An heißen Tagen kann man ruhig die Badehose einpacken. Zwar ist das Wasser selbst im Sommer selten wärmer als 20 Grad, es gibt aber hübsche Buchten und Stege. Dort wärmen einen die Sonnenstrahlen schnell wieder auf.

EIN BÄR, der ständig Ärger macht, wird irgendwann zum »Problembären« – und hat dann freilich selbst ein Problem. So war das jedenfalls mit Bruno, der im Frühjahr 2006 seiner italienischen Heimat Lebewohl sagte, nach Bayern aufbrach und dort seinen Instinkten folgte. Zwei Monate lang machte der tierische Draufgänger das österreichisch-bayerische Grenzgebiet unsicher, stillte seinen Bärenhunger, wo er nur konnte, und kam dabei der Zivilisation immer näher. Auch in Grainau, unweit des Eibsees, plünderte der Vagabund nachts einen Hühnerstall. Nur einen Steinwurf vom Schlafzimmer der Bauern entfernt, die davon zum Glück nichts mitbekamen. Sterben musste Bruno trotzdem. Zu hoch war das Risiko, dass bald auch Menschen verletzt werden. Dass sich das Raubtier im Landkreis Garmisch-Partenkirchen offenbar besonders wohl fühlte, konnten Forscher anhand zahlreicher Spuren nachweisen. Ob auch die Landschaft das Tier in ihren Bann zog? Durch die Brille eines Romantikers betrachtet, scheint die Natur hier jedenfalls wie gemacht für ein glückliches Bärenleben – insbesondere der von dichten Wäldern gesäumte, türkisblaue Eibsee zu Füßen des Zugspitzmassivs (2962 Meter). Im Frühling und Herbst sind dessen steile Felswände bis hinunter zur Baumgrenze mit Schnee überzuckert. Oft gleiten Kanus und Ruderboote vor dieser Kulisse lautlos übers Wasser. Spätestens dann fühlt sich all das nach Kanada und den Rocky Mountains an, der Heimat von Grizzly- und Schwarzbären. Um den Eibsee herum führt ein herrlicher Rundweg, für den man zwei bis drei Stunden einplanen sollte. Wer will, kann das atemberaubende Alpenpanorama auch aus der Luft bewundern: Die Fahrt mit der unlängst eröffneten Zugspitzseilbahn ist ein echtes Erlebnis. In rund 15 Minuten befördert sie ihre Passagiere hinauf ins ewige Eis. Sogar vierbeinige. Bären sind allerdings ausgenommen.

www.eibsee.de, www.zugspitze.de

Maligne Lake, Jasper National Park, Kanada
52° 40‘ 11“ Nord / 117° 32‘ 34“ West

Das Innere der Basilika im Kloster Ettal ist barock, bayerisch und prunkvoll ausgestattet.

Es plätschert, es rieselt, es rauscht: In der Höllentalklamm bleibt niemand trocken. Seit über 100 Jahren ist das Naturerlebnis auf dem Weg zum Zugspitzgipfel erschlossen.

HÖLLENTALKLAMM

Im Laufe vieler Millionen Jahre grub sich der Hammersbach in das Gestein zwischen Blassen- und Waxensteinkamm. Vor gut 100 Jahren wurde die Klamm für Besucher zugänglich gemacht. Nicht gerade die jüngste Attraktion in der Gegend, aber was für eine! Stege, Treppen und Tunnels winden sich zwischen den bis zu 150 m hohen, senkrechten und teils überhängenden Felswänden hindurch. Wasser fließt, stürzt und tobt durch die Klamm, sodass man Regenkleidung braucht, wenn man nicht nass werden will. An heißen Sommertagen ist das freilich gerade erfrischend. Wer zurück zum Startpunkt möchte, nimmt den aussichtsreichen Stangensteig, weiter hinauf geht es zur Höllentalangerhütte (Gehzeit 2,5 Std. von Hammersbach). Hier übernachten oder rasten viele Wanderer auf dem Weg zur Zugspitze – 1600 Höhenmeter sind es noch von hier.
Start vom Haus Hammersbach oder vom Dorfplatz Grainau, 82491 Grainau, Klamm Mai–Ende Okt., witterungsabhängig, www.hoellentalklamm-info.de, www.davplus.de/hoellentalangerhuette

PARTNACHKLAMM

Eine knappe halbe Stunde ist es zu Fuß vom Olympia-Skistadion Garmisch-Partenkirchen bis zum Einstieg der Partnachklamm. Alternativ kann man eine der wartenden Pferdekutschen nehmen, dann geht es etwas schneller. Ein schöner Kontrast: erst der gemütliche Warmblütertrott, dann das wilde Wasserschauspiel in der engen, 700 m langen Schlucht. Besonders vielfältig ist das Spektakel nach Regenfällen, wenn sich die Partnach reißend durch ihr Bett schiebt, die Wasserfälle wie aus großen Gießkannen über die Kanten rauschen und aus jedem Moospolster ein glitzernder Tropfenvorhang nach unten weht. Im Winter verwandelt sich alles in eine märchenhafte, weiße Welt; dann hängen enorme Eiszapfen von den Wänden und auf den Steinen im Bach bilden sich knubbelige Eiskappen.
Parkplatz beim Olympia-Skistadion, 82467 Partenkirchen, Juli–Sept. 8–19, Mai/Juni/Okt. 8–18, Nov.–Apr. 9–18 Uhr, www.partnachklamm.eu

GARMISCH-PARTENKIRCHEN

»Gapa«, das steht für eine fantastische Bergwelt, publikumsstarke Sportveranstaltungen, vielfältiges Urlaubsglück, ein gewisses Maß an Großkopferten (Sultan von Oman!) und viele hier geborene Sympathieträger, von Schauspieler Sebastian Bezzel bis hin zu Biathlon-Ass Laura Dahlmeier. Doch schon bevor hier der ganz große Ferienzirkus eingezogen ist, wurde der Ort heiß geliebt. Im 19. Jh. entdeckten Maler die schmucke Gegend, zwischen den Weltkriegen erlebte der Markt gar eine mondäne Phase – dann kamen Maler wie Max Beckmann, Literaten wie Kurt Tucholsky und Heinrich Mann und feierten legendäre Partys. Man fuhr Ski, gehörte dazu, in den 1950er-Jahren traten sogar Hollywood-Größen in örtlichen Revue-Shows auf. Heute dominieren heimatliche Nuancen das Kulturleben: Das Werdenfels Museum in einem Haus aus dem 17. Jh. zeichnet die Geschichte der Region nach, von archäologischen Funden über Volkskunst bis hin zu bürgerlicher und bäuerlicher Wohnkultur. Das Museum Aschenbrenner zeigt Porzellan überwiegend aus dem 18. Jh., kostbare Puppen und mehrere stattliche Krippen aus vier Jahrhunderten.

Tourist Info: Richard-Strauss-Platz 2, 82467 Garmisch-Partenirchen, Tel. 088 21/18 07 00, Mo–Fr 9–17, Sa 9–15 Uhr, www.gapa.de

KLOSTER ETTAL

Die im 14. Jh. gegründete Benediktinerabtei wird aus mehreren Gründen gern besucht: Sie besticht durch ihre großartige Lage am nördlichen Alpenrand und begeistert Kunstfreunde mit ihrer ungewöhnlichen Basilika, die ein gewaltiges Deckenfresko aus dem Jahr 1746 ziert. Für weltlichen Genuss sorgen Klostergasthof und Brauerei, die Likörmanufaktur und die Schaukäserei. Der Laden führt auch Produkte von anderen Klöstern, darunter Wein, Salben und Kerzen.

Kaiser-Ludwig-Platz 1, 82488 Ettal, Kirche Sommer 8–19.45, Winter bis 18 Uhr, Brauerei Führung Fr 10 Uhr, www.kloster-ettal.de

RESTAURANTS

FLÖSSERSTUBE

Wer sportelt, muss ordentlich essen – das gelingt in der Flößerstube auf jeden Fall. Bleiglasfenster, karierte Vorhänge und hier und da ein Geweih prägen die Einrichtung. Sehr beliebte Adresse, deshalb am besten reservieren. *Schmiedstr. 2, 82467 Garmisch-Partenkirchen, Tel. 088 21/28 88, tgl. 11–14 und 17–22.30 Uhr*

KOCH'S

Hier kombiniert man regionale mit internationalen Zutaten, backt selber Brot, kreiert sogar die Dessertpralinen im Haus. Auf der Karte stehen überaus feine Gerichte wie Kalbsfilet an Steinpilz-Rahm-Polenta, Zander auf Rahmsauerkraut oder auch Thunfischsteak auf Wasabirisotto. *Bankgasse 16, 82467 Garmisch-Partenkirchen, Tel. 088 21/969 89 99, Mi–Mo ab 17.30 Uhr, www.kochs-garmisch.de*

ÜBERNACHTUNGEN

ALPENHOF GRAINAU

Die Zimmer sind opulent-barock, der Blick auf die Zugspitze ist jedoch über Geschmacksfragen erhaben. In Schwimmbad und Sauna kann man sich nach einem anstrengenden Wanderprogramm erholen. Gediegenes Restaurant mit internationaler Speisekarte. *Alpspitzstr. 34, 82491 Grainau, Tel. 088 21/98 70, www.alpenhof-grainau.de, DZ ab 140 €*

HOTEL AM BADERSEE

Modernes Haus, in dem rustikale Materialien elegant verarbeitet sind, am von Wald umgebenen Badersee gelegen. Besonders schön ist der Wellnessbereich, der u. a. einen Raum mit echtem Schnee bereithält – zum Abkühlen nach der Sauna. *Am Badersee 1–5, 82491 Grainau, Tel. 088 21/82 10, www.hotelambadersee.de, DZ ab 157 €*

51

GARMISCH-PARTENKIRCHEN

47° 29' 38" NORD / 11° 06' 19" OST

DAS PERFEKTE SOUVENIR? Dörfer und Landschaften passen ja leider nicht ins Handgepäck. Zugspitze und Ammergebirge schon gar nicht – da reicht auch kein Containerschiff! Was also tun? Touristen aus Übersee, die sich in Bayerns Berge und Lebensart verlieben, stehen seit jeher vor diesem Dilemma, für das es aber eine clevere Notlösung gibt: Man zimmert sich seine Sehnsuchtsorte einfach selbst! So geschehen in Leavenworth im US-Bundesstaat Washington. Die erstaunliche Metamorphose des 2000-Einwohner-Städtchens östlich von Seattle begann bereits in den 1960er-Jahren. Damals lagen alle Hoffnungen der Gemeinde zerstört am Boden. Zuletzt hatte auch noch der Güterbahnhof dicht gemacht. Viele zogen weg, denn ohne Eisenbahn war auch die einst boomende Holzwirtschaft perdu. Und jetzt? Zwei Geschäftsleute hatten eine zündende Idee: Leavenworth in ein weiß-blaues Themendorf verwandeln! Es wurden Fotos und Bildbände aus Oberbayern studiert, später reiste man selbst nach Mittenwald, Oberammergau und Garmisch-Partenkirchen und engagierte bayerische Handwerker und Lüftlmaler, die Leavenworths Ortskern in ein alpenländisches Idyll verwandelten. Vermutlich ist es ihnen zu verdanken, dass die Chalets mit ihren überhängenden Giebeln, Dachgauben und blumenumrankte Holzbalkonen so authentisch wirken. Dem Publikum gefällt's: Rund zwei Millionen Touristen strömen pro Jahr aus allen Ecken der USA nach Leavenworth, um im »Bavarian Village« Urlaub zu machen. Im urigen Wirtshaus werden zu Volksmusik Schnitzel und Weißbier serviert, in der Bäckerei nebenan duftet es nach frischen Brezen. Im Winter säumen die leuchtenden Buden des Christkindlmarkts die Hauptstraße, dahinter erheben sich die verschneiten Gipfel der Cascade Mountains, die zum Skifahren und im Sommer zum Wandern und Klettern einladen. Klar, im Werdenfelser Land kann man all das unverfälscht im Original erleben. Vor der eigene Haustüre – welch ein Glück!
www.gapa.de; www.leavenworth.org

Leavenworth, Washington State, USA
47° 35' 47" Nord / 120° 39' 55" West

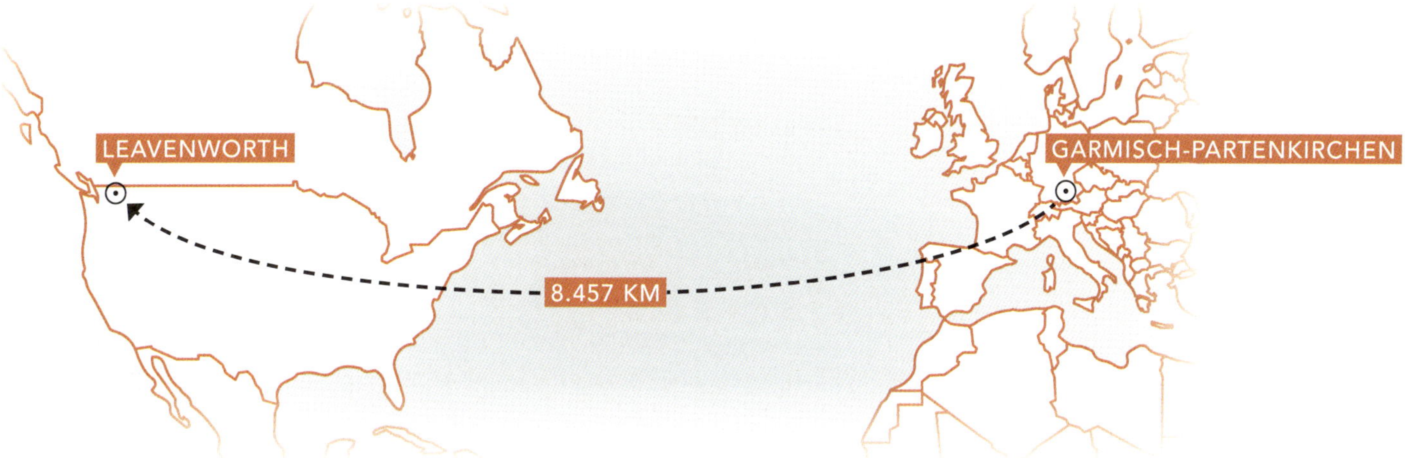

Garmisch-Partenkirchen und andere Orte im und um das Werdenfelser Land dienten in puncto Flair und Architektur als Blaupausen für Leavenworth im US-Bundesstaat Washington, das sich Mitte des 20. Jh. von einer trostlosen Kleinstadt in ein bayerisches Alpendorf verwandelte.

Vielleicht die schönsten aller Märchenbauten des bayerischen Königs Ludwig II. – Schloss Linderhof bei Oberammergau.

OBERAMMERGAU

Wer die berühmten Passionsspiele – die finden nur alle zehn Jahre statt und die Tickets sind heiß begehrt – mal wieder verpasst hat, muss sich nicht ärgern: Oberammergau ist immer eine Reise wert. Zur warmen Jahreszeit lockt der Naturpark Ammergauer Alpen mit attraktiven Wander- und Fahrradwegen für Genießer und Profis; im Winter finden Lang- und Schneeschuhläufer hier ihr Glück. Zu jeder Jahreszeit lockt der urbayerische Ortskern mit viel farbenfroher Lüftlmalerei sowie zünftigen Wirtshäusern und Biergärten. Schon seit dem 16. Jh. ist Oberammergau für seine filigrane Holzschnitzkunst bekannt. Rund 60 Meister der Zunft sind hier heute noch aktiv. In der »Lebenden Werkstatt« im Pilatushaus in der Ludwig-Thoma-Straße kann man ihnen bei der Arbeit über die Schulter schauen.
Tourist Info: Eugen-Papst-Str. 9a, 82487 Oberammergau, Tel. 088 22/922 74 40, Mo–Fr 9–18, Sa/So (nur im Sommer) 9–13 Uhr, www.ammergauer-alpen.de

EIBSEE UND ZUGSPITZE

Mit dem großen Zeh kann man ja mal behutsam vorfühlen. Doch wer im eiskalten Eibsee baden möchte, muss hart im Nehmen sein – oder auf extraheiße Sommertage warten. So lassen die meisten Ausflügler denn auch ihre Badesachen zu Hause und genießen stattdessen die Schönheit dieses geheimnisvollen, in Blau- und Grüntönen leuchtenden Gewässers. Den See kann man bequem auf einem breiten, circa acht Kilometer langen Rundweg erkunden. Unterwegs stößt man immer wieder auf Buchten, Stege und Felsen, die weit ins Wasser ragen und zur Picknickpause einladen. Am Ostufer, unweit des Eibsee-Hotels, kann man auch Tretboote und SUP-Boards mieten. Wer das Naturjuwel Eibsee lieber aus der Vogelperspektive bestaunen möchte: Vom Parkplatz gelangt man schnell zur Talstation der neuen Zugspitzseilbahn, die ihre Fahrgäste hinauf zum höchsten Gipfel der Republik befördert – der grandiose Panoramablick ist im Fahrpreis inklusive.
Zugspitzbahnhof Eibsee, Seefeldweg 1, 82491 Grainau, Tel. 088 21/ 79 70, www.zugspitze.de, www.eibsee.de

SCHLOSS LINDERHOF

Weniger ist mehr? Dieses Credo passt so gar nicht zu Ludwig II. Und doch fühlte sich der bayerische Märchenkönig im vergleichsweise beschaulichen Schloss Linderhof (1870–1886) westlich von Oberammergau am wohlsten. Als Besucher ist man von der Pracht des Palastes im Neorokokostil freilich trotzdem überwältigt. Kenner behaupten sogar, Lindenhof sei das schönste der drei Schlösser, die Ludwig II. erbauen ließ. Die Innenräume, vor allem Spiegelsaal und Schlafzimmer, sind so üppig ausgestattet, dass sich kaum auch nur ein Quadratzenti-

meter ohne edle Verzierung findet. Rundherum erstreckt sich der verschlungene Schlossgarten, in dem sich exotische Tempel, Pavillons, Wasserspiele und auch die berühmte Venusgrotte verbergen. Die künstliche Höhle ließ Technikfan Ludwig damals bereits mit elektrischen Lichteffekten in Szene setzen. Zur Stromgewinnung wurde im Park eigens ein kleines Kraftwerk mit Dampfmaschine und 24 Dynamos installiert.
Linderhof 12, 82488 Ettal, Tel. 088 22/920 30, April–Mitte Okt. tgl. 9–18 Uhr, Herbst/Winter 10–16.30 Uhr (Ausnahmen siehe Webseite), www.schlosslinderhof.de

RICHARD-STRAUSS-FESTIVAL

Klassikfans zieht es alljährlich Ende Juni nach Garmisch-Partenkirchen. Aber auch an vielen (außergewöhnlichen) Orten rund um die Gemeinde – etwa im Innenhof des Klosters Ettal oder sogar auf der Zugspitze – werden beim Richard-Strauss-Festival Werke des spätromantischen Komponisten auf die Bühne gebracht. Strauss wurde 1864 in München geboren und zog 1908 nach Garmisch-Partenkirchen. Hier verbrachte er auch seinen Lebensabend.
www.richard-strauss-festival.de

KIRCHDORF WAMBERG

Ein Dorf wie aus dem Bilderbuch ist das winzige Wamberg oberhalb von Garmisch, das sich um die Kirche St. Anna gruppiert. Nur noch einige Dutzend Menschen leben heute hier, in knapp 1000 Metern Höhe. Urige Bauernhöfe aus dem 18. und 19. Jh. prägen die Szenerie des Orts. Einkehren und auf der Terrasse das Alpenglühen genießen kann man im Gasthof am Ortsrand (www.berggasthof-wamberg.de, Di–So). Und wie kommt man hin? Ein entspannter, einstündiger Spaziergang startet an der Bergstation der Eckbauer Bahn (1236 m) in Garmisch-Partenkirchen; hinauf schwebt man lautlos in brandneuen 6er-Gondeln. Wer will, kann auch schon im Tal loslaufen. Von hier erreicht man das Dorf in einer Dreiviertelstunde. Der Anstieg ist freilich etwas anstrengender. So oder so: Kamera einpacken, denn dieser Ausflug bietet traumhafte Ausblicke auf Zug- und Alpspitze – und natürlich aufs schöne Wamberg!
Eckbauer Bahn, Talstation am Olympia-Skistadion (B2 Richtung Mittenwald), 82467 Garmisch-Partenkirchen, Tel. 088 21/34 69, www.eckbauerbahn.de

RESTAURANTS

BUNGALOW 7

Saftige Ribs und Riesenburger vom Grill werden hier auf die Teller gehoben. Dazu gibt's hausgemachte Fries und Dips. Vegetarier werden mit Flammkuchen und Salat beglückt. *Alpspitzstr. 7, 82467 Garmisch-Partenkirchen, Tel. 088 21/822 94 80, Do–Di ab 12 Uhr (werktags bis 23 Uhr, Fr/Sa open end), www.bungalow-7.de*

HIERONYMUS

Ein bisschen Asien hier, ein bisschen Bayern dort – mal mit Datteln, Pinienkernen oder Kokosmilch verfeinert. Im Hieronymus in Unterammergau, das zum neuen Hotel Lartor gehört, begeistert Küchenchef Lorenz Maria Grießer mit fantastisch-kreativer Fusionsküche. *Weiherweg 34–36, 82497 Unterammergau, Tel. 088 22/939 91 20, Mi–So 11.30–14.30, 17.30–22 Uhr, www.lartor.de/restaurant*

ÜBERNACHTUNGEN

STAUDACHER HOF

Elegantes Hotel, das alpenländische und mondäne Designelemente verbindet. Breites Spa- und Ayurveda-Angebot. Vom geschützten Außenpool genießt man einen herrlichen Bergblick. *Höllentalstr. 48, 82467 Garmisch-Partenkirchen, Tel. 088 21/92 90, www.staudacherhof.de, DZ ab 195 €*

MAXIMILIAN

Romantisches Komfort-Hotel im Zentrum von Oberammergau. Die geschmackvollen Zimmer versprühen einen Hauch von Luxus. Entspannen kann man im Spa – oder im Biergarten bei einem Gerstensaft der hier gebrauten Hausmarke. *Ettaler Str. 5, 82487 Oberammergau, Tel. 088 22/94 87 40, www.maximilian-oberammergau.de, DZ ab 195 €*

52

KÖNIGSHAUS AM SCHACHEN

47° 25′ 11″ NORD / 11° 06′ 46″ OST

WER HEHRE ZIELE VERFOLGT, erreicht sie am besten auf dem Königsweg – landet dabei aber nicht selten auf dem Holzweg. Zu Füßen des Wettersteinmassivs ist das glücklicherweise unkomplizierter. Vom Wanderparkplatz bei Schloss Elmau ist der Königsweg sogar bestens beschildert! Und führt in knapp vier Stunden hinauf zum 1870 Meter hohen Schachen. Der erste Eindruck vom nahezu schmucklosen Holzschlösschen, das sich Märchenkönig Ludwig II. hier oben im Jahr 1869 erbauen ließ, ist einigermaßen ernüchternd. »Eure Majestät waren doch sonst immer auf Strahlkraft und Exotik bedacht!«, möchte man zähneknirschend in den weißblauen Himmel rufen und am liebsten wieder umkehren. Zuvor sollte man jedoch einen Blick ins Obergeschoss werfen. Denn hier, im Türkischen Saal, verbirgt sich ein zauberhaft-verschwenderisches Geheimnis: Gold und noch mehr Gold! Dazu üppige Ornamentik, die Wände, Fenster, Vasen und Divane überzieht. Aus dem Fußboden mit kostbarem Perserteppich ragt ein vergoldeter Springbrunnen auf, darüber schwebt ein nicht minder prunkvoller Kandelaber. Das alles wirkt wie aus einem orientalischen Märchenbuch. In der Tat ließ sich der bayerische Ausnahmeregent von Abbildungen osmanischer Paläste inspirieren, die er seinem Architekten als Vorlage übergab. Nachdem alle Träume aus Tausendundeiner Nacht wahr geworden waren, pflegte Ludwig hier im Hochgebirge seine Geburtstage zu feiern: als Sultan verkleidet, umgeben von Dienern in wallenden arabischen Gewändern. Die Wege des »Kini« waren eben unergründlich.

www.schloesser.bayern.de

Rechts: Dolmabahçe-Palast, Istanbul, Türkei
41° 02' 22" Nord / 29° 00' 06" Ost

Unten: Im verschwenderisch ausgestatteten Türkischen Saal seines Königshauses am Schachen feierte Ludwig II. viele seiner Geburtstage. Vergleichsweise bescheiden eingerichtet ist der Wohnbereich im Untergeschoss. Alle Räume können nur im Rahmen einer Führung besichtigt werden.

Vom Herzogstand aus bietet sich ein majestätisches Panorama. Rechts sieht man den intensiv türkisfarbenen Walchensee, links den tiefer gelegenen Kochelsee.

GEIGENBAU IN MITTENWALD

Vor fast 1000 Jahren wurde erstmals ein Ort an dieser Stelle erwähnt, die Römerstraße verlief allerdings schon viel länger über den Seefelder Sattel südlich des heutigen Mittenwalds. Nicht nur die befestigte Straße, auch der Wasserweg und mit ihm die Flößerei trugen entscheidend zur Entwicklung des Marktes im oberen Isartal bei. Heute ist die Gemeinde vor allem für den Geigenbau bekannt; neben Markneukirchen in Sachsen gilt sie als bedeutendster Ort des Streich- und Zupfinstrumentenbaus in Deutschland. Der gebürtige Mittenwalder Matthias Klotz (1653–1743) lernte in Füssen und Padua, kehrte in seinen Heimatort zurück und bildete mehrere Geigenmacher aus, darunter drei seiner Söhne. Noch heute kommen Menschen aus aller Welt hierher und lernen bei einem der Meister die Kunst, eine »bayerische Stradivari« zu fertigen. Die ganze Faszination des Instrumentenbaus entfaltet sich im Geigenbaumuseum, das über 200 Instrumente zeigt.

Tourist Info: Dammkarstr. 3, 82481 Mittenwald, Tel. 088 23/339 81, Mo–Fr 8.30–mind. 17, Mai–Sept. Sa 9–12, So 10–12 Uhr, www.alpenwelt-karwendel.de; Geigenbaumuseum: Ballenhausgasse 3, 82481 Mittenwald, Feb.–Mitte März, Mitte Mai–Mitte Okt., Mitte Dez.–Anf. Jan. Di–So 10–17, Mitte Jan.–Ende Jan., Mitte März–Mitte Mai, Mitte Okt.–Anf. Nov. Di–So 11–16 Uhr, www.geigenbaumuseum-mittenwald.de

JACHENAU

Das liebliche Tal verläuft parallel zu den Alpen, vom Walchensee im Westen bis zum Isartal im Osten. Es ist eines der ruhigeren Ziele in Bayern, grelle Werbeschilder für touristische Angebote und Sportgaudi findet man hier nicht. Es gibt genau drei Gasthöfe und einen kunterbunten Dorfladen, in dem man alles Wichtige kaufen kann. Hierher kommt man, um zu wandern (auf den Staffel, den Hirschhörnlkopf oder die Benediktenwand) oder Rad zu fahren, im Winter für die präparierten Loipen und für Schneeschuhtouren.

Tourist Info: Dorf 51 1/2, 83676 Jachenau, Tel. 080 43/91 98 91, Mo–Fr 8–12, Mo, Di, Fr 13.30–16, Do 13.30–18 Uhr, www.jachenau.de

HERZOGSTAND

Natürlich kann man auch zu Fuß hinaufgehen. Wer Kraft sparen will, nimmt die Herzogstandbahn und schwebt gemütlich hinauf auf 1600 m Höhe. Von hier eröffnet sich ein sensationeller Blick auf eine der schönsten Landschaften im deuschen Alpenraum: Vor einem liegt der 16 qkm große Walchensee, der bisweilen in unglaublichen Türkistönen schimmert. Da möchte man gleich wieder hinunter und ein SUP-Brett ausleihen oder es gar den Windsurfern gleichtun. Doch bleiben wir noch ein wenig oben: Ein Panorama-Naturlehrpfad führt zum Berggasthaus Herzogstand (März–Okt., Di Ruhetag) und dahinter zum Gipfel. Wer das passende Schuhwerk trägt, trittsicher und schwindelfrei ist, kann über den spektakulären Gratweg hinüber zum Heimgarten (1788 m) gehen und von dort wieder hinunter zum Ausgangspunkt. Teilweise steil – Wanderstöcke entlasten die Knie. *Herzogstandbahn, Am Tanneneck, 82432 Walchensee, ab Mitte April Mo–Fr 9–17.15, Sa/So/Fei 9–17.45 Uhr, www.herzogstandbahn.de*

FRANZ-MARC-MUSEUM

Die Künstler des »Blauen Reiter« fühlten sich rund um den Kochelsee ausgesprochen wohl. Vertreter wie Wassily Kandinsky oder Gabriele Münter fanden hier Motive, doch ganz besonders packte es Franz Marc. Der Münchner hatte schon als Kind die Sommerferien in Kochel verbracht, später kam er immer wieder, kaufte sich eine Villa in Ried bei Benediktbeuern. Das 1986 gegründete Franz-Marc-Museum fasziniert mit seiner ungewöhlichen Architektur – 2008 wurde es durch einen modernen Erweiterungsbau vergrößert –, aber vor allem durch 150 bedeutende Werke des Expressionisten und weiterer Künstler seiner Zeit. *Franz-Marc-Park 8–10, 82431 Kochel am See, Di–So/Fei April–Okt. 10–18, März/Nov. 10–17 Uhr, www.franz-marc-museum.de*

FREILICHTMUSEUM GLENTLEITEN

Über 60 Gebäude wurden anderswo in Bayern sorgfältig ab- und hier wieder aufgebaut: Da wären zum Beispiel ein Getreidekasten von 1622, ein Dörr- und Backhaus von 1893 oder ein Almgebäude von 1507. In alle kann man hineinschauen, alle sind mit authentischen Einrichtungsgegenständen ausgestattet. Damit man sich das einstige Bauernleben noch besser vorstellen kann, führen Mitarbeiter regelmäßig alte Handwerkstechniken vor, etwa das Seilmachen und Weben. Kinder freuen sich über die Schafe, Gänse, Rinder und andere Tiere, die das Museum beleben. *An der Glentleiten 4, 82439 Großweil, Tel. 088 51/185 10, Mitte März–Anf./Mitte Nov. Di–So 9–18 Uhr, Juni–Sept. auch Mo, www.glentleiten.de*

RESTAURANTS

BERGGASTHOF PANORAMA

Östlich oberhalb von Garmisch-Partenkirchen liegt der Berggasthof. Beim Essen gibt's was man am Berg erwartet: Salatteller mit Kaspressknödeln, Wiener Schnitzel (echtes), Kaiserschmarrn. *St.-Anton-Straße 3, 82467 Garmisch-Partenkirchen, Tel. 088 21/966 90 70, Di–So 8–18 Uhr, Jan.–März Di Ruhetag, www.berggasthof-panorama.de*

KARG BRÄUSTÜBERL

Dunkles Holz, Stühle mit geschnitztem Herz in der Lehne, ein Kachelofen: Beim Karg ist das keine Bayerndeko, sondern echt. Zünftiges Wirtshaus mit Weißbieren, die weit über die Grenzen Murnaus hinaus bekannt sind. *Untermarkt 27, 82418 Murnau am Staffelsee, Tel. 088 41/82 72, Di 18–24, Mi–So 10–14, 18–24 Uhr, www.karg-murnau.de*

ÜBERNACHTUNGEN

SCHOGGLBAUER

Urlaub zwischen Kühen und Federvieh – das macht nicht nur Kindern Spaß. Der Schogglbauer in Krün, einer der ältesten Höfe im Ort, bietet einfache, behagliche Gästezimmer und Ferienwohnungen. Gleich um die Ecke laden Grubsee und Barmsee zum Baden ein. *Karwendelstr. 3, 82494 Krün, Tel. 088 25/15 62, www.schogglbauer.de, Apartments ab 50 €/Tag*

LANDHOTEL HERZOGSTAND

»Mei, nett!«, möchte man sagen, wenn man ins »Schmied von Kochel«- oder »Kaiserin Sisi«-Zimmer kommt und die mit bäuerlichen Motiven bemalten Betten und Kästen sieht. Spezialität: Bayerische Tapas. *Herzogstandweg 3, 82431 Kochel am See, Tel. 088 51/3 24, www.herzogstand.de, DZ ab 90 €*

53

STADTBIBLIOTHEK ULM

48° 23′ 48″ NORD / 9° 59′ 33″ OST

WO geht's denn bitteschön zur Mona Lisa? Seit 2004 ist die Zentralbibliothek der Stadt Ulm in einer 35 Meter hohen, lichtdurchfluteten Glaspyramide am Rathaus untergebracht. Nach Leonardo da Vincis Meisterwerk sucht man die Wände hier vergeblich ab. Doch immerhin: Ein freundliches Lächeln spendiert das Team der Bücherei eigentlich allen Besuchern. Außerdem ist man ja wegen der Architektur gekommen. Die hat damals ganz schön polarisiert. Denn längst nicht jeder Ulmer wollte sich mit dem Gedanken an einen hypermodernen Büchertempel inmitten der historischen Altstadt anfreunden. Noch dazu, wenn diese Extravaganz rund 13 Millionen Euro verschlingt! Allen Unkenrufen zum Trotz wurde der Bau schließlich, wenn auch leicht abgewandelt, nach Entwürfen des Architekten und Bildhauers Gottfried Böhm realisiert. Als die Ulmer Stadtbücherei dann 2012 vom Publikum des ZDF-Kulturmagazins Aspekte zur »schönsten Bausünde Deutschlands« gekürt wurde, war das für alle Kritiker des Projekts zumindest eine kleine, wenn auch späte Genugtuung. Andererseits: Viele Ulmer mögen ihren »schwäbischen Louvre« oder haben den Glasbau schulterzuckend akzeptiert. Und letztlich ist ja immer alles eine Frage der Perspektive: Lässt man den Blick an einem schönen Sommertag vom Café am Fischkastenbrunnen über den Marktplatz zum Rathaus schweifen, ragt hinter Baumkronen spitz-funkelnd die Pyramide in den Himmel. Das hat schon was – und fühlt sich doch ziemlich nach »Savoir-vivre« an. Wer sich jetzt immer noch nach Mona Lisas Lächeln sehnt, kann ja gleich gegenüber in der Stadtbibliothek nach einem Bildband stöbern!

www.ulm.de

Rechts: Musée du Louvre, Paris, Frankreich
48° 51‘ 45“ Nord / 02° 20‘ 11“ Ost

Unten: Seit 2004 residiert die Ulmer Stadtbücherei in einer modernen Glaspyramide am Rathaus. Dass sie bereits 1516 gegründet wurde und somit zu den ältesten öffentlichen Bibliotheken Deutschlands zählt, sieht man ihr nicht mehr an.

RESTAURANTS

BOOTSHAUS BAR & GRILL

Die Glasfront direkt am Wasser geht in eine stilvolle Sonnenterrasse über. Von deftiger Zünftigkeit ist auf der Karte nichts zu sehen, da treffen sich Iberico-Schwein und japanische Wagyu-Burger. Reduziert und cool, keineswegs ungemütlich. *Gänslände 10, 89073 Ulm, Tel. 07 31/20 74 64 97, Mo–Fr 11–24, Sa 9–1, So 9–24 Uhr, www.bootshaus-ulm.de*

ZUR FORELLE

Dem Fischerhaus aus dem 17. Jh. fühlen sich die Betreiber verpflichtet, aber nicht so sehr, dass sie keine Einflüsse von außen zuließen. Da wird schon mal mit gelbem Curry oder provenzalischem Gemüse gearbeitet. Doch keine Bange: Maultaschen und Zwiebelrostbraten werden natürlich auch aufgetragen. *Fischergasse 25, 89073 Ulm, Tel. 07 31/639 24, Mo–So 11–14.30, 17–24 Uhr, www.ulmer-forelle.de*

ÜBERNACHTUNGEN

HOTEL SCHIEFES HAUS

Es könnte einem fast schwindeln beim Anblick des offiziell schiefsten Hotels der Welt. Zu Unbehagen besteht aber wirklich kein Anlass, denn die Zimmer sind ausgesprochen heimelig, das Frühstück liebevoll komponiert und die Lage an der Blau fantastisch. *Schwörhausgasse 6, 89073 Ulm, Tel. 07 31/96 79 30, www.hotelschiefeshausulm.de, DZ ab 119 €*

HOTEL ROTER LÖWE

In 3 Min. läuft man zum Münster und in die Altstadt. Die Zimmer sind geräumig, ihre Gestaltung gediegen. Zum Haus gehört das »Wirtshaus zur Brezel«, das bayerisch-schwäbische Küche serviert. *Ulmergasse 8, 89073 Ulm, Tel. 07 31/14 08 90, www.hotel-roter-loewe.de, DZ ab 115 €*

ULMER MÜNSTER

Gut vier Meter höher als der Kölner Dom ist der Turm des Ulmer Münsters. Seine 161,53 m machen ihn zum höchsten Kirchturm der Welt – aber noch nicht allzu lange. Der anno 1377 begonnene Sakralbau wurde von den Bürgern finanziert, denen um 1543 weniger das nötige Geld, als vielmehr der katholische Glaube abhanden kam: Protestantisch geworden, zerstörten Bilderstürmer Skulpturen und Altäre. Unvollendet, blieb der Turm ein Fragment von damals etwa 100 m Höhe. Erst im 19. Jh. gingen die Ulmer den Weiterbau an. 1890 erhielt der Turm, nach nur fünf Jahren, seine heutige Gestalt und Größe.
Münsterplatz, 89073 Ulm, Kirche: Apr.–Sept. 9–19, Okt.–März 10–17, Turm: Apr.–Sept. 9–18, Sa/So ab 10, Okt.–März 10–16 Uhr, www.ulmer-muenster.de

MUSEUM ULM

Das Haus zeigt sowohl Funde aus prähistorischer Zeit als auch Exponate der Kunst- und Kulturgeschichte vom Mittelalter bis in die Gegenwart. Besonders faszinierend unter den paläontologischen Ausstellungsstücken ist der »Löwenmensch«: eine 31 cm hohe, stehende Skulptur aus dem Elfenbein eines Mammuts, die in einer Höhle des Lonetals (Schwäbische Alb) gefunden wurde. Vor etwa 40000 Jahren gefertigt, zählt sie zu Europas ältesten Kunstwerken.
Marktplatz 9, 89073 Ulm, Di–So 11–17, Sonderausstellungen Do bis 20 Uhr, www.ulm.de

SPAZIERGANG AUF DEM FESTUNGSWEG

Noch vor Beginn der zweiten Bauphase, die das Ulmer Münster vollendete (bis 1890), setzte 1842 eine andere Großbaustelle ein. Um Ulm und Neu-Ulm herum wurde bis 1859 ein riesiger Ringwall angelegt, der die Stadt in eine Bundesfestung verwandelte. So entstanden Bastionen, Kasematten, Reduiten und die Zitadelle Wilhelmsburg mit 570 Räumen. Etliche Bauten sind erhalten und können auf einem Rundweg (12,5 km, 32 Info-Tafeln) besichtigt werden. Guter Startpunkt ist die Wilhelmsburg auf dem Michelsberg, von wo ein Blick über Ulm und mitunter bis zu den Alpen möglich ist.
Prittwitzstr. 100, 89075 Ulm, Führung Wilhelmsburg: jeder 3. So/Monat 11 Uhr, www.bundesfestung-ulm.de

Es wirkt so leicht und organisch und ist doch aus Stein: Innenansicht der filigranen Turmspitze des Ulmer Münsters mit gotischen Bögen und Wendeltreppe.

GÜNZBURG

Günzburg ist ein putziges Städtchen mit keltisch-römischen Wurzeln, dem einzigen Habsburgerschloss in Bayern, einer Frauenkirche in reinstem Rokoko und einem sehr langen Marktplatz, dessen harmonische Bebauung aus dem 18. und 19. Jh. stammt. Das intakte Stadtbild lässt sich dienstags (10–14 Uhr) beim Weißwurstfrühstück im sechsten Stock des achteckigen Kuhturms (17. Jh.) genüsslich auch von oben bewundern. Putzig, obschon mit mehr Trubel, ist auch im Süden Günzburgs der Freizeitpark Legoland: Gut eine Million Besucher im Jahr staunen hier Bauklötzchen über die Frankfurter Skyline, Venedigs Dogenpalast und vieles mehr. Und eine Achterbahn sorgt für rasantes Geschrei.
Tourist Info: Am Schlossplatz 1, 89312 Günzburg, Tel. 082 21/20 04 44, Mo–Fr 10–17 Uhr, www.guenzburg.de; Legoland: Legoland-Allee, 89312 Günzburg, Ende März bis Anf. Nov. tgl. 10–18 Uhr, sommers und Ferienzeit länger offen, www.legoland.de

URWELTMUSEUM HAUFF

Fischsaurier und Großvögel mit Fell: Der Neugier auf urtümliches Getier dürfte dieses paläontologische Museum in Holzmaden (nahe Kirchheim unter Teck) sehr entgegenkommen. In den Steinbrüchen seines Vaters fand Johannes Hauff (1866 bis 1950) Ende des 19. Jh. jede Menge Fossilien seltsamster Art – kein Wunder, die Schwäbische Alb war im Jura, also 180 Mio. Jahre zuvor, ein Urmeer. Hauff lernte, die Fundstücke zu präparieren. Aus seinen Sammlungen entstand das heutige, sehr moderne Museum, dessen Exponate und Erläuterungen in eine Zeit zurückführen, in der niemand leben wollen würde, die aber umso mehr fasziniert.
Aichelberger Str. 90, 73271 Holzmaden, Di–So 9–17 Uhr, www.urweltmuseum.de

BLAUTOPF

Wassernixen haben's auch nicht leicht, wie das Beispiel der schönen Lau (in Mörikes Stuttgarter Hutzelmännchen) zeigt. Die trübsinnig Kinderlose verbannte ihr Gatte vom Donaudelta in den tiefen Blautopf. Hier aber brachten die heiteren Anwohner sie zum Lachen, allein mit dem Zungenbrecher »s'leit a Klötzle Blei glei bei Blaubeuren«. Lachen befreit, auch vom Bann, und die Nixe kehrte schwanger zurück. Was bleibt, ist die Blau, die aus ihrem Topf, einer Karstquelle, 22 km zur Donau braucht. Geübte Taucher erkunden das Höhlensystem, gefahrloser ist die Idylle des Blautopfs samt Hammerwerk und Kloster.
Tourist Info: Kirchplatz 10, 89143 Blaubeuren, Tel. 073 44/ 96 69 90, Mitte März–Nov. tgl. 10–17, Dez.–Mitte März Mo–Sa 10–12, So 10–17 Uhr, www.blaubeuren.de

54

INSEL MAINAU

47° 42′ 18″ NORD / 09° 11′ 43″ OST

BLUMEN MACHEN GLÜCKLICH. Viele davon noch glücklicher. Daher ist es auch ganz normal, dass Besucher auf der Bodenseeinsel Mainau meist selbst aufblühen und dann mit seligem Lächeln wieder abreisen. Seine paradiesischen Gartenanlagen verdankt das rund 45 Hektar große Eiland einem blaublütigen Schweden mit grünem Daumen und goldenem Näschen: Weil Vorbesitzer Friedrich II. von Baden keine Nachkommen hatte, gelangte die Mainau 1932 über Umwege in den Besitz des schwedischen Grafen Lennart Bernadotte, der es sich zur Lebensaufgabe machte, die damals völlig verwilderte Insel in eine blühende wie einträgliche Attraktion zu verwandeln. Erst jüngst wurden die Ländereien in eine Stiftung überführt, um die sich heute Lennarts Sohn Björn Graf Bernadotte und seine Gattin Sandra kümmern. Spätestens im Mai explodiert die Natur hier regelrecht, und die Tulpenblüte läutet den ersten vieler Höhepunkte des Gartenjahres ein. Die Blumen wachsen nicht in Beeten, sondern rollen sich wie ein dicker, farbenfroher Teppich über der ganzen Landschaft aus. Auf der Frühlingsallee gelangt man ostwärts zu den Mediterranen Terrassen. Unterhalb grüßt als schma-les Band die Blumentreppe, deren strenge Symmetrie italienischen Renaissancegärten nachempfunden ist. Auf ihren Stufen – natürlich aus Calanca-Gneis aus dem Tessin gefertigt – plätschert das Wasser sehnsuchtsvoll dem Schwäbischen Meer entgegen. So schön kann doch nur Italien sein? Von hier oben an der Balustrade, zwischen exotischen Palmen und duftender Bougainville, ist der funkelnde Bodensee dem Lago Maggiore jedenfalls nahezu ebenbürtig. Ein letztes Mal leuchten die Augen. Nach Sonnenuntergang heißt es dann »Ci vediamo, Mainau!«. Denn man darf und will ja wiederkommen.
www.mainau.de

Rechts: Isola Bella, Lago Maggiore, Italien
45° 53' 43" Nord / 08° 31' 38" Ost

Unten: Insektengarten, Palmenhaus, Mediterrane Terrassen: Die Insel Mainau bietet eine Fülle von Attraktionen – und noch dazu jede Menge italienisches Flair. 60 Gärtner kümmern sich hier das ganze Jahr über um die Pracht.

In Lindau am Bodensee steht der südlichste Leuchtturm Deutschlands. Der sechs Meter hohe Bayerische Löwe blickt mit grimmigem Gesicht Richtung Schweiz.

KONSTANZ

Am Konstanzer Hafen, direkt am Bodensee, tanzt und dreht sich Imperia alle vier Minuten einmal um sich selbst. Die 9 m große Kurtisane ist das Wahrzeichen der Stadt und erinnert an das Konzil vor rund 600 Jahren, als gleich drei Päpste Anspruch auf den Stuhl Petri erhoben. Viel Historisches findet sich auch in der Altstadt mit Häusern teils aus dem 13. Jh. – und dem anno 780 erstmals urkundlich erwähnten Münster, dessen blockhafter Turmkörper und prunkvoller Innenraum beeindrucken.
Tourist Info: Bahnhofplatz 43, 78462 Konstanz, Tel. 075 31/ 13 30 30, Nov.–März Mo–Fr 9–12.30, 13.30–17, Apr.–Okt. 9–18 Uhr, www.konstanz-tourismus.de

INSEL REICHENAU

Wer die größte Insel im Bodensee betritt, trifft auf Kohl und Klosterkultur. Ersteren hat man fein in der Nase: Auf dem fruchtbaren Flecken ziehen Gemüsebauern auf 120 ha Tomaten, Gurken und Salat. Der Wanderbischof Pirmin war es, der im Jahr 724 das Benediktinerkloster gründete, das mit Klosterschule und Bibliothek zu einem religiösen und kulturellen Zentrum des Frühmittelalters wurde. Das würdigte die UNESCO und machte Reichenau mit ihrer Geschichte, den drei romanischen Kirchen samt wertvollen Reliquien, Schriften und Malereien zum Weltkulturerbe.
Tourist Info: Pirminstr. 145, 78479 Reichenau, Tel. 075 34/ 920 70, Mai–Sept. Mo–Fr 9–18, Sa 10–14, Apr.–Okt. Mo–Fr 9–12.30, 13.30–17, Nov.–März Mo–Fr 9–12, 13.30 bis 16 Uhr, www.reichenau-tourismus.de

METTNAU-TURM

Wie ein Zipfel ragt die Halbinsel Mettnau in den Untersee hinein und bietet mit ihren weiten Schilfwiesen einen Rückzugsraum für Vögel, Reptilien und Fische – die östliche Spitze steht schon seit 1926 unter Naturschutz. Der 18 m hohe Holzturm entstand 1938 als Vogelbeobachtungswarte. Ursprünglich nach seinem Initiator mit NS-Posten »Finckh-Turm« genannt, erfolgte 1945 die Umbenennung in »Mettnau-Turm«. Heute bietet er abgehobene Perspektiven auf den Hegau, die Reichenau, die Schweiz und schöne Aussichten auf die Alpen sowie den Säntis – und natürlich auf die artenreiche Vogelwelt wie Haubentaucher, Kolbenente und Co.
Floerickeweg, 78315 Radolfzell, tgl. geöffnet, www.radolfzell-tourismus.de

PFAHLBAUMUSEUM UNTERUHLDINGEN

Abgesehen von der Insel Reichenau liegen noch weitere UNESCO-Welterbenstätten im Bodenseewasser: prähisto-

rische Pfahlbauten, wie sie dank der ab 1922 nachgebauten Dörfer im Unteruhlinger Freilichtmuseum sichtbar werden. Ganz modern startet die Reise in die Vergangenheit mit der Multimediashow »Archaeorama«, ehe es zu Fuß über urige Stege zu den sechs Stelzen-Dörfern aus drei Jahrtausenden geht: Wie Bauern, Fischer und Händler in der Jungsteinzeit und Bronzezeit gelebt haben, verraten dort viele Gegenstände des täglichen Lebens. Besucherführer beantworten Fragen und erläutern Handwerkstechniken dieser Zeitalter. Zusätzlich können Gäste im Steinzeitparcours selbst Hand anlegen, arbeiten wie zur Pfahlbauzeit oder an einer Ausgrabungsstelle forschen und katalogisieren.
Strandpromenade 6, 88690 Uhldingen-Mühlhofen, Apr.–Sept. 9–18.30, Okt. bis 17, März/Nov. Sa/So 9–17 Uhr, www.pfahlbauten.de

BURG MEERSBURG

Der Sage nach soll der Merowingerkönig Dagobert I. das Gemäuer anno 628 erbaut haben, das heute als älteste bewohnte Burg Deutschlands gilt. Eine ihrer bekanntesten Bewohnerinnen dürfte die Dichterin Annette von Droste-Hülshoff gewesen sein, die dort bei ihrem Schwager Quartier bezog und 1848 verstarb. Ihr zu Ehren lässt sich eine Führung buchen, ansonsten führt der Museumsrundgang durch 28 schmucke Burgzimmer.
Schlossplatz 10, 88709 Meersburg, März–Okt. 9–18.30, Nov.–Feb. 10–18 Uhr, www.burg-meersburg.de

LINDAU

Gerade einmal 18 km lang ist Bayerns Anteil am Bodensee. Dennoch gerät der Freistaat keinesfalls in Vergessenheit, dafür sorgt Lindaus markante Hafeneinfahrt: Flankiert vom Bayerischen Löwen auf der einen und dem Leuchtturm auf der anderen Seite, werden Bodenseeschiffe schon seit 1856 zum Liegeplatz geleitet. Wer die 139 Leuchtturmstufen auf sich nimmt, hat einen fantastischen Blick über das charmante Gassengewirr der Inselstadt. Der Mangturm (12. Jh.), in dem Märchenstunden stattfinden, macht das hübsche Hafenensemble perfekt.
Tourist Info: Alfred-Nobel-Platz 1, 88131 Lindau, Tel. 083 82/26 00 30, Mitte Apr. bis Mitte Okt. Mo–Sa 10–18, So 10–13, Mitte Okt.–Mitte Apr. Mo–Fr 10–12, 14–17 Uhr, www.lindau.de

RESTAURANTS

LANDGASTHOF KREUZ

Inmitten des Bodanrück, der den Nordwesten des Bodensees in den Überlinger See und den Untersee teilt, liegt der traditionelle Landgasthof, der Wert auf Regionales legt und daher Reichenauer Salat, Gemüse und natürlich Bodenseefisch auf die Teller bringt. *Kapitän-Romer-Straße 1, 78465 Konstanz, Tel. 075 33/51 82, Fr–Di 11.30–14, ab 17 Uhr, www.landgasthofkreuz.com*

SEEHALDE

Unweit der Pfahlbauten Unteruhldingen, unterhalb der Basilika Birnau direkt am See, tischen die Gruler-Brüder Markus und Thomas auf. In schöner Atmosphäre sitzt man auf der Seeterrasse. Passend dazu: die frische, kreative Küche. *Birnau Maurach 1, 88690 Uhldingen, Tel. 075 56/922 10, Do–Mo 12–14, 18–21, Hauptsaison Mi 18–21 Uhr, www.seehalde.de*

ÜBERNACHTUNGEN

LANDHAUS ÖDENSTEIN

Hinter der Fassade der ehemaligen Künstlervilla aus den 1920er-Jahren verbergen sich charmante, liebevoll eingerichtete Zimmer mit Seeblick. Dazu kommt die traumhafte Lage inmitten der Weinberge und dennoch nicht weit von der Altstadt entfernt. *Droste-Hülshoff-Weg 25, 88709 Meersburg, Tel. 075 32/61 42, www.oedenstein.de, DZ ab 99 €*

RIVA

Das 5-Sterne-Hotel an der Konstanzer Seepromenade offeriert moderne Zimmer und einen Wellnessbereich inklusive Pool auf der Dachterrasse. 15 Spazierminuten zum Stadtzentrum. *Seestr. 25, 78464 Konstanz, Tel. 075 31/36 30 90; www.hotel-riva.de, DZ ab 255 €*

55

GIPFEL UND TÄLER IM SCHWARZWALD

48° 15′ 48″ NORD / 08° 09′ 53″ OST

SELBST NACH INTENSIVER RECHERCHE bleibt leider unklar, wie viele Menschen Jahr für Jahr mit Cowboyhut auf dem Kopf und einem Banjo unterm Arm auf den Belchen klettern. Weder das Statistische Bundesamt noch die Tourismusverbände vor Ort erheben diese Daten. Erstaunlicherweise! Denn nichts liegt näher, als auf einem der vielen Gipfel im Schwarzwald den blutroten Sonnenuntergang mit einem melancholischen Bluegrass-Song zu zelebrieren. Bluegrass, so nennt sich eine besonders geerdete Spielart der Country- und Folkmusik, die in Nordamerika schon seit Jahrzehnten ungebrochen populär ist, aber auch in Europa begeisterte Zuhörer findet. Der typische, meist nur mit akustischen Instrumenten erzeugte Sound entstand Anfang der 1940er-Jahre in den Appalachen, deren Hauptkamm und Ausläufer sich im Osten der USA über die Bundesstaaten Tennessee, Virginia, West Virginia und Kentucky erstrecken. Das Leben dort in den Bergen war schon immer hart – vor und nach dem Kohleboom. Und noch heute gilt die Gegend als Armenhaus der Vereinigten Staaten. So spielt man seit jeher mit Fiddle, Banjo, Gitarre und Kontrabass gegen die Dauerkrise an, besingt das Leben, die Liebe, die Plackerei in den Minen und nicht zuletzt die stille Schönheit der Natur mit ihren sanften, oft in Nebel gehüllten Bergkuppen, weiten Talblicken und tiefen Wäldern. Vermutlich trug auch die vertraute Landschaft ihren Teil dazu bei, dass viele Schwarzwälder, im 19. Jahrhundert auf der Flucht vor Hunger und Not, ausgerechnet im Südosten der USA ihr Glück suchten. Und vielleicht hatten ja einige von ihnen, die später in ihre Heimat zurückkehrten, sogar ein Banjo im Gepäck!
www.naturpark-suedschwarzwald.de

Links: Unter allen Mittelgebirgen zählt der Schwarzwald mit seinen weiten, sanft gekuppten Landschaften zu den beliebtesten Wanderzielen Deutschlands. Davon ist man in den Appalachen im Südosten der USA weit entfernt – die Gegend gilt immer noch als Geheimtipp.

Great Smoky Mountains, Appalachen, USA
35° 41‘ 13“ Nord / 83° 32‘ 13“ West

RESTAURANTS

GASTHAUS ZUM RABEN

In Horben, 10 km südlich von Freiburg gelegen, kann man wunderbar die Sterne betrachten. Einer findet sich auch in der Rabenküche, vergeben von Guide-Michelin-Prüfern für ebenso raffinierten wie bodenständigen Genuss. *Dorfstr. 8, 79289 Horben, Tel. 07 61/55 65 20, Mi–Fr 18–24, Sa/So zusätzlich 12–15, 18–24 Uhr, www.raben-horben.de*

TRESCHERS AM SEE

Stilvoll speisen mit Seesicht: Das traditionelle Haus aus dem Jahr 1887 bietet zwei Restaurants, die von gleicher, gehobener Speisekarte bedient werden. Gemeinsam ist dem »Bellevue« und der »Seeterrasse« der tolle Blick aufs Wasser. Auf die Teller kommt leichte, schwäbisch-badisch angehauchte Küche. *Seestr. 10, 79822 Titisee-Neustadt, Tel. 076 51/80 50, tgl. ab 12 Uhr, www.schwarzwaldhotel-trescher.de*

ÜBERNACHTUNGEN

HOFGUT HIMMELREICH

Im ehemaligen Hofgut, das seit dem 17 Jh. als Gasthof geführt wird, arbeiten Menschen mit und ohne Behinderung zusammen, bieten einen guten Service und gemütliche Zimmer. *Himmelreich 37, 79199 Kirchzarten, Tel. 076 61/986 20, www.hofgut-himmelreich.de, DZ ab 80 €*

SCHWARZWÄLDER HOF

Das Traditionshaus hat den Schwarzwald nicht nur im Namen, sondern auch auf Fototapeten oder Bildern in geschmackvollen Zimmern. Mitten in der Altstadt offeriert der Schwarzwälder Hof schick renovierte Räumlichkeiten im historischen Ambiente. *Herrenstr. 43, 79098 Freiburg, Tel. 07 61/380 30, www.schwarzwaelder-hof.com, DZ ab 110 €*

FREIBURG

Dank Hausberg Schauinsland (1284 m) weist Deutschlands südlichste Großstadt (230 000 Ew.) fast 1100 m Höhendifferenz auf. Zwei Dynastien, Zähringer und Habsburger, prägten im Mittelalter Freiburgs Charakter. Die Zähringer bauten ab 1090 eine Burg auf dem Schlossberg am Rand des Dreisamtals. Die kleine Siedlung, die unten entstand, erhielt 1120 Stadtrecht. Um 1200 begann Bertold V., letzter der Zähringer, mit dem Bau des Münsters. Binnen 300 Jahren wurde daraus ein Meisterwerk der Gotik, vor allem der schon 1330 vollendete Turm: 116 m hoch, von raffinierter, bestechend schöner Architektur. Mit reichen Silbervorkommen im Schauinsland hatten die Bürger ihr Münster finanziert. Erst 1827 wurde Freiburg Bistumssitz. Der Stiftung Albrechts VI. von Österreich verdankt sich eine der ältesten deutschen Universitäten (seit 1457). Längst ist sie Freiburgs größter Arbeitgeber, Lehrkräfte und Studierende aus aller Welt bereichern das Flair der Stadt. Am 27. November 1944 von britischen Bombern fast ausgelöscht, wobei das Münster verschont blieb, wurde die Altstadt sorgfältig rekonstruiert. Für Touristen ist Freiburgs Mittelaltercharme mit seinen Bächle ein Magnet. Auf den Schlossbergturm zu steigen, lohnt mit großem Panorama auf Schwarzwald, Kaiserstuhl, Vogesen und die Stadt.
Tourist Info: Rathausplatz, 79098 Freiburg, Tel. 07 61/388 18 80, Juni–Sept. Mo–Fr 8–20, Sa 9.30–17, So 10.30–15.30, Okt.–März Mo–Fr 8–18, Sa 9.30–14.30, So 10–12 Uhr, www.freiburg.de; Münster: Münsterplatz, 79098 Freiburg, Mo–Sa 10–17, So/Fei 13 bis 19 Uhr, www.freiburgermuenster.info;
Schlossbergturm: etwa 200 Höhenmeter ab Schwabentor, am Weg liegen der schöne Greiffenegg-Biergarten und die Aussicht vom Kanonenplatz.

SCHAUINSLAND

Von Freiburgs höchstem Punkt lässt sich gut zu den Berner Alpen blicken. Dabei ist der Boden, auf dem der Eugen-Keidel-Turm in 1284 m Höhe steht, durchlöchert wie ein Schweizer Käse. Der Silberbergbau im Schauinsland bestimmte die Anfänge der Stadt. Kein Wunder, dass seit dem 14. Jh. dem Berg und seinen Kumpeln im Münster ein Südfenster gewidmet ist. Als das Silber zu Ende ging, wurde nach Blei und Zink gegraben, zuletzt noch 1954. Von 100 km Stollen hat die Forschergruppe Steiber mit monta-

Besuchern des Kastaniengartens liegt die gesamte Freiburger Innenstadt zu Füßen. Er gehört zum Restaurant Greiffenegg Schlössl, das einen eigenen Aufzug hat.

nem Fleiß einige wieder zugänglich gemacht und bietet Besuchern kenntnisreiche Führungen an. Stollen und Gerätschaften aller Bergbauepochen sind zu sehen, inklusive niedrige, gemeißelte Gänge des Mittelalters. Bei den Führungen, teils über stabile Leitern, kommt auch die Geologie nicht zu kurz. So nähert man sich, hoch über Freiburg, den Wurzeln der Stadt.
Talstation Bergbahn: Bohrerstr. 11, 79289 Horben, tgl. 9–17, Juli–Sept. 9–18 Uhr, www.schauinslandbahn.de; Besucherbergwerk: 500 m von der Bergstation; Mai/Juni, Sept./Okt. Mi, Sa/So/Fei 11 bis 15.30 Uhr, Juli/Aug tgl., www.schauinsland.de

SULZBURG

St. Cyriak (10. Jh.) ist die älteste Kirche im Markgräflerland. 2009 renoviert, zeigt sie sich mit gotischen Fresken und einsäuliger Krypta schlichtweg fotogen. Apropos: Nebenan kam Ernst Leitz (Leica) zur Welt. Sulzburg betritt man durchs mittelalterliche Stadttor. Bergbau brachte dem Ort im 13. Jh. Wohlstand, ein Museum (frühere Stadtkirche) erzählt davon. Die Synagoge (1822) bezeugt, dass im 19. Jh. jeder vierte Sulzburger jüdisch war. 1938 innen zerstört, wegen der Nachbarbauten aber nicht niedergebrannt, ist sie heute eine Kulturstätte. Die Badstraße talaufwärts liegen der jüdische Friedhof und ein Naturbad.
Tourist Info: Hauptstr. 60, 79295 Sulzburg, Tel. 076 34/ 56 00 40, Mo/Di/Fr 8–12, Mi 7–13, Do 8–12, 14–18 Uhr, www.sulzburg.de

TODTNAUER WASSERFÄLLE

Eine Naturschönheit sind die Todtnauer Wasserfälle, die besser Todtnauberger hießen, fallen sie doch gleich unterhalb des Ortes ins Tal. Sichere Stege geleiten über Kaskaden und Hauptfall (60 m). An Wucht nicht vergleichbar, stürzt der Stübenbach dennoch 2 m tiefer als der Niagara. Dort aber wären die Holzliegen kein lässiger Platz zum Nachdenken.
79674 Todtnau, ganzjährig zugänglich, www.hochschwarzwald.de

SCHLUCHSEE

Im von der Schwarza gespeisten See kann es vorkommen, dass man auch in Rheinwasser badet. Unbebaut, lockt vor allem das südliche Ufer mit Ruhe und Natur. Ein Muss: eine Rundfahrt mit der MS Schluchsee (Fahrplan: Schluchsee, Aha, Unterkrummenhof, Staumauer) über den mit 5 qkm größten See des Schwarzwalds.
Tourist Info: Fischbacher Str. 7, 79859 Schluchsee, Tel. 076 52/12 06 85 06, Mo–Fr 9–16 Uhr, www.schluchsee.de; Seerundfahrten Toth: Freiburger Str. 16, 79859 Schluchsee, Mai–Okt. tgl., www.seerundfahrten.de

REGISTER

E

F

G

H

I

J

K

R = Restaurant
H = Hotel

BILDNACHWEIS

Titelbild (Elbsandsteingebirge): Getty Images: The Image Bank/Martin Ruegner

Alamy Stock Photo: imageBROKER 107 • AWL Images: ClickAlp 013_1, Gavin Hellier 019_1, John Coletti 111, Maurizio Rellini 164, Sabine Lubenow 033, 044, Tom Mackie 087_1 • Bad Harzburger Sole-Therme 097 • Bildagentur Huber: R. Schmid 065 • Biosphäre: Tina Merkau 056 • dpa Picture-Alliance: Armin Weigel 193_2, SZ Photo/Claus Schunk 201, Uta Poss 083 • Deutsches Salzmuseum: 016 • Getty Image: Moments 118, Corbis Documentary 055, hemis.fr 035_1, iStockphoto 208, Marco Bottigelli 024, Moment Mobile RF 229, Robert Harding 103_1 • Dr. Andreas Hänel: 157 • Huber Images: Christian Bäck 198_1, Francesco Carovillano 051_1, Frank Lukasseck 181_2, 204, Günter Gräfenhain 070, 188, 189, Hallberg 173_1, Hans Peter Huber 174, 035_2, Jürgen Busse 145_2, Justin Foulkes 153_1, Lubenow Sabine 030, Luigi Vaccarella 115_1, 161, Marc Hohenleitner 213, Maurizio Rellini 115_2, Micklitza 195, Olimpio Fantuz 165, R. Schmid 226, 054, 061, 142, 197_2, 198_2, 218, Rainer Mirau 119, Sebastian Wasek 176, Stefano Scatà 062, Szyszka 019_2 • imago: Felix Abraham 066, imagebroker 103_2, Schöning 059 • Interfoto: Hanna Wagner 184, Jürgen Weginger 210_2 • Jahreszeiten Verlag: Arthur F. Selbach 125_2, Gerald Hänel/GARP 013, Klaus Bossemeyer 221_1, Walter Schmitz 171 • Karl-May-Spiele Bad Segeberg: 040 • Dominik Ketz: 141_2 • laif: Amin Akhtar 011, Andreas Pein 063, Christian Kerber 197_1, 217_2, Francis Cormon/hemis.fr 043, Jean-Pierre De Mann/robertharding 010, Peter Hirth 186, Theodor Barth 099, Tobias Gerber 141_1 • look-foto: Christian Bäck 047_1, Florian Werner 205, Getty Images 013_2, Jörn Sackermann 136, Juergen Richter 177, robertharding 148, 225_1, Thomas Grundner 042, 047_2, Brown Cannon 039_1, Daniel Schoenen 231, Heinz Wohner 228 • mauritius images: Bob Gates/Alamy 031, Dave Stevenson/Alamy 156, Ernst Wrba 146_1, Falk Herrmann 160, GFC Collection/Alamy 082, Alexander Schnurer 094, Andreas Vitting 089, Erwin Streit 225_2, Siepmann 153_2, Stefan Auth 075, Joern Sackermann/Alamy 133_2, JOHN KELLERMAN/Alamy 145_1, McPHOTO/Janita Webeler 027, Minden Pictures/Donald M. Jones 098, Olaf Schubert/imageBROKER 200, Panther Media GmbH/Alamy 074, Travel Collection/Walter Schmitz 067, Ullrich Gnoth/Alamy 087_2, Val Thoermer/Alamy 173_2, Westend61/Werner Dieterich 138 • picture alliance: DUMONT Bildar 051_2, dpa-Zentralbild 076_2, Oliver Dietze 127 • Prisma: Peter Widmann 221_2 • Rathke: Klimahaus 021 • seasons.agency: Philip Koschel 058, Bossemeyer, Klaus 116 • shutterstock.com: Andreas Juergensmeie 167, Ariadna22822 026, Christian Mueller 049, clearlens 169_1, FooTToo 202, Jakob Fischer 068, jeafish Ping 210_1, LaMiaFotografia 016-017, LianeM 095, maleevsw 120, Majonit 110, manfredxy 179, MarcAndreLeTourneux 137, Marcus_Hofmann 076_1, Marnix Foeken 106, Mihai-Bogdan Lazar 214, MY_Photography 128, Oleg Mayorov 212, Oleg Senkov 080, pisaphotography 053, PTZ Pictures 079_1, Ronald Wilfred Jansen 121, Sina Ettmer Photography 023_2, Sina Ettmer Photography 37, Sina Ettmer Photography 134, Takashi Images 085, Ttstudio 169_2, vvoe 133_1 • stock.adobe.com: Aleksandar Todorovic 185, Andrey Armyagov 125_1, animaflora 029, animaflora 072, bkffm 150, BlueOrange Studio 193_1, DILIP 209, Gergana Genova 217_1, globetrotter1 223, GordonGrand 101, Henry Czauderna 158, ImageArt 023_1, irisphoto1 129, Jenifoto 091, jovannig 071, kathomenden 109, LianeM 181_1, 131, Mattis Kaminer 079_2, mojolo 146_2, mrvisual 104, Norbert Suessenguth 183, Paula Kirsch 112, pure-life-pictures 155, rudi1976 191, schulzfoto 163, Sergii Figurnyi 206, Sina Ettmer 090, Sina Ettmer 093, Taiga 149 • Götz Wrage 039_2

Noch mehr HOLIDAY Reisebücher zum Schmökern, Lachen, Entdecken …

978-3-8342-3046-1

978-3-8342-3062-1

978-3-8342-3043-0

978-3-8342-2998-4

978-3-8342-2201-5

978-3-8342-2977-9

978-3-8342-22851-2

978-3-8342-2958-8

978-3-8342-2199-5

978-3-8342-2198-8

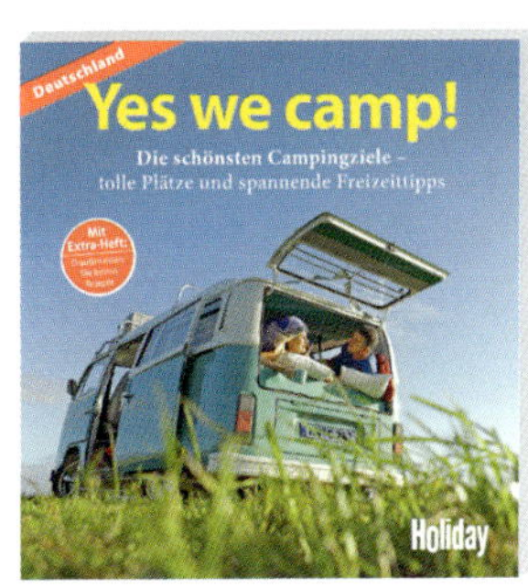

978-3-8342-2961-8

978-3-8342-3112-3

Diese und weitere unserer Bücher erhalten Sie beim Buchhändler Ihres Vertrauens und unter www.holiday-reisebuecher.de

HOLIDAY

IMPRESSUM

HOLIDAY

HOLIDAY ist eine eingetragene Marke der GRÄFE UND UNZER VERLAG GmbH

ISBN 978-3-8342-3121-5

8. Auflage 2021

Verlagsleitung Reise: Philip Laubach
Autor: Jens van Rooij
Redaktion und Projektmanagement: Wilhelm Klemm
Lektorat: Susanne Maute, mcp concept GmbH, Kolbermoor
Satz: mcp concept GmbH, Kolbermoor
Bildredaktion: Dr. Nafsika Mylona
Produktion: Gloria Schlayer
Umschlaggestaltung & Layout: Independent Medien Design, München, Horst Moser (Artdirection)
Illustration/Kartografie: mcp concept GmbH, Kolbermoor
Repro: Repro Ludwig, Zell am See
Druck: Firmengruppe APPL, Wemding
Bindung: Conzella, Pfarrkirchen

Wichtiger Hinweis
Die Daten und Fakten für dieses Werk wurden mit äußerster Sorgfalt recherchiert und geprüft. Wir weisen jedoch darauf hin, dass diese Angaben häufig Veränderungen unterworfen sind und inhaltliche Fehler oder Auslassungen nicht völlig auszuschließen sind, zumal zum Zeitpunkt der Drucklegung die Auswirkungen von Covid-19 auf das Hotel- und Gastgewerbe vor Ort noch nicht vollständig abzusehen waren. Für eventuelle Fehler oder Auslassungen können Gräfe und Unzer und die Autoren keinerlei Verpflichtung und Haftung übernehmen. Aus Gründen der besseren Lesbarkeit wird in diesem Buch bei Personenbezeichnungen das generische Maskulinum verwendet. Es gilt gleichermaßen für alle Geschlechter.

Leserservice
GRÄFE UND UNZER Verlag
Grillparzerstraße 12
81675 München
www.graefe-und-unzer.de

PEFC
PEFC/04-32-0928

Umwelthinweis
Dieses Buch ist auf PEFC-zertifiziertem Papier aus nachhaltiger Waldwirtschaft gedruckt.

GRÄFE UND UNZER

Ein Unternehmen der
GANSKE VERLAGSGRUPPE